KB037246

일제강점기 글쓰기론 자료 2

(이태준 著)

문장강화

(李泰俊 著) 문장강화

김경남 엮음

일제강점기 글쓰기론 자료 2

경진출판

해제

1. 『문장』에 연재한 '문장강화'

이태준의 '문장강화(文章講話)'는 『문장』 창간호(1939.1)부터 제9호(1939.10)까지 9회에 걸쳐 연재된 문장론 강좌이다. 이 강좌는 모두 5개의 큰 주제로 구성되었는데, 각 강좌명과 구체적인 내용은 다음과 같다.

第一講 文章 作法의 새 意義
- 1. 文章 作法이란 것
- 2. 이미 있어 온 文章 作法
- 3. 새로 있을 文章 作法

第二講 文章과 言語의 諸問題
- 1. 한 言語의 範圍
- 2. 言語의 表現 可能性과 不可能性
- 3. 方言과 標準語와 文章
- 4. 談話와 文章
- 5. 擬音語, 擬態語와 文章

6. 漢字語와 文章

7. 新語, 外來語와 文章

8. 平語와 敬語와 文章

9. 一切 用語와 文章

第三講 韻文과 散文

1. 韻文과 散文은 다른 것

2. 韻文

3. 散文

第四講 文體에 對하야

1. 文體의 發生

2. 文體의 種類

3. 文例들

4. 어느 文體를 取할 것인가

5. 文體 發見의 要點

第五講 推敲의 理論과 實際

1. 推敲라는 것

2. 推敲의 故事

3. 推敲의 眞理性

4. 推敲의 標準

5. 推敲의 實際

이상의 강좌는 앞선 작문론과는 달리 구체적인 예문을 사용하여 문장 작법을 설명하였으며, 문장을 구체적으로 분석한 점이 특징이다. 특히 문장을 이루는 언어적인 요소와 '말소리'를 뛰어넘는 '문장'으로서의 가치를 찾고자 했는데, 이는 언어학자와 달리 문학가(예술가)의 차원에서 글쓰기를 바라보고 있음을 의미한다. 구체적으로 제2강의 언어적인 분석, 제3강의 문장의 종류, 제4강의 문체 관련 이론 등은 글쓰기에 필요한 일반적인 지식에 해당한다. 그러나 제5강의 퇴고를 강조한 점, 구체적으로 퇴고의 사례를 보여준 점 등은 이전의 문장론에서 찾아볼 수 없는 설명 방식에 해당한다. 그뿐만 아니라 『문장』 제2권 제3호(1940.3.)에 '문장의 고전, 현대, 언문일치 -'문장강화' 노트에서-'를 게재하였는데, 이 또한 이태준이 제시한 문장론의 연재물로 그 내용은 다음과 같다.

文章의 古典, 現代, 言文一致 -'文章講話' 노트에서-

1. 古典
2. 現代
3. 言文一致 文章

연재의 마무리에 해당하는 이 글에서 이태준은 "藝術家는 먼저 言文一致 文章에 入學은 해야 한다. 그리고 되도록 빨리 言文一致 文章을 優秀한 成績으로 卒業해야 할 것이다"라고 주장한다. 이 주장은 그의 문장강화가 근본적으로 일상의 글쓰기를 목표로 한 것이 아니라, 문학가가 되고자 하는 사람들을 위해 쓰인 것임을 의미한다.

2. 이태준, 『문장강화』, 문장사

이 책은 『문장』에 연재한 '문장강화'에 일부 내용을 깁고, 수정하여 발행한 책이다. 초판은 1940년 4월 20일 문장사에서 발행하였으며, 같은 해 12월에 재판이 발행되었다. 제3판은 1941년 8월 2일 발행되었으며, 목차 5쪽, 본문 328쪽, 문범 목차 4쪽, 판권으로 구성되었으며 가로 13cm×세로 19cm의 양장본으로, 내용은 초판과 동일하다.

이 책은 『문장』에 연재한 '문장 작법의 새 의의', '문장과 언어의 제 문제', '운문과 산문', '퇴고의 이론과 실제', '문체에 대하여', '문장의 고전, 현대, 언문일치의 문제'뿐만 아니라 '각종 문장의 요령', '제재,

서두, 결사 기타', '대상과 표현'을 포함하여 9강으로 구성하였으며, 부록으로 '문범(文範)'을 색인 형식으로 정리하였다. 이 점에서 잡지에서 미처 서술하지 못한 내용을 구체화하여 글쓰기 교재로 활용할 수 있도록 한 것으로 보인다. 책의 목차는 다음과 같다.

第一講 文章作法의 새 意義

1. 文章作法이란 것
2. 이미 있어 온 文章作法
3. 새로 있을 文章作法

第二講 文章과 言語의 諸問題

1. 한 言語의 範圍
2. 言語의 表現 可能性과 不可能性
3. 方言과 標準語와 文章
4. 談話와 文章
5. 擬音語, 擬態語와 文章
6. 漢字語와 文章
7. 新語, 外來語와 文章
8. 平語, 敬語와 文章

第三講 韻文과 散文

1. 韻文과 散文은 다른 것
2. 韻文
3. 散文

第四講 各種 文章의 要領

1. 日記文의 要領
2. 書簡文의 要領
3. 感想文의 要領
4. 抒情文의 要領
5. 記事文의 要領

이 책의 가치는 일제강점기라는 시대적 배경에서 우리말 글쓰기 관련 지식을 집대성했다는 데 있다. 『문장』에 '문장강화'가 연재되기 이전에도 여러 학자들에 의해 글쓰기 관련 저서가 나오기도 하였고, 다수의 기자나 작가들이 글쓰기론을 피력하기도 하였다. 그러나 이태준의 '문장강화'는 구체적인 쓰기 사례를 중심으로 글쓰기를 이해하고 연습할 수 있도록 이끌었다는 점에서 문장론의 진화된 모습을 보여준다. 특히 그가 강조한 '간결체 문장'이나 '예술적 글쓰기'는 광복 이후의 문장론에도 적지 않은 영향을 준 것으로 볼 수 있는데, 1940년 초판 발행된 『문장강화』는 광복 직후인 1946년 박문사에서 『증정 문장강화(增訂 文章講話)』로 증보판이 발행되었다.

목차

[9] 이태준, '문장강화(九)', 『문장』 제9호, 문장사, 1939.10.

이태준, 文章의 古典, 現代, 言文一致 -'文章講話' 노트에서-, 『문장』 제2권 제3호, 문장사, 1940.3.

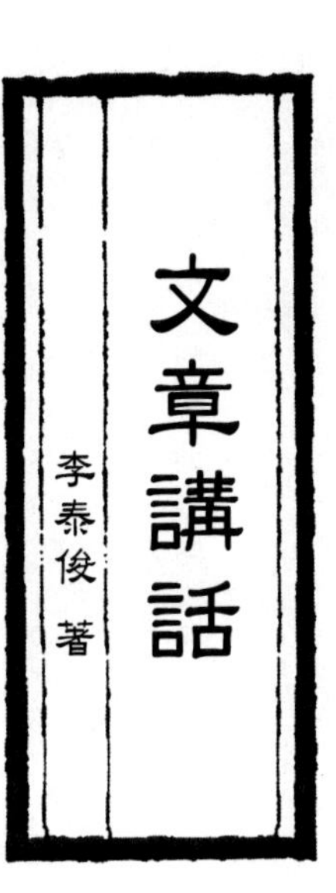
文章講話
李泰俊 著

[1] 이태준, '문장강화(一)', 『문장』 창간호, 문장사, 1939.1.

第一講 文章 作法의 새 意義

1. 文章 作法이란 것

文章이란 言語의 記錄이다. 言語를 文字로 表現한 것이다. 言語, 즉 말을 빼여놓고 글을 쓸 수 없다. 文字가 繪畵로 轉化되지 않는 限, 發音할 수 있는 文字인 限, 文章은 言語의 記錄임을 벗어나지 못할 것이다.

> 혜련은, 저는 마음에 깊이 괴로움이 있어서 하는 말이였만은 그것이 문임에게는 통치 못하는 것이 불만하여서 입을 다물고 좀 새쭉하였다.
>
> (李光洙 氏의 小說, 「戀愛의 彼岸」의 一節)

風雨 寒雪에 對하여 우리가 이를 避할 수 있는 집이라는 安全地帶를 갖는다는 것은 고마운 일이지만 이 安全地帶인 우리들의 집 窓門에 우리가 서로 기대어 거리와 거리의 모든 生活이 霏霏히 내리는 細雨에 가벼이 덮히어 巨大한 몸을 沈湎시키고 있는 情景을 볼 때 누가 果然 그 마음이 기뻐지 않다 할 수 있으랴.

(金晉燮 氏의 隨筆 「雨讚」의 一節)

詩歌의 發生은 어느 나라, 어느 民族을 勿論하고 아득한 옛적 일이다. 이를 極端으로 말하면 人間이 發生하는 同時에 詩歌가 發行하였다고 볼 수 있을 것이다.

(趙潤濟 氏의 「朝鮮 詩歌史綱」 第一章 第一節 中)

고요히 그싯는 손씨로
방안 하나 차는 불빛!

별안간 꽃다발에 안긴 듯이
올뱀이처럼 일어나는 큰 눈을 뜨다!

(鄭芝溶 氏의 詩 「촉불과 손」의 一節)

하나는 小說, 하나는 隨筆, 하나는 論文, 하나는 詩이되, 모다 말을 文字로 적은 것들이다. 漢字語가 적기도 하고 많기도 할 뿐, 聲響이 고흔 말을 모으기도 하고 안 모으기도 했을 뿐, 結局 말 以上의 것이나 말 以下의 것을 적은 것은 하나도 없다. 文章은 어떤 것이든 言語의 記錄이다. 그러기에

말하듯 쓰면 된다.
글이란 文字로 지껄이는 말이다.

하는 것이다. 글은 곳 말이다.

'벌서 진달래가 피였구나!'
를 지껄이면 말이요, 써 놓으면 글이다. 본 대로 생각나는 대로 文字로 쓰면 곳 글이다. 아직 봄이 멀었거니 하다가 뜻밖에 진달래꽃을 보고 「벌서 진달레가 피였구나!」란 말쯤은 누구나 할 수가 있다. 이 누구나 할 수 있는 말은, 또 文字만 알면 누구나 써 놓을 수도 있다. 그럼 말을 알아 누구나 할 수 있듯이 글도 文字만 알면 누구나 쓸 수 있는 것이 아닌가?

勿論 누구나 文字만 알면 쓸 수 있는 것이 글이다.

그러면 왜 一般으로 말은 쉽사리 하는 사람이 많되, 글은 쉽사리 서내는 사람이 적은가?

거기에 말과 글이 같으면서 다른 點이 存在하는 것이다.

이 말과 글이 같으면서 다른 點은 여러 角度에서 發見할 수 있다. 말은 聽覺에 理解식히는 것, 글은 視覺에 理解식히는 것도 다르다. 말은 그 자리, 그 時間에서 사라지지만, 글은 空間的으로 널리, 時間的으로 얼마던지 오래 남을 수 있는 것도 다르다. 그러나 여기서 더 緊切한 指摘으로는,

먼저, 글은 말처럼 절로 배워지는 것이 아니라 일부러 배워야 單字도 알고, 記寫法도 알게 되는 點이다. 말은 外國語가 아닌 以上엔 長成함을 따라 거이 意識的 努力이 없이 배워지고 意識的으로 練習하지 않아도 날마다 지껄이는 것이 절로 練習이 된다. 그래 말만은 누구나 自己生活만치는 無慮히 表現하고 있다. 그러나 글은 배워야 알고, 練習해야 잘 쓸 수 있다.

또, 말은 머리도 꼬리도 없이 불숙 나오는 대로, 한마디, 혹은 한두마디로 씨이는 境遇가 거이 全部다. 말은 한두마디만 불숙 나오되 第三者에게 理解될 環境과 表情이 있이 지꺼려지기 때문이다. 演說이나 무슨 式辭外에는 앞에 할 말, 뒤에 할 말을 꼭 꾸며가지고 할 必要가 없다.

'요즘 한이틀챈 꽤 따뜻해, 아지랑이가 다 끼구… 벌서 봄이야'

이렇게 느껴지는 대로, 생각나는 대로 지꺼려버리면, 말로는 完全히 使用된 것이다. 그러나 글로야 누가 前後에 補充되는 다른 아모 말이 없이,

'요즘 한이틀챈 꽤 따뜻해, 아지랑이가 다 끼구… 벌서 봄이야'

이렇게만 써 놓을 것인가. 이렇게만 써 놓아도 文章은 文章이다. 그러나 한 句節, 혹은 몇 句節의 文章이지 實際로 發表할 수 있는 一題, 一篇의 글은 아니다. 혼자 보는 日記나, 備忘錄이나, 「금일상경」式의 電報略文이나, 「일없는 사람 드러오지 마시오」類의 標識이기 前에는, 글은 公衆에 내여놓기 爲해서는 무론, 個人間에 주고받는 편지 한 장이라도 적든 크든 一篇의 글로서 體裁를 가추어야 하는 性質읫 것이다.

'요즘 한이틀챈 꽤 따뜻해, 아즈랑이가 다 끼구… 벌서 봄이야'

이것은 말이요, 몇 토막의 文章일 뿐이다. 한편의 글은 아직 아니다.

'요즘 한이틀챈 꽤 따뜻해, 아지랑이가 다 끼구 … 벌서 봄이야'

이런 材料가 한 篇, 한 題의 글이 되기엔 적어도 얼마만한 計劃과 選擇과 組織이 必要한가는 다음 文例에서 볼 수 있을 것이다.

早春

아침 해빛이 유리창밖으로 내다보히는 붉은 벽돌담 앞에 어리었다. 그 우로는 쪽빛 같은 푸른 하눌이 어슴프레 얹히었다. 아래로 보히는 스리가라스에는 벽돌담이 日光에 反射하야 粉紅色으로 빛나고 다시 그 우로는 碧空이 마조 이어 보히는 色彩의 고흔 對照는 무어라고 形容키 어려운 안타까운 情緖를 자아낸다.

그 우에 앉은 참새 두세 마리, 이따금 짹, 짹, 울어 周圍의 寂寞을 깨트릴 뿐, 고요한 빈 房 안에 홀로 부처같이 正坐하야 前景을 바라볼 때, 아! 그때의 心境! 그것은 淸淨, 憧憬, 祈禱, 情熱 等 複雜한 感情이 바다속의 潮流같이 흘렀다.

初春! 昨今의 氣候는 어느듯 지난 時節의 그때를 문득 追憶케 한다.

(李光洙 氏의 小品)

小品이나 이만한 組織體를 이룬 뒤에 비로소 한 題의, 한 篇의 글로 떳떳한 것이다. 루나-르는 「배암」이란 題에,

'너머 길었다'

란 두 마디밖에는 쓰지 않는 것도 있으나,그것은 「博物誌」라는 큰 作品의 一部分으로서였다.

그러면 글이 되려면 먼저 量으로 길어야 하느냐 하면 그런 것도 아니다. 한 사람의 日常生活에서 지껄이는 말을 아모리 몇 十年치를 記錄해 놓는다야 그것이 글이 되기엔, 너머 쓸데없는 말이 많고, 너머 連絡이 없고 散漫한 語彙의 羅列일 것이다.

그러니까 글은 아모리 小品이면, 大作이면, 마치 개아미면 개아미, 호랑이면 호랑이처럼, 머리가 있고 몸이 있고 꼬리가 있는, 一種 生命體이기를 要求하는 것이다. 한 句節, 한 部分이 아니라 全體的인, 生命體的인 글에 있어서는, 全體的이요, 生命體적인 것이 되기 爲해 말에 있어서보다 더 設計와 더 選擇과 더 組織, 發展, 統制 等의 공부와 技術이 必要치 않을 수 없는 것이다. 이 必要되는 공부와 技術을 곳 文章作法이라 代名할 수 있을 것이다.

글 짓는데 무슨 別法이 있나? 그저 수굿하고 多讀 多作 多商量하면 고만이라고 하던 時代도 있었다. 지금도 生而知之하는 天才라면 오히려 三多의 方法까지도 必要치 않다. 그러나 배워야 아는 一般에게 있어서는, 더욱 心理나 行動이나 모-든 表現이 技術化하는 現代人에게 있어서는, 어느 程度의 科學的인 見解와 理論, 즉 作法이 天才에 接近하는 唯一한 方途가 아닐 수 없을 것이다.

名筆 阮堂 金正喜는 「寫蘭有法 不可無法亦不可」라 하였다. 文章에도 마찬가지다.

2. 이미 있어 온 文章 作法

文章 作法은 이미 있었다.

東洋의 修辭나 西洋의 레토릭(Rhetoric)은 애초부터 文章 作法은 아니요, 辯論法이였다. 文章보다는 言語가 먼저 있었고 出版術 以前에 辯論術이 먼저 發達되여 修辭法이니 레토릭이니는 다 말하는 技術로서의 起源을 가졌던 것이다. 그리다가 한번 印刷機가 發明되여 文章이 大量으로 出版되고, 말보다는 文章이 時間的으로, 空間的으로 長壽할 수 있어 文章은 演說보다 絶大한 勢力으로 人類의 文化를 指導하게 된 것이다.

따라서 近代에 와 修辭學은 말보다 글의 修飾法으로서 完全히 轉用되는 運命에 이를었다.

그런데 朝鮮서는 散文에서는 이 修辭를 理論한 바가 極히 적었다. 적으면서도 過去의 文章을 읽어보면 修辭 觀念에 억매지 않은 文章이 별로 없다. 批判이 없이 盲目的으로 漢文體를 模倣하여, 修辭로 因해 發達이 아니라 도리여 中毒에 빠지고 말았다.

> 金風이 瀟颯(소삽)하고 玉露 凋傷한대 滿山紅樹가 猶勝二月花辰이라. 遠山白雲石逕하야 共詠停車座愛楓林晩之句가 何如오.
>
> (어느 尺牘大方에서)

친구에게 丹楓 구경을 가자고 請하는 편지다. 그런데 한마듸도 自己에 말이나 感情은 없다. 玉露 凋傷은 杜詩 "玉露凋傷楓樹林"에서, 猶勝二月花辰이란 唐詩 "霜葉紅於二月花"에서, 遠山白雲石逕이란 "遠上寒山石逕斜 白雲深處有人家"에서 停車座愛楓林晩이란 唐詩 "停車座愛楓林晩에서 그대로 모다 古典에서 따다 넣어 連絡만 시킨 것뿐이다. 제 글보다 典故에서 널리 남의 글을 잘 따라 채우는 것이, 過去 文章作法의 重要한 一門이였다.

이때, 좌수 비록 망처의 유언을 생각하나 후사를 아니 돌아볼 수 없는지라. 이에 두루 혼처를 구하되 원하는 자 없으매 부득이하여 허씨를 취하매 그 용모를 의논할진대 양협은 한자이 넘고 눈은 통방울 같고 코는 질병 같고 입은 미여기 같고 머리털은 돗태솔 같고 키는 장승만 하고 소리는 시랑의 소리 같고 허리는 두 아름 되고 그 중에 곰배파리며 수중다리에 쌍언챙이를 겸하였고 그 주둥이는 써을면 열 사발이나 되고 얽기는 멍석 같으니 그 형용을 참아 견대여 보기 어려운 중, 그 용심이 더욱 불측하여…

(薔花紅蓮傳의 一節)

薔花와 紅蓮의 繼母되는 許氏의 描寫다. 이런 人物이 事實로 있었다 하더라도 自然性을 살리기 爲해서는 그 中에도 가장 特徵될 만한 것을 한두가지를 指摘하는 데 끄쳐야 할 것이다. 春香傳에 李道令이 春香의 집에 갔을 때, 果實을 내오는 場面 같은 데도 보면, 그 季節에 있고 없고, 그 地方에 나든 안 나든은 생각해 볼새 없이 天下의 果實 이름은 모조리 주서 섬기는데, 그런 誇張이 亦是 過去 修辭法의 끼친 重大한 弊害의 하나이다.

過去 우리 文學에 좋은 作品이 없었던 것은 먼저 좋은 文章이 없었기 때문이다. 春香傳 같은 것도 그 文章 다 그대로 傳承할 수 있는, 完全한 戱曲이였으랴!

東洋에서 修辭 理論의 發祥地인 中國에서도 胡適은 그의 『文學改良芻議』에서 다음과 같은 여덜 가지 條目을 들은 것이다.

一. 言語만 있고 事物이 없는 글을 짓지 말 것.
(卽 空疎한 觀念만으로 꾸미지 말라는 것)

二. 病없이 呻吟하는 글을 짓지 말 것.
(空然히 오! 아! 類의 哀傷에 쏠리지 말라는 것)

三. 典故를 일삼지 말 것.

(우에서 例든 丹楓 구경가자는 편지처럼)

四. 爛調套語를 쓰지 말 것.

(허황한 美詞麗句를 쓰지 말라는 것)

五 . 對句를 重要視하지 말 것.

六. 文法에 맞지 않은 글을 쓰지 말 것.

七. 古人을 模倣하지 말 것.

八. 俗語, 俗字를 쓰지 말 것.

이 八個 項目 中에 一 二 三 四 五 七의 여섯은 直接 間接으로 舊修辭理論에 對한 抗議라 볼 수 있는 것이다.

그런데 여기서 한가지 理解하고 나려갈 事實을 그처럼 弊端이 많은 在來의 修辭法이 過去에 있어선 무엇으로써 그렇듯 適應性을 가져온 것인가 하는 點이다.

活版術이 幼稚하던 時代에 있어서는 오늘날처럼 冊을 求하기가 쉽지 않았을 것이다. 따라서 한 卷 冊을 가지고 여러 사람이 보는 수밖에 없었고, 또는 文盲人이 많았기 때문에 자연이 한 사람이 읽되 소리를 내여 읽어 여러 사람을 들리는 경우가 많았을 것이다. 소리를 내여 읽자니 文章이 먼저 朗讀調로 써 지어야 할 必要가 생긴다. '文章은 곳 말'만이 아니라 音樂的인 一面이 더 한가지 必要하게 되었던 것이다. 內容은 아모리 眞實한 文章이라도 소리내여 읽기에 거북하거나 멋이 없는 文章은 널리 읽히지 못하였을 것이니, 쓰는 사람은 內容보다 먼저 文章에 爛調套語를 對句體체 많이 넣어 노래 調가 나오던, 演說調가 나오던, 아모런 朗讀子의 목청에 興이 나도록 하기에 注意하였을 것이다. 더구나 過去의 修辭法이란 文章을 爲해 보다 辭說을 爲한 것이였던 만큼 文章을 朗讀調로 修飾하기에는 가장 合理的인 方法인데다가 客觀的 情勢까지 그러하였으니 더욱 反省할 餘地는 없이 典故와 誇張과 對句 같은 데 沒頭하지 않을 수 없었을 것이다.

3. 새로 있을 文章 作法

"쌀은 곡식의 하나다. 밥을 지어 먹는다."

先生이 이런 文例를 주면

"무는 채소의 하나다. 김치를 담어 먹는다."

이런 文章을 써 놓아야 글을 잘 짓는 學生이였다. 自己의 感覺이란 使用될 데가 없었다. 楊子江 以南에서 "霜葉紅於二月花"라 한 것을 二月달에 꽃이라고는 냉이꽃이나 볼지 말지한 朝鮮에 앉아서도 허덕 "滿山紅樹가 猶勝二月花辰"이라 하였다. 뜻이 어떻게 되던, 말이 닿던 안 닿던, 그것은 문제가 아니였다. 오직 글을 지으면 된다. 自己 神經은 딱 封해두고 作文 그대로 文章의 製作이였다.

여기서 새로 있을 文章作法이란 글을 짓는다는 거기 對立해서,

첫재, 말을 짓기로 해야 할 것이다.

글짓기가 아니라 말짓기라는 데 더욱 鮮明한 認識을 가져야 할 것이다. 글이 아니라 말이다. 우리가 表現하려는 것은 마음이요 생각이요, 感情이다. 마음과 생각과 感情에 가까운 것은 글보다 말이다. '글은 곳 말'이라는 글에 立脚한 文章觀은 舊式이다. '말 곳 마음'이라는 말에 立脚해 最短距離에서 表現을 計劃해야 할 것이다. 過去의 文章作法은 글을 어떻게 다듬을가에 主力해 왔다. 그래 文字로 살되 感情으로 죽이는 수가 많았다.

이제부터의 文章作法은 글을 죽이더라도 먼저 말을 살려, 感情을 살려놓는데 主力해야 할 것이다.

둘재, 個人本位의 文章作法이어야 할 것이다.

말은 社會에 屬한다. 個人의 것이 아니요, 社會의 所有인 單語는 個人的인 것을 表現하기에 原則的으로 不適當할 것이다. 그러기에 言語에 依해서 個人 意識의 個人的인 것을 他人에게 傳하기는 不可能하다는 悲觀的인 結論을 가진 學者도 없지 않은 바다.

아모턴 現代는 文化 萬般에 있어서 個人的인 것을 强烈히 要求하며

있다. 個人的인 感情, 個人的인 思想의 交換을 現代인처럼 切實히 要求하는 時代는 일직이 없었을 것이다. 그런데 感情과 思想의 交換, 그 手段으로 文章처럼 便宜한 것이 없을 것이니 個人的인 것을 表現하기에 可能하기까지 方法을 探究해야 할 것은 現代 文章 硏究家의 重要한 目標의 하나라 생각한다.

電話로 말소리를 그대로 드를 뿐 아니라, 텔레비죤으로 저쪽의 表情까지를 마조 보는 時代가 되었다. 어찌 文章에서만 依然히 尺牘大方式, 萬人的 書式 文章에다가 現代의 複雜多端한 自己의 表現을 依賴할 수 있을 것인가.

셋재, 새로운 文章을 爲한 作法이여야 할 것이다.

산사람은 生活 그 自體가 언제던지 새로운 것이다. 古典과 傳統을 無視해서가 아니라 '오늘'이란 '어제'보다 새것이요, '내일'은 다시 '오늘'보다 새로울 것이기 때문에, 또 生活은 '오늘'에서 '어제'로 가는 것이 아니라 '오늘'에서 '내일'로 나아가는 것이기 때문에, 비록 意識的은 아니라 하더라도 누구나 精神的으로 物質的으로 잡고, '새것'에 부드쳐 나감을 어쩌는 수가 없을 것이다. 아모리 保守的인 머리를 가진 사람이라도 生活 自體가 無限한 새날을 通過해 나가는, 그 軌道에서 逆行하지는 못한다. 어떤 平凡한 生活者이던 不可不 새것의 表現이 나날이 必要해지고 만다. 그러나 흔히는 새것을 새것답게 表現하지 못하고 새것을 依然히 舊式으로 非效果的이게 表現해 버리고 마는 사람이 大部分이다.

言語는 이미 存在한 것이다. 旣成의 單語들이요, 旣成의 토들이다. 그러기 때문에 생전 처음으로 부드처보는 생각이나 感情을, 이미 經驗한 單語나 토로는 滿足할 수 없다는 것이 成立될 수 있는 理論이다. 繪畵에서처럼 제 感情대로 線이나 色彩를 絶對의 境地에서 그어버릴 수는 없지만 第三者에게 通해질 수 있는 限에서는 새로운 用語와 새로운 文體의 意圖는 必然的으로 要求되며 있다.

現代 佛文壇에서 가장 非傳統的 文章으로 非難받는 폴·모-란은 自己

가 非傳統的 文章을 쓰지 않을 수 없는 答辯을 다음과 같이 하였는데, 그 答辯은 어느곳 文章界에서나 傾聽할 價値가 있다고 생각한다.

> 勿論 나도 完全한, 傳統的인, 그리고 古典的인 佛蘭西語로 무엇이고 쓰고 싶기는 하다. 그러나 무엇이고 그런 것을 쓰기 前에 먼저 나에게는 나로서 말하고 싶은 것이 따로 있는 것이다. 더욱 그 나로서 말하고 싶은 그런 것은 유감이지만 在來의 傳統的인, 그리고 古典的인 佛蘭西語로는 도저히 表現해 낼 수가 없는 種類의ㅅ것들이기 때문이다.

이 傳統的인, 그리고 古典的인 말로는 도저히 表現해 낼 수가 없는 種類의 것이란 폴·모-란 一人에게만 限해 있을 리가 없다 생각한다.

[2] 이태준, '문장강화(二)', 『문장』 제2호, 문장사, 1939.2.

第二講 文章과 言語의 諸問題

文章은 言語의 記錄이라 하였다. 言語는 文章의 原料다. 이 原料가 갖인 몇 가지 問題에부터 부드처 보려 한다.

1. 한 言語의 範圍

言語는 어떤 言語나 고요한 자리에 놓고 위하기만 하면 藝術品은 아니다. 日用雜貨와 마찬가지의 生活品으로 存在한다. 눈만 뜨면 불을 쓰듯, 물이나 비누를 쓰듯, 아니 그보다 더 切迫하게 먼저 使用되는 것이 言語라 하겠다. 言語는 徹頭徹尾 生活品이다. 그러므로 雜貨나 마찬가지로 生活에 必要한 대로 言語는 생기고 變하고 없어지고 만다.

爽快! 룩색에 가을을 지고
由用도리하는 좋은 씨-즌

(現代的 週末 休養을 爲한 土曜特輯)

이것은 昭和 十二年 가을 어느 土曜日, 朝鮮日報의 散策地 特輯 記事의 題目이다. '룩색'과 '씨-즌'은 外來語다. '週末 休養'이니 '土曜 特輯'이니도 漢字語이긴 하나 前時代에 없던 새말들이다. 여기서 우리는 이런 外來語나 漢字語를 쓰지 않고는 意思를 發表할 수 없는 것인가? 한번 疑問을 갖여볼 수 있다.

길이 없기어던 가지야 못하리요 마는 그 말미암을 땅이 어대며 본이 없기어던 말이야 못하리요 마는 그 말미암을 바가 무엇이뇨. 이러므로 감에는 반듯이 길이 있고 말에는 반듯이 본이 있게 되는 것이로다.

(金枓奉 『말본』의 머리말의 一節)

外來語나 漢字語가 하나도 없다. 그러나 自然스럽지 못한 文章인 것은 어쩔 수가 없다. 試驗해 보노라고 만든 것 같다. 더구나 그 『말본』의 서문에 드러가,

쓰임: ㅏ, 뭄은 다른 씨 우에 씨일 때가 있어도 뜻은 반듯이 그 앞에 어느 씀씨에만 매임
ㅓ, 짓골억과 빛깔억은 흔히 풀이로도 쓰임

이런 文章이 나오는데 아모리 읽어봐도 무슨 暗號로 쓴 것 같이 普通 常識으로는 理解할 수가 없다. 거이 著者 個人의 專用語란 느낌이 없지 않다. 個人 專用語의 느낌을 주며라도 무슨 內容이던 다 써낼 수나 있을가가 문제이다.

扇風機의 動作에 關한 操出 空氣量, 發生 壓力, 廻轉度도, 所要馬力 及 效率等의 相互 關係로 일어나는 變化 狀況을 表示하는 것을 扇風機의 性能이라 한다.

이런 內容을 '씀씨', '짓골억'式 用語法으로 어떻게 第三者에게 선뜻 認識되게 써낼 수 있을 것이며, 더욱,

"그는 클락에서 캡을 찾아들고, 트라비아타를 휘파람으로 날리면서 호텔을 나섰다. 비 개인 가을 아침 길에는 샘물같이 서늘한 바람이 풍긴다. 이제 食堂에서 마신 짙은 커피-香氣를 다시 한번 입술에 느끼며 그는 언제던지 혼자 것는 南山코-쓰를 向해 전차길을 건는다."

이 文章에서 '클락, 캡, 트라비아타, 호텔, 커피, 코-쓰' 等의 外來語를 구지 안쓴다고 해 보라. 이 外에 무슨 말로 '그'라는 現代人의 生活을 描寫해 낼 것인가? 만일 春香이라도 그가 現代의 女性이라면 그도 머리를 퍼머넨트로 지질 것이요, 코티-를 바르고 파라솔을 받고 쵸콜렡, 아이스크림 같은 것을 먹을 것이다. "黑雲같은 검은 머리, 반달같은 臥龍梳로 솰솰 빗겨 전반같이 넓게 땋아…"나 "초롭 갑사 결막이", "초록우단 繡雲鞋" 이런 말들로는 도저히 形容할 수 없을 것이다. 새말을 만들고, 새말을 쓰는 것은 流行이 아니라 流行 以上 嚴肅하게 生活에 必要하니까 나타나는 事實임을 理解해야 할 것이다. 커피를 먹는 生活부터가 생기고, 퍼머넨트式으로 머리를 지지는 生活부터가 생기니까 거기에 適應한 말, 卽 '커피', '퍼머넨트'가 생기는 것이다. 交通이 發達되여 文化의 交流가 密接하면 할수록 新語가 많이 생길 것은 定한 理致로 어딋말이 와서던지 音과 意義가 그대로 借用되게 될 境遇에는 그 말은 벌서 外國語가 아닌 것이다. 漢字語던 英字語던 掛念할 必要가 없다. 그 單語가 들지 않고는 自然스럽고 適確한 表現이 不可能할 境遇엔 그 말들은 이미 여깃말로 여겨 安心하고 쓸 것이다.

그러나 한가지 注意할 것은, 新語의 濫用이다. 慣用語로더 넉넉히 表現할 수 있는 말에까지 버릇처럼 外國語를 꺼낼 必要는 없다. 新語를 濫用함은 文章에 있어선 勿論, 談話에 있어서도 語調의 天然스럽지 못한 것으로 보나 衒學이 되는 것으로 보나 다 品位있는 表現이라 할 수 없을 것이다.

2. 言語의 表現 可能性과 不可能性

말은 사람이 意思를 表現하려는 必要에서 생긴 것이다. 그러나 사람의 意識 속에 있는 것을 무엇이나 다 表現해 내는 全能力은 없는 것이다. 亦是 神이 아닌 사람이 만든 한낱 生活 道具다.

完美全能한 神品이 아니다. 뜻은 있는데, 發表하고 싶은 意識은 있는데, 말이 없는 境遇가 얼마던지 있다. 그래 옛날부터 "이루 칙량할 수 없다."느니 "不可名狀"이니 "言語絶"이니 하는 말이 따로 發達되여 오는 것이다. 이것이 어느 한 言語에만 있는 缺點이냐 하면 決코 그렇지 않다. 거이 世界語인 英語에도 in expressible이니 byeond expression이니 하는 類의 말이 얼마던지 씨이고 있는 것을 보면 世界 어느 言語에나 表現 不可能性의 暗黑의 一面은 다 가지고 있는 것으로 짐작할 수가 있다.

그런데 이 表現 可能의 面과 表現 不可能의 面이 言語마다 不一하다. 甲言語엔 '그런 境遇의 말'이 있는데 乙 言語엔 그런 말이 없기도 하고, 乙 言語에 '그런 境遇의 말'이 있는 것이 甲 言語엔 없기도 하다. 英語 wild eye에 꼭 맞는 朝鮮말이 없고, 또 조선말의 '뿔뿔이'에 꼭 맞는 英語가 없다. 꼭 wild eye를 써야 할 데서는 조선말은 表現을 못하고 마는 것이요, 꼭 '뿔뿔이'를 써야 할 데서는 英語는 벙어리가 되고 마는 것이다. 어느 言語가 아직 이 表現 可能의 暗黑面을 더 廣大한체 갖이고 있나 하는 것은 至難한 硏究 材料의 하나려니와 于先 어느 言語던 表現

可能性의 一面과 아울러 表現 不可能性의 一面도 갖이고 있는 것, 그리고 이 表現 可能性은 言語마다 不一해서 完全한 飜譯이란 永遠히 不可能한 事實쯤은 알아야 하겠다. 이것을 意識하기 前엔 무엇을 飜譯하다가 自己가 必要한 飜譯語가 없다고 해서 이 言語는 저 言語보다 表現力이 不足하니, 저 言語는 이 言語보다 優秀하니 하고 不當한 斷定을 하기가 쉬운 것이다. 飜譯을 받는 原文은 이미 그 言語의 表現 可能面엣 말로만 表現된 文章이다. 그런데 表現 可能, 不可能面은 言語마다 不一하다. 나중의 言語로는 表現이 不可能한 것도 있을 것은 오히려 至當한 理致다. 이 優劣感은, 하나는 拘束이 없이 마음대로 表現한 것이요, 하나는 原文에 拘束을 받고 再表現해야 되는 飜譯, 被飜譯의 位置 關係이지 決코 어느 한 言語의 本質的 差異는 아니다.

그런데 言語에는 쉽사리 못 表現하는 面이 으레 있다 해서 自己의 表現慾을 쉽사리 斷念할 바는 아니다. 散文이던 韻文이던 文章家들의 言語에 對한 義務는 實로 이 못 表現하는 暗黑面 打開에 있을 것이다. 눈매, 입모, 어깻짓 하나라도 表現은 發達하며 있다. 言語 文化만이 暗黑面을 그대로 가지고 나갈 수는 없다. 훌륭한 文章家란 모다 말의 採集者, 말의 製造者들임을 記憶할 것이다.

3. 方言과 標準語와 文章

어느 말에던지 方言과 標準語가 있다. 方言이란 言語學上으로는 얼마던지 複雜한 說明이 있겠지만 쉽게 말하면 사투리다. 그 한 地方에서만 쓰는 特色 있는(말소리로나 말투로나) 말이다.

> 아매 게심둥(咸鏡北道 地方)
> 할메미 기시는기요(慶尙南道 地方)
> 클마니 게십네깨(平安北道 地方)

할매 게시유(全羅南道 地方)

할머니 게십니까(京城 地方)

이렇게 모다 다르다. 다른 中에 어느 道 사람이나 다 比較的 쉽게 알아드를 수 있는 것은 아모래도 京城 地方말 '할머니 게십니까'다. 京城은 文化의 中心地일 뿐 아니라 地理로도 中央地帶다. 東西南北 사람이 다 여기에 모히기도 하고 흩어지기도 한다. 그러니까 京城말은 東西南北말의 影響을 혼자 받기도 하고 또 혼자 東西南北말에 影響을 주기도 한다.

그래 어느편 사람 귀에도 가장 가까운 因緣을 가진 것이 京城말이다. 京城말의 長點은 이것뿐도 아니다.

人口가 한곳에 가장 많기가 京城이니까 말이 가장 많이 지꺼려지는 데가 京城이다. 그러니까 말이 어디보다 洗練되는 處所다. 또 諸般 文物의 發源地며 集散地기 때문에 語彙가 豐富하다. 또 階級의 層下가 많고 有閑한 사람들의 社交가 많은 데라 말의 品이 있기도 하다. 그러니까 어느 편 사람이나 다 함께 標準해야 할 말은 무엇으로 보나 京城말이다.

京城말이라고 다 좋은 것은 아니다. '돈'을 '둔'이라, '몰라'를 '물라'라, 精肉店을 '관'이라, '사시오'를 '드령'이라는 것 같은 것은 決코 普遍性도, 品位도 없는 말이다. 그러기에 朝鮮語學會에서 標準語를 查正할 때, 京城말을 本位로 하되, 中流 以下, 所謂 '아래대말'은 方言과 마찬가지로 處理한 것이다.

그런데 文章에서 方言을 쓸 것인가, 標準語를 쓸 것인가는, 길게 생각할 것도 없다.

첫재, 널리 읽히쟈니 어느 道 사람에게나 쉬운 말인 標準語로 써야겠고,

둘재, 같은 값이면 品있는 文章을 써야겠으니 品있는 말인 標準語를 써야겠고,

셋재, 言文의 統一이란 큰 文化的 意義에서 標準語로 써야 할 義務가 文筆家에게 있다 생각한다.

그러나 方言이 文章에서 全혀 問題가 안 되는 것은 아니다. 方言이 存在하는 날까지는 方言이 方言 그대로 文章에 나올 必要가 있기도 하다.

만날 복녀는 눈에 칼을 세워가지고 남편을 채근하였지만, 그의 게으른 버릇은 개를 줄 수는 없었다.

"뱃섬 좀 치워달라우요."

"남 조름 오는데 님자 치우시관."

"내가 치우나요?"

"이십년이나 밥먹구 그걸 못 치워."

"에이구 칵 죽구나 말디."

"이년, 뭘?"

이러한 싸움이 그치지 않다가, 마침내 그 집에서도 쫓겨나왔다. 이전 어디로 가나? 그들은 할 일없이 칠성문밖 빈민굴로 밀리어 나오게 되었다.

(金東仁 氏의 短篇 '감자'의 一節)

여기서 만일 복녀 夫妻의 對話를 標準語로 써 보라. 七星門이 나오고 箕子墓가 나오는 平壤 背景의 人物들로 얼마나 現實感이 없어질 것인가?

作者 自身이 쓰는 말, 즉 地文은 絶對로 標準語일 것이나 表現하는 方法으로서 引用하는 것은 어느 地方의 사투리던 상관할 바 아니다. 물소리의 '졸졸'이니 새소리의 '뻐꾹뻐꾹'이니를 그대로 擬音해 效果를 내듯, 方言 그것을 살리기 爲해서가 아니요, 그 사람이 어디 사람이란 것, 그곳이 어디란 것, 또 그 사람의 레알리티-를 어려운 說明없이 效果 있게 表現하기 爲해 그들의 發音을 그대로 擬音하는 것으로 보아야 할 것이다.

그러니까 어느 地方에나 方言이 存在하는 限, 또 그 地方 人物이나

風情을 記錄하는 限, 擬音의 效果로서 文章은 方言을 描寫하지 않을 수 없을 것이다.

4. 談話와 文章

가. 談話와 文章을 區別할 것

말을 文字로 記錄하면 文章인데 于先 그 말이란 것이 글 쓰기 좋게만 지꺼려지는 것은 아니다. 같은 사람이 같은 뜻을 말하더라도, 境遇 따라, 氣分 따라 말의 組織이 달라진다.

"그 사람이 비행기를 타고 왔다지오?"를

"그 사람 비행길 타고 왔다죠?"

하기도 한다. 즉 누구에게나 말 그것의 組織을 注意해 하는 境遇와 말에는 關心할 餘裕가 없이 目的에만 急해서 呼吸에 편한 대로 지꺼려 버리는 境遇가 있다. 그런데 누구나 普通 談話에서는 語體보다 目的이 急하다. "그 사람이 비행기를 타고 왔다지오"보다 "그 사람 비행길 타고 왔다죠."하는 편이 더 많다. 그러나 글을 쓸 때에는 生活 속에서 누구를 만나 말할 때처럼 目的에 切迫하지 않다. 천천히 單語와 토를 골라 組織에 關心할 餘裕가 있다. 그래서 글로 쓸 때에는 "그 사람이 비행기를 타고 왔다지오."로 많이 쓴다. 이것이 쓰는 사람에게나 읽는 사람에게나 다 慣例가 되어 토가 完全히 다 달린 것은 談話보다 文章인 맛을 더 받고, 토가 略해진 것은 文章보다 談話인 맛을 더 받는다. 이렇게 받아지는 맛이 달른 것을 글 쓰는 사람들은 利用할 必要가 있다. 즉 文章으로 쓰는 말은 토를 完全하게 달아 文章感을 살리고, 談話로 쓰는 말은 토를 呼吸感이 나게 농간을 부려 談話風을 살릴 수 있는 것이다.

내가 일기에도 기름이 떠러졌느니, 초가 떠러졌느니 하고 안해가 사다

달라는 부탁이 다른 식모 때보다 갑절이나 잦다. 가 아모리 잔소리를 해도 기름병이나 촛병을 막아놓고 쓰는 일이 없다 한다.

"웨 힘들어 그것 못 막우?"

하면

"쓸라구 할 때 마개 막힌 것처럼 답답한 일이 세상에 어딧서요."

하고 남이 막아놓은 것까지 화를 내는 성미였다. 하 어떤 때는 성이 가시어 안해가,

"그리구 어떻게 시집사릴 했수?"

하면

"그래두 시아범 작잔 힘든일 잘해낸다고 친찬만 했는데요."

하고 킬킬거리었고,

"그건 그런 힘든 일을 메누리헌테 시키는 집이니까 그렇지 인제 가지게 사는 집으루 가두?"

하면

"인제 내살림이문 나두 잘허구 싶답니다."

하는 뱃심이었다.

그는 별로 죽은 남편에 대해서는 말도 없었고 조용히 앉기만 하면 다시 시집갈 궁리였다. 월급이라고 멧 원 받으면 그날 저녁엔 해도 지기 전에 저녁을 해치우고 문안으로 드러가서 분이니 크림이니 하는 화장품에 쓸데 없이 여러 가지를 사드리였고, 우리가 무슨 접시나 찻잔 같은 것을 사오면 이건 얼만가요, 저건 얼만가요 하고 가운데 나서 덤비다가 으레,

"나두 인제 살림허문 저런 거 사와야지……화신상회랬죠."

하고 벨르는 것이다.

(拙作 短篇, '색시'의 一節)

이 글에서 만일,

"뭬 힘들어 그걸 못 막우?"를

"무엇이 힘이 들어 그것을 못 막우?" 한다던지

"쓸랴구 할 때 마개 막힌 것처럼 답답한 일이 세상에 어딋어요."를 "쓰려고 할 때에 마개가 막힌 것처럼 답답한 일이 세상에 어디 있어요."라 해 보라. 아모리 딴 줄로 끄러내여 쓴다 하더라도 語感이 나지 않을 것이다. 呼吸이 느껴지지 않으니까 산 人物의 面貌가 비추어지지 않는 것이다. 그러니까 이것이 自己가 쓰는 文章인가? 나오는 人物의 지껄이는 談話인가를 分明히 意識하고 가려 써야 할 것이다. 이것은 다만 小說에서만 必要한 方法은 아니다.

나. 談話의 表現 效果

글에서 談話를 引用할 必要가 어디 있느냐 하면

一. 人物의 意志, 感情, 性格의 實面貌를 드러내기 爲해서요,

二. 事件을 쉽게 發展시키기 爲해서요,

三. 談話 그 自體에 興味가 있는 때문이라 할 수 있다.

談話는 그 글을 쓰는 사람의 것이 아니라 그 글 속에 나오는 人物의 것이다. 글에서 人物의 다른 所有物은 보여 줄 수 없되, 談話만은 그대로 記錄해 보힐 수 있다. 즉 그 人物의 것을 그대로 가져다 보힐 수 있는 것은 談話뿐이다.

그런데 談話는 누구에게 있어서나 가장 普遍的이요 가장 全的인 表現이다. 그 普遍的이요 全的인 表現을 그대로 引用하는 것처럼 그 人物의 印象을 普遍的이게, 全的이게 傳해 줄 것은 없다.

"쓸랴구 할 때 마개 막힌 것처럼 답답한 일이 세상에 어딋어요."
한마디로 그 食母의 성미 괄괄한 것을 區區히 說明할 必要가 없게 되었고,

"인제 내살림이문 나두 잘허구 싶답니다."
한마디로 그 食母의 뻔뻔스러운 것,

"나두 인제 살림허문 저런 거 사 와야지……신화상회랬죠?"
한마디로 그 食母의 부러워 잘하는 것, '제살림'을 어서 가져 보고 싶

어하는 生活慾에 타는 것들이, 또 이런 談話들의 總和에서는 그 食母의 유들유들한 外貌까지도 긴 說明이 없이 드러나는 妙理가 있다.

談話는 人物의 性格과 心理를 讀者에게 斷定시키는 貴重한 證據品이다. 人物들의 心理는 곧 人物들의 行動이 될 수 있다. 그러니까 心理를 斷定시키는 談話는 곧 行動까지를 斷定시킬 수 있어 談話의 한두 마디로 行動, 事件을 緊縮 飛躍시킬 수가 있다.

처음 어린 것들이 담요를 밀고 당기게 되면 어른들은 서로 마주보고 웃게 된다. 그러나 어머니, 안해, 나- 이 세 사람의 웃음 속에는 알 수 없는 어색한 빛이 흘러서 극히 부자연스런 웃음이었다. (나)의 안해만이 상글상글 재미있게 웃었다.

담요를 서로 잡아다릴 때에 내 딸년이 끌리게 되면 얼굴이 발개서 어른들을 보면서 비죽비죽 울려 울려 하는 것은 후원을 청하는 것이었다. 이것은 K의 아들도 끌리게 되면 하는 표정이었다.

그러다가 서로 어울어저서 싸우게 되면 어른들 낮에 웃음이 슬어진다.

"이 게집애, 남의 애를 웨 때리느냐?"

K의 안해는 낯빛이 파래서 아들과 담요를 끄집어다가 싸 업는다. 그러면 내 안해도 낯빛이 푸르러서,

"우지 마라 우지마. 이담에 아버지가 담요를 사다 준다."

하고 내 딸년을 끄집어다가 젖을 물린다. 딸년의 울음은 좀처럼 그치지 않았다.

"아니! 으 흥!"

하고 발버둥을 치면서 (나)의 안해가 어린 것을 싸 업은 담요를 가리치면서 설게설게 눈물을 흘린다. 이렇게 되면 나는 참아 그것을 볼 수 없었다. 같은 처지에 있건마는 K의 안해나 아들의 낯에는 우월감이 흐르는 것 같고 우리는 그 가운데 접질리는 것 같은 것도 불쾌하지만 어린 것이 서너살 나도록 포대기 하나 변변히 못 지어주는 것을 생각하면 너무도 못 생긴 느낌도 없지 안았다. 그리고 그 어린 것이 말은 할 줄 모르고 그 담요를 손가락

질하면서 우는 양은 참아 눈으로 볼 수 없었다.

그 메칠 뒤에 나는 일삯전을 받아 가지고 집으로 가니 안해가 수건으로 머리를 싼 딸년을 안고 앉아서 쪽쪽 울고 있다. 어머니는 그 옆에서 아무 말 없이 담배만 피우시고…….

나는 웬 일이냐고 눈이 둥그래서 물었다.

"××(딸년 이림)가 머리 터졌다."

어머니는 겨우 목구녕으로 울어나오는 소리로 말씀하시었다.

"네? 머리가 터지단요?"

"K의 아들 애가 담요를 만졌다고 인두로 때려……."

이번은 안해가 울면서 말하였다.

"응! 인두로……"

나는 나로도 알 수 없는 힘에 문밖으로 나아갔다. 어머니가 쫓아나오시면서,

"얘, 철없는 어린 것들 싸움인데 그것을 타 가지고 어린 싸움이 될라……."

하고 나를 붓잡았다. 나는 그만 오도가도 못하고 가만이 서 있었다. 그때 나는 분한지 슬픈지 그저 멍한 것이 얼빠진 사람 같았다. 모든 감정이 점점 갈앉고 비로소 내 의식에 돌아왔을 제, 나는 눈물에 흐리고 가슴이 무여지는 것 같았다.

나는 그 길로 거리에 달려가서 붉은 줄 누른 줄 푸른 줄 간 담요를 사원 오십전이나 주고 샀다. 무슨 힘으로 그렇게 달려가 삿던지 사 가지고 돌아설 때 양식 살 돈 없어진 것을 생각하고 이마를 찡기는 동시에 홍하고 냉소도 하였다.

(崔鶴松의 短篇 '담요'의 一部)

담요 이야기를 發展시키는 데 談話들이 얼마나 事件 記錄을 經濟시키고 行動을 飛躍시키는가.

그런 객쩍은 생각을 仇甫가 하고 있을 때, 문득 또 한 名의 게집이 생각 난 듯이 물었다.

"그럼 이 世上에서 精神病者 아닌 사람은 先生님 한 분이겠군요?"

仇甫는 웃고,

"웨 나두……나는 내 病은 多辯症이라는 거라우."

"무어요 다변증……"

"응, 多辯症, 쓸데없이 잔소리 많은 것두 다아 精神病이라우."

"그게 다변증이에요?"

다른 두 게집도 입만 말로 '다변증'하고 중얼거려 보았다.

(朴泰遠의 短篇 '小說家 仇甫氏의 一日'에서)

談話는 그것에 興味가 있다. 그들 全體에 군혹이 되지 않는 程度로는 쓰는 自身도 즐기고, 읽는 남도 즐기게 할 수만 있다면, 그것은 훌륭히 談話 自體의 美德일 수 있는 것이다.

이렇게 人物 描寫가 많은 小說에서만 談話 引用이 必要한 것은 아니다. 談話로 始終하는 劇은 워낙이 別個 問題려니와 普通 一般 記錄에 있어서도 談話를 引用할 境遇가 全無한 것은 아니라. 우리가 누구를 形容할 때, 그의 行動擧止만을 입내내지 않고 말투까지도 입내내는 때가 얼마던지 있다. 아모리 小說은 아닌 記錄에서라도 한 人物이나, 人物의 어떤 情況이나, 心理나 環境을 보혀줄 必要가 있다면 그런 때 그 人物의 端的인 말을 그대로 옮겨 놓음이 千言萬語의 區區한 說明보다 오히려 鮮明한 認識을 줄 수 있는 것이다.

그리고 談話는 그냥 文章보다 두드러지는 것이다. 말을 하면 받는 사람이 있으니 對立感이 나오고, 文章은 平面인데 語感은 立體的인 것이니 全文의 文態가 彫刻的이요 動的일 수 있다. 反對로 談話가 적거나 없는 글이면 全體가 平面的이요 靜的일 수 있다. 動的이여야 할 內容과 靜的이여할 內容을 미리 가려서 談話를 計劃的으로 쓰고 안 쓰고, 적게 쓰고 많이 쓰고 해서 表現을 보다 더 效果的이게 할 것이다.

다. 談話와 文章이 一如視되는 境遇

우에서 '自己가 쓰는 文章인가? 나오는 人物의 지껄이는 談話인가'를 分明히 意識하고 가려 써야 할 것이라 하였다. 그런데 그것을 가려 쓰지 않은 것 같은 表現들이 여기 있다.

이튿날 내가 눈을 떴을 때 안해는 내 머리맡에 앉아서 제법 근심스러운 얼굴이다. 나는 감기가 들었다. 여전히 으시시 춥고, 또 골치가 아프고 입에 군침이 도는 것이 씁쓸하면서 다리 팔이 척 늘어져서 노곤하다.

안해는 내 머리를 쓱 짚어보더니 약을 먹어야지 한다. 안해 손이 이마에 선뜩한 것을 보면 신열이 어지간한 모양인데 약을 먹는다면 해열제를 먹어야지 하고 속생각을 하자니까 안해는 따뜻한 물에 하얀 정제약 네 개를 준다. 이것을 먹고 한잠 푹 자고나면 괜찮다는 것이다. 나는 널름 받아 먹었다.

(故 李箱의 '날개'의 一節)

이 글에서 안해라는 人物의 말로 '약을 먹어야지'와 '이것을 먹고 한잠 푹 자고나면 괜찮다'가 있는데 딴 줄로 끄러내지도 않었고, 語勢도 地文勢에 묻혀버리고 말았다.

바로 그저겐가두 전화가 왔는데 낮잠을 자다 머리도 쓰다듬지 않고 달려온 옥히는 수화기를 떼여들기가 무섭게 요새는 대체 게서 무슨 재미를 보구 있기에 내게는 발그림자두 안하느냐고, 내일이라도 곧 좀 올라오라고, 제일에 돈이 없어 사람 죽을 지경이라고, 그래 내일 못 어더라도 돈은 전보환으로 부처주어야만 된다고, 그럼 꼭 믿고 있겠다고 한바탕 재꺼리고 나서 응 그럼 꼭 믿구 있겠수 하고 전화를 끊기에 및어서야 생각난 듯이 참 몸이 편찮다더니 요새는 좀 어떻수 하고 그런 말을 하였다고, 그는 그 게집의 음성까지를 교묘하게 흉내내어 내게 여실히 이야기하였다.

(朴泰遠의 短篇 '距離'의 一節)

어떤 女子가 電話로 한 談話, 그라는 사람이 다시 그것을 이야기해 준 談話, 모도를 談話대로 描寫하는 대신 作者 自身이 지껄이는 투로 써 나려가고 '그는 그 계집의 음성까지를 교묘하게 흉내내어 내게 여실히 이야기하였다.' 하였다. 그런데 이 두 글은 自己가 쓰는 '文章'인지, 人物의 談話인지, 그 取扱이나 表現에나 意識없이 써 진 것은 하나도 아니다. 取扱엔 무론, 表現에 있어서도 意識的 計劃에서 談話를 딴 줄로 끄러내다 語感대로 描寫하기를 避한 것이다. 여기에 이르러는 當然히 文體論이 나와야 한다. 文體에 關하야는 아래에 題를 달리해 말하겠으므로 여기서는 다만 이런 表現들은 談話를 意識的으로 地文에 섰더라도 談話만 두드리지지 않게 地文까지도 談話體로 쓴 것이란 것, 또는 自己의 文體를 談話風이게 쓰려니까 談話가 地文과 그다지 對立感이 나지 않으니까 意識的으로 한데 섞어 쓰는 것이란 것을 밝히는 데 끄치려한다.

[3] 이태준, '문장강화(三)', 『문장』 제3호, 문장사, 1939.3.

4. 談話와 文章(此項 續)

라. 談話術

말은 한 個人의 것이 아니라 民衆 全體의 것이다. 文章인 것에는 鈍感한 讀者라도 談話인 데서는 '그 人物에 울리느니 안 울리느니' 하는 評을 곳잘 한다. 글쓰는 사람이 文章은 제 文體대로 쓸 수 있으나 말은 自己것이 아니라, 그 人物의 것을 찾아 놓는데 忠實하지 않을 수 없다. '그 人物의 말'을 찾는 데는 몇 가지 思考할 點이 있다.

一. 하나밖에 없는 말을 찾을 것

여러 가지 사람의, 여러 가지 경우의 말이란 無限히 많을 것이다. 그러나 唐荒할 必要는 없다. 無限히 많은 것은 찾기 以前이요, 그 사람이 그 境遇에 꼭 쓸 말이란 찾아만 드러간다면 究竟엔 한가지 말밖에는 없을 것이다. 전에 이런 이야기가 있다. 갯가 뱃사람 하나가 서울 구경을 오는데, 서울 가서나 뱃사람 티를 내지 않으리라 하였으나 멀-리 南大門의 門 열린 구멍을 바라보고 한다는 소리가,

"똑 킷통구멍 같구나."

해서 그에 뱃사람 티를 내고 말았다는 것이다. 이 사람이 만일 요즘 鐵路 工夫라면 궁급스럽게 木船의 키를 꽂는 구멍을 생각해 내기 前에 鐵路의 턴낼부터 먼저 생각했을 것이다. 그 사람으로서 無心中 나와질 말, 말에 그 사람의 體臭, 性味의 냄새, 身分의 냄새, 그 사람의 때(垢)가 묻은 말을 찾아야 하는데 그런 말이란 얼마든지 있을 것이 아니라 結局은 하나일 것이다. 뱃사람이 南大門 구멍을 形容하는데는 "똑 킷통구멍 같구나."가 最適의 하나밖에 없는 말일 것이요, 鐵路 工夫가 南大門 구멍을 形容하는 데는 "똑 돈네루 구멍 같구나."가 最適의 하나밖에 없는 말일 것이다. 이 하나밖에 없는 말을 찾아야 할 것이요,

二. 語感이 있게 써야 할 것이다.

文章은 視覺에 보히는 것이요, 談話는 聽覺에 들려주는 것이다. 談話는 눈에 아니라 귀에니까 읽혀질 소리로 쓸 것이 아니라 들려질 소리로 써야 한다. 정말 말로 들리자면 語感이 나와야 한다.

"나 좀 봐요."

"나를 좀 보아요."

는 뜻은 조곰도 다를 것이 없다. 그러나 形式에 있어 前者는 談話요 後者는 文章이다. 談話感이 나게 하고 文章感이 나게 하는 것은 오직 語感 때문이다. 우에서 이미 文例를 들어 說明하였거니와 여기서 한가지 더 밝히려는 것은 그때 그 人物의 呼吸에 더 關心해서,

'무엇을 말하나?'

가 아니라

'어떻게 말하나?'

에 注意하라는 것이다.

"오늘 아무데두 안 갔구나."

"아 영감께서나 불러주시기 전에야 제가 갈 데가 어딧세요?"

"왔다 고것……."

"근데 참 웨 그렇게 뵐 수 없에요?"

"응 좀 바뻐서……."

"참 저어 춘향전 보셋예요?"

"춘향전이라니?"

"요새 단성사에서 놀리죠."

"거 재민나?"

"좋다구들 그래요. 오늘 동무 몇이서 구경 가자구 마췄는데…… 영감 같이 안 가시렵쇼?"

"가두 좋지만 글세 좀 바뻐서……"

(朴泰遠의 '川邊風景' 中 민주사와 취옥의 談話)

'근데', '놀리죠', '재민나?', '가시렵쇼' 等을 보면 作者가 '어떻게 말하나?'에 얼마나 날카롭게 注意하였나를 넉넉히 엿볼 수 있다. 그리기에 常時에 여러 가지 人物이 여러 가지 境遇에 無心코 지껄이는 語態를 寫生 蒐集할 必要가 있다. 寫生한 語錄을 그대로 쓸 境遇도 없지 않을 것이요, 또 自己가 쓰려는 內容에 맞도록 고쳐서 쓴다 하드라도, 結局 그 고치는 語感에의 實力이란 寫生과 蒐集에서처럼 쌓을 길이 없을 것이다.

三. 性格的이게

談話를 그대로 끄러오는 것은 人物의 意志와 感情과 性格의 實面貌를 드러내기 爲해서라 하였다. 談話는 內容이 表示하는 뜻만이 아니라 人物의 風貌까지 間接으로 나타내는 陰影이 있는 것이니, 第二義的 效果까지를 거두기 爲해서는 뜻에 맞는 말이되, 되도록 意志的이게 感情的이게, 통틀어 性格的이게 시킬 必要가 있다.

제법 가을다웁게 하날이 맑고 또 높다. 더구나 오늘은 시월 들어서 첫 공일－

그야 봄철같이 마음이 들뜰 턱은 없어도 그냥 이 하루를 집 속에서 보내기는 참말 아까워 그렇길래 삼복 더위에도 만일 없이 집에서 지낸 한약국집 며누리가 조반을 찰으고 나서,

"참 어디 좀 갔으면……"

옆에 앉은 남편이 들이라고 한 말이라.

"어디?"

물어주는 것을 기화로 그러나 원래 어디라 꼭 작정은 없던 것이라 되는 대로,

"인천－"

한 것을 의외에도 남편은 앞으로 나 앉으며,

"인천?…… 그것두 준 말이야. 인천 가 본 지두 참 오랜데……"

남편이 그러니까 젊은 안해도 참말 소녀와 같이 마음이 들떠,

"돈 뭐 그렇게 많인 안 들죠?"

"돈이야 몇 푼 드나?…… 허지만 여행을 해두 괜찮을까?"

"웨?"

"이거 말야."

그의 약간 나올까 말까 한 배를 손꾸리질하는 것이 우스워,

"아이 참 당신두……달 차구두 도래댕기는 사람은 으떡하우?"

"으떡하긴 그런 사람들은 그럭허구 댕기다가 기차 속에서두 낳구 전차 속에서도 낳구 그래 신문에 나구 법석이지."

"아이 참 당신두……"

"책에두 삼사개월 됐을 때 조심허라지 않어?"

"글세 괜찮어요. 어디 딴데 가는 것두 아니구……기차를 탄대야 그저 한 시간밖에 안 되는걸……"

그래 두 사람은 어데 요 앞에 물건이라도 살 듯이 가든하게 차리고 경성역으로 나갔다.

(朴泰遠 氏의 '川邊風景' 中 한약국집 젊은 內外의 對話)

'참'니 '아이 참'이니 하고 非思考的인 感歎 感情에서 나오는 말을 많이 쓰고, 또 '인천', '뭬?' 이런 한 個 單語만을 쓰기도 하고, '돈 뭐 그렇게 많이 안 들죠'니 '참, 어디 좀 갔으면…'하고, 目的에 急해 토가 나올 새 없이 單語만 연달아 나오는 말을 하는 것은, 무엇이나 前參後考할새 없이, 突發的이게 마음 솟는 대로 지껄이는, 아직도 少女性이 가시지 않은, 젊은 女人의 性格이 훌륭히 보히는 말들이요, '으떡허긴 그런 사람들은 그럭허구 댕기다 기차 속에서두 낳구, 전차 속에서두 낳구 그래 신문에 나구 법석이지…'의 이죽거리는 품이나 '……낳구……낳구 그래……'하는 투와 '그것두 준말이야', '허지만'이니의 느러진 품은, 말 自體로만 그의 안해와 對立的이 아니라 엿보히는 性格까지도 훌륭히 對立되여 드러난다.

형님 되시는 왕의 문약(文弱)을 불만히 여기는 수양대군은 자연히 문학과 풍류를 좋아하는 아우님 안평대군이 미웠다. 더구나 안평대군이 근래에 와서 명망이 크게 떨치며 그의 한강 정자인 담담정(淡淡亭)과 자하문(紫霞門) 밖 무이정사(武夷精舍)에는 날마다 풍류 호걸들이 모여들어 질탕히 놀므로 세상에서 안평대군이 있는 줄은 알고 수양대군이 있는 줄은 모르는 것이 분하였고 더구나 형제분이 혹시 서로 대할 때면 안평이 형님되시는 수양을 가볍게 보는 빛이 있을 때에 분하였다. 한번은 무슨 말 끝에,

"형님이 무얼 아신다고 그러시오? 형님은 산에 가 토끼나 잡으슈."

하고 수양대군이 활 쏘는 것밖에 능이 없는 것을 빈정거릴 때에 수양은 분노하여,

"요 주둥이만 깐 것이."

하고 벽에 걸린 활을 벗겨든 일까지 있었다.

(李光洙 氏의 '端宗哀史'의 一部)

아우님 안평대군이 형님 수양대군에게 하는 말로는 좀 誇張되였다고 할 수가 없지도 않다. 그러나 談話를 내세우는 것은 그 人物과 그 事態의 性格的인 데를 端的이게 印象을 주기 爲해서니까 調和를 잃지 않는 範圍 內에서는 語意語勢를 强調시키지 않으면 안 된다. 談話를 '性格的이게'란 말은 調和를 잃지 않는 程度의 强調를 意味한다 할 수 있다. 그 人物, 그 事態에서, 可能한 程度로는, 頂點的인, 焦點的인 談話라야 할 것이다.

性格的인 것이란 個人과 個人이 다르다고 널리 보아버릴 것이 아니라, 具體的이게 性別로 男女가 다르고, 또 같은 男性 같은 女性끼리도 身分과 敎養따라 다르고, 또 同一人이라도 年齡따라 다른 點에 着眼할 必要가 있다.

진지-잡수섯습니까?

진지-잡숴습니까?

진지-잡수섯서요?

진지-잡숴서요?

진지-잡수섯세요?

진지-잡숴세요?

진지-잡수섯나요?

진지-잡숴나요?

진지-잡수섯수?

진지-잡숴수?

진지?

진진?

다 밥 먹었느냐 묻는 말이다. 그러나 말이 가지고 있는 神經이 다르다. '잡수셨습니까?' 하면 '까'가 몹시 차고 딱닥하고 경우 밝고 도드라진다. '잡숴수'는 너머 텁텁해서 四十 以上 마나님의 숭허물 없는 맛이 난다. '잡수셨세요?'나 '잡수셨나요?'는 회웃둥하는 리듬이 생긴다. 날신한 젊은 女子의 몸태까지 보힌다. 그냥 '진지' 하는 單語만에는 은근한 맛이 나고 그 '진지'에 'ㄴ'을 붙여 '진진'하면 악센트가 훨신 또렷해진다. 말하는 사람의 明朗한 눈이 보힌다.

우에서 보거니와 바침의 농간은 여간 중요하지 않아 될 수 있는 대로 바침이 없는 말만 시키면 말이 가벼워질 것이요, 바침이 있는 말만 시키면 무게와 彈力이 생기되 'ㄱ'이나 'ㄷ'이 많이 나오면 거셀 것이요, 'ㄴ, ㅁ, ㅂ, ㄹ'이 많이 나오면 연싹싹하고 매끄러워 大體로 明朗할 것이다. 뜻에 닷는 限에서는 聲響까지도 性格的인 것에 統一되여야 할 것이다.

① 그런데 가기 나는 싫여

② 싫여 나는 그런데 가기

③ 나는 찬성할 수 없네 그런데 가는 것

④ 난 단연 불찬성 그런데 가는 것

얼마든지 다르게 말할 수 있으려니와 ①과 ②는 單語들의 位置만 다르다. ①은 '그런데 가기'란 說明부터 나왔고, ②는 '싫여 나는'하고 意慾과 自己 즉 主觀부터 나왔다. 아모래도 ②는 主觀에 强한 性格이다.

③과 ④는 單語들의 位置가 다르기보다, 토가 있고 없는 것과 '단연'이란 單語가 있고 없는 것과, 하나는 '찬성할 수 없'이라 했는데 하나는 '불찬성'이라고 한 것이 다르다. 첫재, 토가 있고 없는 것인데, 토가

제대로 달리면 말이 느린만치 順하고 토가 없으면 急하다. 둘재, '단연'이란 肯定과 否定을 强調하는 副詞다. 聲響까지도 '단연'은 포개놓인 말이라, 語意, 語勢가 여간 强해지지 않는다. 셋재로, '찬성할 수 없'에는 說明인 '찬성할 수'가 먼저 나왔으니 順하고 '불찬성'에는 說明보다 '불'이란 意慾부터 먼저 나왔으니 훨신 意志的이다. ④는 ③보다 몇 배 意志的인 性格이다. 더욱 다음의 論說을 參考하라.

言語의 美. 한 言語를 美化시키는 그것이야말로 文壇人의 特殊한 業務요 또 職責이 아니랄 수 없다. 그 言語의 美化 程度를 가져서 그 言語에 所屬된 文學의 기리와 기피를 함께 占칠 수 있다고 하여도 過言이 아니다. 그런데 萬一 美化라는 말이 軟文學의 巧句麗辭 卽 明治 年代 所謂 星童派類의 吟咏으로 誤解될 憂慮가 있다면 言語의 洗練이라고 고치어도 無妨하다. 言語의 洗練은 너머나 意義가 汎博하기 때문으로 誤解를 무릅쓰고 美化라는 말을 썼을 뿐이다. 그러나 現在의 朝鮮語를 더 한 層 美化시키는 것도 오직 文壇人을 기다리어서 可能하겠지만은 朝鮮語가 目下 가지고 있는 美 그것도 그들의 힘을 빌어서 發揮할 수밖에 없는 形便이다. 아직도 文學的으로 發達되지 못한 朝鮮語에 무슨 美가 있겠느냐고는 무를지도 모르되 한 言語는 그 獨特한 文體를 가지듯이 반듯이 獨特한 美를 가지고 있다는 것을 잊어서는 안 된다. 假令 '카게, 벌거케, 볼고레하게, 불구레하게'나 '파라케, 퍼러케, 포로소름하게, 푸루수름하게' 等의 말을 살피어 보라. 朝鮮語가 아닌 다른 말에 어듸 그러케 纖細한 色彩感覺이 나타나 있는가? 또 '이, 그, 저'나 '요, 고, 조' 等의 指示詞를 살피어 보라. 거기도 朝鮮語 獨特한 맛이 있지 않은가.

(洪起文 氏의 '文壇人에게 向한 提議'의 一部)

語感

語感이란 것은 言語의 生活感 다시 말하면 言語의 生命力입니다. 語感없이는 모든 말이 槪念的으로 取扱되어 버립니다. 卽 語感 없는 말은 言語의 屍體

거나 그렇지 않으면 精神喪失者입니다. 이와 같이 語感은 言語活動에 있어서 生動하는 힘을 가지고 있습니다. 그리하여 思想을 傳達하는 言語活動은 感情을 移入하므로써 表出者의 表現 效果를 훨씬 增大시킬 수 있습니다.

그러면 語感의 正體는 무엇인가. 그것을 다시 한번 생각하여 보려 합니다. 대개 言語에는 意味 卽 뜻과 音聲 卽 소리 두 方面이 있습니다. '사람'이란 말은 '사'란 發音과 '람'이란 發音이 合하여 成立되어 가지고 '人'(사람)이란 槪念 卽 意味를 나타내게 됩니다. 그러므로 發音은 말의 形式이요 意味는 말의 內容입니다. 그리하여 語感이란 것이 이 形式과 內容에 다 關係를 가지고 있습니다.

① 形式 卽 發音을 規定하는데는 다음과 같은 條件이 있습니다.

(가) 發音의 强弱입니다. '바람', '구름', '달', '꽃' 等과 같은 名詞라든지 '얼른', '천천히'와 같은 副詞라든지 '아름답다', '탐스럽다' 等의 形容詞와 같은 同一한 語彙라도 그 發音의 强弱이 이와 같이 變化됨을 따라 그 말에 따르는 語感도 實로 無數히 다를 수 있습니다. 그리하여 그 發音을 調節함으로써 그 말의 表現 效果를 크게도 할 수 있고 적게도 할 수 있습니다.

(나) 發音의 持續 卽 長短입니다. 發音의 長短은 名詞의 語感에도 크게 關係가 있겠지마는, 形容詞 副詞 感歎詞 같은 것에 더욱 效果的이라고 생각합니다. '바람이 솔솔 분다.'는 말과 '바람이 소-ㄹ 소-ㄹ 분다.'는 말이라든지 '걸음을 느릿느릿 걷는다.'는 말과 '걸음을 느리-ㅅ 느리-ㅅ 걷는다.'는 말의 語感의 差는 지금 저의 發音을 들으시는 여러분이 容易히 判斷하실 줄 압니다.

(다) 發音의 高低입니다. 이 發音의 高低는 發音의 强弱과는 다른 것입니다. 發音의 强弱은 音波의 振幅의 大小에 달렸습니다 마는 그 高低는 音波 振動 數에 달렸습니다, 그리고 强音과 高音, 弱音과 低音은 恒常 一致되는 것은 아닙니다. 男聲은 低音인 同時에 强音이요, 모기 소리(蚊聲)는 弱하면서도 높은 소리입니다. 그리하여 이 高低가 또한 語感을 크게 左右합니다.

(라) 發音 속에 섞인 母音의 明暗입니다. 明朗한 母音이 包含되고 陰暗(컴컴)한 母音이 包含됨을 따라 그 말의 語感은 엄청나게 달라집니다. 그리하여 그 意味까지 달라지다 싶이 합니다. 朝鮮말에는 이와 같은 例가 퍽 많습니다. 名詞로도 '가짓말'과 '거짓말'이라든지 '모가지'와 '며가지', '뱅충이'와 '빙충이' 等의 '가', '모', '뱅'이란 發音은 퍽 明朗하고 가벼운 소리요, '거', '며', '빙'이란 發音은 매우 어둡고 무거운 소립니다.

그러나 形容詞나 副詞에 이런 例가 가장 많습니다.

(動詞)…빌어먹다-배라먹다, 잘린다-졸린다

(形容詞)…보얗다-부옇다, 까맣다-꺼멓다, 하얗다-허옇다, 까칠하다-꺼칠하다, 복슬복슬하다-불술불술하다, 배뚜름하다-비뚜름하다, 쌉쌀하다-씁쓸하다, 짭짤하다-찝찔하다 等의 例만 들겠습니다.

(副詞)…팔랑팔랑-펄렁펄렁, 달랑달랑-덜렁덜렁, 모락모락-무럭무럭, 바실바실-부실부실, 발긋발긋-불긋불긋, 복작복작-북적북적 等 이루 셀 수 없을 만큼 많습니다. 그 語感의 差가 어찌나 甚한지 明朗한 母音을 包含한 말을 얕잡아 하는 말이라고 하기까지에 이르렀습니다.

(바) 發音 속에 섞인 子音의 銳鈍입니다. 그 子音의 날카랍고 純한데 따라 亦是 語感은 큰 差異가 납니다. 몟 個의 例를 말씀한다면

(名詞)…주구렁이-쭈구렁이, 족집개-쪽집개, 고치-꼬치

(動詞)…떤다-턴다, 반다-빤다

(形容詞)…검다-껌다, 발갛다-빨갛다, 뜬뜬하다-튼튼하다, 감감하다-깜깜하다-캄캄하다

(副詞)…반작반작-빤짝빤짝, 기웃기웃-끼웃끼웃, 곰실곰실-꼼실꼼실, 부스스-뿌시시-푸시시, 덜렁덜렁-떨렁떨렁, 번번히-뻔뻔히, 바싹-바짝, 재깔재깔-재잘재잘

以上은 그 말 속에 包含된 子音의 날카롭고 鈍함으로 因하여 語感이 사뭇

다른 것들입니다.

(바) 接尾音 或은 接頭音을 가진 말

(接尾音을 가진 말)…뺨-뺨따귀, 코-코빼기, 눈-눈깔, 배-배때기, 등-등덜미, 팔-팔때기

(接頭音을 가진 말)…밟는다-짓밟는다, 주무른다-짓주므른다, 자빠진다-나자빠진다, 추긴다-부추긴다, 질기다-검질기다

以上에 든 여섯 가지 條件은 主로 그 말의 '엑센트'와 리듬 卽 韻律을 規定하여 가지고 各各 그 말의 獨特한 語感을 나타내게 됩니다. 대개 言語의 音聲은 各各 獨特한 聽覺的 性質을 띠고 있어서 여러 가지 形態를 表現합니다. 그리하여 視覺이나 觸覺이나 嗅覺이나 味覺 等 다른 感覺과도 서로 通하는 性質을 가지고 作用한다고 볼 수 있습니다. 이 音聲이 가지고 있는 性質이 各種의 感覺을 通하여 結局 그 말의 意味에까지 影響을 주어서 變動이 생기게 됩니다. 이런 種類 語彙 問題는 여러 가지로 實驗的 硏究가 行해지고 있습니다. 호른뽀스테르(Hornboster) 氏의 硏究 發表한 것이 있습니다.

② 그리고 內容 즉 意味가 語感을 規定하는 條件은 다음과 같으리라 생각합니다.

(가) 階級性, 말의 階級性이란 것은 그 말의 敬語인가 卑語인가 普通 平等되는 사람새에 쓰는 말인가를 가리키는 것입니다. 이를테면

잡숫는다-먹는다-처먹는다-처든지른다

주무신다-잔다

계시다-있다

돌아가셨다-죽었다-거꾸러졌다

편ㅎ지 않으시다-앓는다

수라-메-진지-밥

밥간자-수깔

갱-국

齒牙-잇발

이점-이질 等

이 위에 例든 말들은 그 意味는 똑 같으면서도 相對者에 주는 印象은 다 다릅니다. 그리하여 相對者에 따라서 다 달리 써야 합니다. 참으로 語感으로는 다른 어느 條件보다도 重大性을 가졌습니다.

(나) 親密性, 말의 親密性이란 것은 相對者의 階級에는 아무 關係가 없고 다만 親愛 程度를 나타낼 뿐입니다. 卽,

아버지-아빠, 어머니-엄마, 오라버니-오빠, 형님-언니

이 말들은 아이들이 많이 使用하는 말인데, 아이들이 쓰는 만큼 그 말들은 들어서 말할 수 없이 親愛味를 느끼게 됩니다.

以上은 結局 言語의 品位를 決定하는 것이 됩니다.

말의 品位와 리듬이 잘 調和一致될 때에 그 말은 한 個의 單語로서 生動潑剌한 힘을 가지고 나타나게 됩니다.

이 위에서 말씀한 것은 個個의 單語에 對한 問題입니다마는 語句라든지 文章 全體로서는 어떠하냐 하면 여러 個의 單語가 綜合될 때에 또한 그 各個 單語의 發音이나 意味와 잘 調和되도록 全體로서의 抑揚(인토네숀)과 緩急이 이루어져야 할 것입니다. 그리하여 意味와 音聲이 훌륭한 旋律(멜로디)과 律動이 創造될 것입니다. 言語가 이와 같이 表現될 때에 그것은 듣는 이에게 好感을 줄 뿐 아니라 思想을 가장 完全히 傳達할 수 있으며 言語 그것만으로도 훌륭한 藝術이 될 것입니다.

(李熙昇 氏의 〈言語 表現과 語感〉의 一部)

四. 暗示와 含蓄 있게

아이들은 배가 고프면 "배가 고파"하고 率直한 말을 해 버린다. 그러나 言語 表現에 老鈍한 어룬들은 좀 餘裕를 가지고 間接的인 말을 쓰는 수가 많다.

"좀 시장한데."
"좀 출출한데."

이 말들은 '배가 고픈데'보다는 덜 절박하게 들린다고 할 수 있다.

"나는 당신을 사랑합니다."

"나는 밥이 먹고 싶습니다."

똑같은 말들이다. "나는 당신을 사랑합니다."는 워낙 "I Love You."를 直譯한 말로 東洋式인 感情의 말은 아니다. 東洋人의 感情에는 이런 말을 마조대고 하기가 뻔뻔스럽고 억지로 하면 新派 演劇 같아서 오히려 眞情을 傷한다.

"어머니!"

"엄마!"

하면 우리 感情으로는 어머니를 찾는, 子息의 眞情이 아모리 深刻한 것이라도 그 속에 다 含蓄되고 만다.

"오오 사랑하는 어머님이시여!"

하면 西洋式의 直譯이거니와 호들갑스러기만 해서 넉두리 잘하는 사람의 울음처럼 眞情이 傷하고 만다. 美人의 表情을 말하는데 '半含嬌態 半含羞'란 文句가 많이 돌아다니거니와 露骨的인 表情보다도 裏面에 含蓄된 情炎에 더 魅力을 느낄 줄 아는 東洋人이라 感情 表現이긴 마찬가진 모든 藝術의 表現도 露骨的이기보다 暗示와 含蓄에 더 尊重해 왔다. 이것은 우리 文化 全般에 있어 아름다운 傳統의 하나려니와 요즘 와 너머나 많이 읽고 너머나 많이 보는 西洋 藝術을 덮어놓고 본뜨게 되어 甚至於는 葉書 한 장에 쓰는 사연에다가도, 遺書나 쓰는 것처럼,

"오오! 나의 사랑하는 어머니!"

니

"당신의 사랑하는 ×××로부터"

니 하고 허덕대고 호들갑을 떠는 사람이 하나 둘이 아니다.

한 字의 文字, 한 마디의 말로 足할 수 있으면 그것은 最上의 表現이다. '足할 수'란 그 一文字, 一單語의 表面만이 아니라 背後의 實力, 즉 暗示와 含蓄을 말함이다. 中國 古代小說 〈水湖誌〉에 이른 妙한 한 字의 文字, 한 마디의 말이 있었다. 그 第二十三回分에 潘金蓮이란 女子가 나

오는데 男便 武大는 못나니요 시아재 武松은 人物이 밝고 힘세여 호랑이를 따려 잡아 賞까지 탄 軒軒丈夫다. 金蓮이 딴마음이 움직여 武松을 조용히 만나 술을 勸하는데 '慾心似火'에 이르기까지는 武松을 부르되, 부르기를 三十九次를 하되 모다 '叔叔(아즈브님)'이라 하다가,

…那婦人慾心似火不看武松焦燥便放了火筯却篩一盞酒來自啣了一口剩了大半盞看看武松道

에 이르러서는 '叔叔'으로 부르지 않고 突然히 '你(여보)'라 불러

你若有心喫我這半盞兒殘酒

라 하였다. 부저까락을 집어 내던지며 술을 따라 제가 먼저 한 입을 마시고 勸하는 그 態度만으로도 情慾 心理가 나타나지 않은 바는 아니나 여탯것 '아즈버니'라 부르던 형수가 갑재기 '여보'라 터놓는 것은 '여보' 그 하나 單語에 金蓮의 心理가 그만 全的으로 決定的으로 들어나고 말았다. '여보' 한마디 속에 膨脹된 情慾의 덩어리 潘金蓮이가 훌륭히 뭉쳐졌다. 그러기에 名文章 批評家 金聖嘆은 그 文句 밑에 註를 달되 '已上凡叫過三十九箇叔叔至此忽然換做一你字妙心妙筆'이라 感嘆하였다.

김옥균은 금능위와 함께 난간을 붙들고 서서 인제는 벌서 윤곽조차 보이지 아니하는 고국의 육지가 놓여 이ㅆ던 방위로 시선을 주었다.

조선이 인저는 보히지 않는구나! 자기들이 실력을 양성해 가지고 재기해 올 때까지 저 땅의 백성들이 기다리고 있을가? 혹은 어쩌면 흘러가는 물결에 쌓여서 눈 깜짝하는 동안에 왔다가 다시 눈 깜짝하는 동안에 가버리는 물거픔 모양으로 자기들은 지나가 버리고 마는 인물이 되고 말지 아니할가? 그리고 조선은 저 땅의 백성들은 까마득하게 모르는 장래로 자기들을 떼여버리고 다름질 쳐서 목적한 대해로 흘러들어 가지 아니할가? 혹은 중간에까지 흘러가다가 물거픔이 저절로 사라지듯이 형적조차 남기지 아니하고 없어지지나 아니할가? 이렇듯 지향없는 생각에 헤매이다가 그는 문득 조곰 전 꿈속에서 드른 유대치 선생의 마지막 말을 생각하고서 자기

자신에게 이같이 말했다.

"요원한 내 뒤엣일을 뉘 알랴? 다음 일은 다음에 오는 사람에게 맡기고 지금 우리가 해야 할 일만 해 보는 것이다."

(金基鎭의 〈靑年 金玉均〉의 끝)

긴 小說의 끝을 主人公의 혼자 지껄이는 말 한 구절로 막았다. 이런 境遇에 이 談話 一節은 유대치나 김옥균의 말로만 制限되는 表現은 아니다. 이 作品 全體의 點睛이 되기 때문에 作者 自身의 말로 볼 수 있다. 유대치의 말일 수도 있고, 김옥균의 말일 수도 있고, 作者의 말일 수도 있는 것은, 이 말이 이 세 사람의 하고 싶은 뜻을 다 包含하고 있는 표다. 이 含蓄 있는 말 한마디로 말미암아 全作品이 千斤重量을 얻는 듯하다. 暗示와 含蓄과 餘韻力을 가진 談話의 善利用이라 할 수 있다.

[4] 이태준, '문장강화(四)', 『문장』 제4호, 문장사, 1939.4.

5. 擬音語, 擬態語와 文章

수수께끼에

"따끔이 속에 빤빤이, 빤빤이 속에 털털이, 털털이 속에 오드득이가 뭐냐?" 하는 것이 있다. 그것은 밤(栗)을 가리킨 것인데 모다 재미있게 感覺語로 象徵되였다.

또 옛날 이야기에

이 차떡을 늘어 옴치래기
흰떡을 해야 반대기
술을 올랑 쫄랑이
꿩을 기-꺽푸드데기

라고 形音하는 것도 있다. 이런 데서도 우리는 感覺語가 얼마나 豊富한 事實을 느끼지 않을 수 없다. 感覺은 五官을 通해 얻는 意識이다. 視覺, 聽覺, 味覺, 嗅覺, 觸角 이 다섯 가지 神經에 刺戟되는 現象을 形音하는 말이 實로 놀랄 만치 豊富한 것이다.

몇 가지 例를 들면 視覺에 있어 赤色 한 가지에도,

붉다, 뻘겋다, 빨갛다, 벌겋다, 벌-겋다, 새빨갛다, 시뻘겋다, 붉으스럼, 뿕으스럼, 불그레, 빨그레, 불그레, 불그스럼, 보리끼레, 발그레 等

細密한 視神經 性能을 말이 거이 남김없이 表現해 낸다. 動物이 뛰는 것을 보고도,

깡충깡충, 껑충껑충, 까불까불, 꺼불꺼불, 깝신깝신, 껍신껍신, 껍실렁껍실렁, 호다닥, 후다닥, 화닥닥 等

擬態語에 퍽 自由스럽다. 聽覺에서도 그야말로 風聲 鶴淚 鷄鳴 狗吠, 모든 소리에 擬音 못할 것이 없다. 바람이,

솔-솔, 살-살, 씽-씽, 솨-솨, 쏴-쏴, 앵-앵, 웅-웅, 윙-윙, 산들산들, 살랑살랑, 선들선들, 휙, 홱…

味覺에서도 甘味만 해도 달다만이 아니요 달다, 달콤하다, 달큼, 달크므레, 닥착지근, 층하가 있고, 嗅覺에서도, 고소하다와 꼬소하다가 距離가 있고, 고소와 구수, 구수가 또 딴판이다.

觸角에 있어서도 껄껄하지 않은 하나만이라도, 매끈매끈, 반들반들, 번들번들, 반드르르, 번드르르, 반질반질, 번질번질, 반지르르, 빤지르르, 번지르르, 뻔지르르, 으리으리, 알른알른, 알신알신 等, 얼마나 察察한가? 音樂이나 繪畵에서처럼 얼마든지 感覺되는 그대로 具體的에

게 말해낼 수 있다.

正確한 表現이란 가장 具體的인 表現이다. 삑-하는 汽車소리와 뚜-하는 汽船 소리를 삑-과 뚜-로 區別하지 못한다면 그것은 正確한 表現일 수 없다.

살랑살랑 지나가는 쪽제비의 거름과 아실랑아실랑거리는 아낙네의 거름을 살랑살랑, 아실랑아실랑으로 區別하지 못한다면 그것은 優秀한 表現일 수 없다. 風聲, 狗吠 무슨 소리는 소리를 그대로 따라내는 擬音語와 風水 走禽 무슨 動態이든 動態 그대로를 模擬하는 말이 많은 것은 言語로서 豊富는 勿論, 곧 文章으로서 表現으로서 豊富할 수 있는 것이다.

…遠山은 疊疊, 泰山은 주춤하야 奇巖은 層層 長松은 落落 에이 구브러져 狂風에 興을 겨워 우줄우줄 춤을 춘다. 層巖 絶壁上에 瀑布水는 콸콸, 水晶簾 드리운 듯, 이 골 물이 주루루룩, 저 골 물이 솰솰, 열에 열 골 물이 한데 合水하야 천방져 지방져 소쿠라지고 펑퍼져 넌출지고 방울져, 저 건너 屛風石으로 으르렁 콸콸 프르는 물결이 銀玉같이 흩어지닌 巢父 許由 問答하던 箕山 潁水가 이 아니냐.

(〈遊山歌〉의 一節)

바다

바다는 뿔뿔이
달어 날랴고 했다.

푸른 도마뱀 떼같이
재재 빨랐다.

꼬리가 이루

잡히지 않었다.

흰 발톱에 찢긴
珊瑚보다 붉고 슬픈 생채기

가까스루 몰아다 부치고
변죽을 돌려 손질하여 물기를 시쳤다.

이 앨쓴 海圖에
손을 싯고 매었다.

찰찰 넘치도록
돌돌 굴르도록

희동그란히 발려 들었다.
地球는 蓮잎인 양 옴으라들고… 펴고…

(〈鄭芝溶 詩集〉에서)

콸콸, 주루루룩, 쏼쏼, 꽐꽐 等의 擬音과 주춤, 우줄우줄, 찰찰, 돌돌, 희공그란 等의 擬態가 얼마나 능만하게 文章의 具體性을 돕는 것인가?

韻文인 경우엔 더욱 勿論이지만, 散文에 있어서도 特히 描寫인 경우엔 이 豊富한 擬音, 擬態語를 되도록 많이 利用할 必要가 있다. 表現 效果를 爲해서뿐 아니라 우리 文章의 獨特한 聲響美를 살리는 것도 된다. 黃眞伊의 노래,

冬至달 기나긴 밤을 한 허리를 둘에 내여
春風 이불 아래 서리서리 넣었다가
어룬님 오신날 밤이여드란 굽이굽이 펴리라

를 申紫霞가

截取冬之夜半强
春風被裏屈蟠藏
燈明酒煖郎來夕
曲曲舖成折折長

이라 飜譯한 것이 能譯이라 하나 '曲曲', '折折'로는 原詩의 具體性을 第二하고 聲響만으로라도 '서리서리', '구비구비'의 말 맛을 도저히 따르지 못하는 것이다.

6. 漢字語와 文章

'푸른 하늘' 하면 '푸른'은 푸른 뜻, '하늘'은 하늘이라는 뜻 外에는 다른 뜻이 없다. 音 그대로가 뜻이요 뜻 그대로가 音이다.

'靑'이나 '天'은 漢字다. '靑天'이라 하면 漢字語다. '청천'이란 音은 곧 뜻이 아니다. '청천'이란 音의 뜻은 '푸른 하늘'이다. 音은 '청천' 뜻은 '푸른 하늘' 이렇게 音과 뜻이 따로 있다.

소리가 곧 뜻인 '푸른 하늘'의 文章은 읽혀지는 소리가 곧 뜻인 '聲意' 一元的 文章이다.

소리와 뜻을 따로 갖인 漢字語로 된 文章은 읽혀지는 소리가 곧 뜻이 아닌 聲意 二元的인 文章이다.

양복은 혼자 주섬주섬 매여 입고 안방으로 나오랴니까 아씨는 그저 뾰로퉁하야 경대 앞에 앉어서 열심히 가름자를 타고 있는 모양이다.

"오늘은 언제 드러오시랴우? 회사 시간이 늦어도 좀 돌려 오시지."

돌려다도 보지 않고 연해 바가지를 긁다가 남편이 안방문을 열랴는 것을 거울 속으로 보고 입을 잽싸게 노린다.

"그 빌어먹을 전화, 내 이따 떼여버려야 기생년하고 새벽부터 이야기하랴구 옷을 잽혀가며 매였드람? 참 기가 막혀!…그럴테면 마루에 매지 말구 아주 저방에 매지."

하며 구석방을 돌려다보다가 남편과 눈이 마조치자 외면을 하더니 반드를한 머리밑에 빩안 자름당기를 감아서 뽀얀 오른편 볼을 잘룩 눌러 입에 물고 곁눈으로 거울을 들여다보며 머리를 땋기 시작한다. 주인은 한참 바라보다가,

"느느니 말솜씨로군!"

하고 방밖으로 휙 나오다가 좌우북창 사이에 달린 전화통을 건너다 보았다. 네모 반듯한 나무갑 우에 나란히 얹힌 백통빛 새 종 두 개는 젊은 내외의 말다툼에 놀란 고양이 눈같이 커다랗게 반짝한다,

(廉想涉 氏의 短篇 〈電話〉의 一部)

소리가 모다 그대로 들이여서 새겨야 할 말이나 구절이 없다. 生活語 그대로기 때문에 現實 光景이 露骨的이게 드러난다. '주섬주섬'이니 '뾰로퉁'이니 '빤드르한 머리밑에 빩안 자름당기를 감아서 뽀얀 오련편 볼을 잘룩 눌러 입에 물고 곁눈으로 거울을 들여다보며'니 '네모 반듯한 나무갑 우에 나란히 얹힌 백통빛 새 종 두 개는 젊은 내외의 말다툼에 놀란 고양이 눈같이 커다랗게 반짝'이니 그 얼마나 表現에 具體力이 强한다.

'나는 벌서 處女가 아니다'라는 굳센 意識은 아직 굳지 않은 二十 前後의 어린 마음에 君臨합니다. 그것은 마치 宗敎 信者의 破戒라는 것이 決코 容易하지 않으나, 單 한번의 失足이 反動的으로 墮落의 毒杯를 最後의 一滴까지 말리지 않으면 滿足할 수 없는 것과 다를 게 없습니다. 性的 甘露에 한번 입을 대인 젊은 피의 躍動과 飢渴은 節制의 意志를 삼키여 버렸습니다.

(廉想涉 氏의 短篇, 〈除夜〉의 一部)

君臨, 破戒, 容易, 失足, 反動的, 墮落, 毒杯, 最後, 一滴, 滿足, 性的 甘露, 躍動, 飢渴, 節制, 意志 等 漢字語가 많이 섞이였다.

句節마다 소리 外에 딴 觀念을 이르킨다. 內容이 보혀지는 情景이 아니라 마음으로 認識되는 것이다. 눈으로 어떤 情景을 보며 읽는 것이 아니라 마음으로 생각하며 읽게 된다. 描寫이기보다도 論理인 편이다. 同一 作家의 文章이되, 用語에 따라 이렇게 다르다. 描寫 本位라야 할 데서는 아모래도 漢字語는 具體力이 적다 아니할 수 없다.

그러나 文章이란 모도가 描寫를 爲해 서지는 것은 아니다. 文學의 大部分은 描寫이나 學問과 論說은 描寫가 아니라 理論이다.

나는 한편으로 덮어놓고 漢文學을 排斥하기만 하는 人士의게 할 말이 있다. 漢文學은 數千年의 傳統을 갖어 온 世界에 가장 悠久한 淵源과 豊富한 內容을 갖인 人類 文化의 重要한 遺産이요, 더구나 우리의 文化와는 一千年來 深甚한 關係를 맺어 온 것이다. 文學 自體로 보드래도 그것이 當然히 英米 文學보다 못지않게(或은 그 以上) 우리의 知識의 一斷層을 形成하여야 할 것은, 저 西人이 希臘의 古典 修養을 必要로 하는 것 以上이려니와 더구나 우리 文化의 底流에는 우리의 思惟와 感情에는 아직도 漢文學의 暖流와 血脈이 通하여 있느니만치 우리 文化의 過去와 現在를 洞察함에 있어서 우리는 到底히 漢文學을 否認할 수 없다. 우리는 自文化의 樹立 宣揚을 爲하는 나마지 性急하게 漢文學을 拒否함이 無謀한 態度임을 안다. 하물며 이 傳統的인 底流를 모르고 極히 皮相的인 西文學에만 心醉하야 漢文學을 無視하는 態度는 性急과 淺薄 以外에 아모 것도 아니다.

卑近한 一例를 든다면 遺事나 史記나 退溪나 花潭이나 乃至 星湖, 茶山, 阮堂의 學을 일즉이 了解한 것도 없이 朝鮮文學을 하노라 하면 그것은 全혀 妄發이다. 그런데 그것들은 모다 漢文學의 素養을 必要로 한다. 우리의 要求하는 새로운 知識은 先人의 文化遺産을 먼저 그 自體를 嚴密히 調査 檢討하야 그 속에 기피 沉潛 游泳한 뒤에, 그것을 다시 嚴正한 科學的 體系로써 새로운 方法論으로써 硏究, 整理, 規定하는 것이다. 無論 後者없는 前者의 知識

만은 죽은 機械的, 骨髓的 素材 知識에 不過하고 도로혀 종종 그 素材조차 歪曲, 曲解할 處가 있으나 또 한편으로 前者의 豫備한 知識이 먼저 蓄積되지 않은 後者의 判斷은 一種 冒險, 無謀에 가깝다. 〈텍스트〉와 體系, 考證學과 方法論은 今後 嚴密한 統一을 要求한다.

(梁柱東 氏의 〈漢文學의 再吟味〉의 一部)

花潭의 學은 窮理義性 思索體驗을 主로 삼아 言語 文字로써 發表하기를 조와 아니하야 그 著述이 매우 적고, 上記 數篇의 論文이란 것도 極히 簡單하야 說而未盡한 憾이 없지 아니하나 그래도 그의 高遠한 哲學的 思想은 이에 依하야 잘 窺知되고 그 意味로 보아 이들 論文을 收集한 花潭集 一冊은 吾人이 貴重히 넉이는 바의 하나이다. 花潭의 思想의 大體는 李栗谷(珥)의 說破함과 같이 宋의 張橫渠(載)流의 思想에 屬하되 間或 獨創의 見과 自得의 妙가 없지 아니하며, 그 宇宙의 根底를 드려다 보려함이 比較的 深刻하였다. 지금 花潭의 宇宙 本體觀에 就하여 보면 그는 橫渠와 같이 宇宙의 本體를 太虛에 不過함으로 생각하고 太虛의 淡然無形한 것은 先天의 氣로서, 이는 時間 空間의 制約에서 全혀 獨立한 無制限 · 無始終 · 恒久不滅의 實在라고 認하였다.

(李丙燾 氏의 〈徐花潭 及 李蓮坊에 對한 小考〉 中의 一節)

이런 文章들에서 漢字語들의 正當한 勢力을 無視할 수는 없다. 音 뒤에 뜻을 따로 갖인 것은 글자 그 自體의 含蓄이다. 含蓄이란 語句, 文章 그 自體의 秘密이요 餘裕다. 人物이나 事件을 描寫하는 文章에서는 具體的으로 人物과 事件을 보여주니까 讀者가 視覺的으로 滿足하지만, 人物도 아모 事件도 보히지 않는 文章에서는 語句나 文章 그 自體까지 아모 맛볼 것이 없다면 읽는데 너머나 興味없는 努力만이 負擔될 것이다. 그러기에 文藝 文章에서도 아모 視覺的 興味가 없는 隨筆類의 文章은 漢字가 섞인 편이 훨신 읽기 좋고 風致가 난다.

田園의 樂

耕山釣水는 田園生活의 逸趣이다.

都市 文明이 發展될수록 都市人은 한편으로 田園의 情趣를 그리워하야 園藝를 가꾸며 別莊을 둔다.

아마도 오늘날 農村人이 都市의 娛樂에 끌리는 以上으로 都市人이 田園의 誘惑을 받고 있는 것이 事實이다.

人類는 본래 自然의 따수한 품속에 안겨 土香을 맡으면서 손소 여름지이를 하던 것이니 이것이 神聖한 生活이오 또 生活의 大本일는지 모른다.

일은바 雲水로써 鄕을 삼고 鳥獸로써 群을 삼는 逃世者流는 좋은 것이 아니나 躬耕의 餘暇에 혹은 林間에서 採藥도 하고 혹은 川邊에서 垂釣도 하야 太平世의 一逸民으로써 淸淨하게 生活함은 누가 願하지 않으랴.

有水有山處 無榮無辱身

이것은 高麗때 어느 士人이 벼슬을 내여놓고 田園으로 도라가면서 自己의 所懷를 읊은 詩句이어니와 世間에 어느 곳에 山水가 없으리오마는 榮辱의 係累만은 벗어나기 어렵다.

첫재, 心身의 自由를 얻어야만 하는데 心身의 自由는 活淡寡慾과 그보다도 生活 安定을 반드시 前提 要件으로 삼는다. 그렇지 않으면 山水 사이에 가 있어도 無榮無辱의 몸이 되지 못할 것이다. 그러나 이 詩句를 읊은 그로 말하면 아마도 그만쯤한 修養과 餘饒는 있던 模樣이다. 아모리 簞食瓢飮의 淸貧 哲學을 高調하는 분이라도 安貧樂道할 生活上 基礎가 없고서는 絶對 不可能할 것이 아닌가.

人生이 工夫는 고요한 곳에서 하고 實行은 분주한 곳에서 하는 것이 좋으나 그러나 倦怠해지면 다시 고요한 곳으로 가는 것이 常例이니 田園生活은 이 倦怠者의 慰安所이다. 倦怠者뿐이 아니라 病弱者에 있어서도 都市 生活보다 田園生活이 有益함은 말할 것도 없다. 맑은 空氣와 日光과 달콤한 泉水는 확실히 自然의 藥石이며 좋은 山菜와 野蔬며 씩씩한 果實은 참말로 膏粱 以上의 珍味니 이것은 田園生活에서 받은 惠澤 중의 몇 가지로서 病弱者

에게도 크게 必要한 바이다.

欣然酌春酒 摘我園中蔬. 이것은 田園 詩人 陶淵明의 名句로써 李益齊의 平生 愛誦하던 바이다.

淸福이 있으면 近郊에 조그만 田園을 얻어서 감자와 一年감을 심그고 또 羊이나 한 마리 쳐서 그 젖을 짜 먹으며 살아볼 것인데, 그러나 이것도 分外 過望일지 모른다.

(文一平 氏의 『永夏漫筆』 中 〈田園의 樂〉)

漢字語는 術語, 즉 敎養語가 많다. 敎養人의 思考나 感情을 表現하려면 도저히 俗語만으로는 滿足할 수 없을 것이다. 이 〈田園의 樂〉에서도 漢字語를 모조리 俗語로 돌려놓는다 쳐 보라. 얼마나 品과 風致가 減殺될 것인가. 極히 槪念的인 生氣없는 過去의 漢文 文體는 排擊해 마땅할 것이나 漢字語가 나온다 해서 必要 範圍 內의 漢字語까지를 排斥할 理由는 없다 생각한다.

俗語만의 文章과 漢字語가 主로 씨인 文章이 性格으로 表現 效果로 各異한 長短點을 갖인 것은 이미 說明한 바와 같다. 그러기에 自己가 表現하려는 內容이 俗語만의 文章이어야 效果的일지, 漢字語가 主로 씨어야 效果的일지 또는 俗語와 漢字語를 半分半分 섞어야 效果的일지 한번 計劃할 必要가 있다.

7. 新語, 外來語와 文章

言語는 美術品이 아니라 雜貨와 같은, 日常生活品이란 것, 新語나 外來語를 쓰는 것은 쓰고 싶어서 前에 新語 外來語의 生活부터 생기니까 안 쓸 수 없으리란 것은 이미 우에서 말하였다. 現代에 있어 男女를 勿論하고 傳來의 服裝만으로는 實際에 不便하다. 洋裝을 하고 싶어하는 사람도 많겠지만 大體로는 時代와 生活에 順應하는 것으로 볼 수밖에 없다. 그런데 洋服을 입고 裝身品을 新式것과 外國品으로 지닌다면 이른바 모던-해 보히고 스마트해 보히는 것이 事實이다. 文章에서도 新語가 많이 나오면 같은 理致로 모던-해 보히고 스마트해 보힌다.

나는 눈을 감고 잠시 그 幸福스러운 魚族들의 旅行을 머릿속에 그려본다. 暖流를 따라서 오늘은 眞珠의 村落, 來日은 海草의 森林으로 흘러 댕기는 그 奢侈한 魚族들. 그들에게는 天氣 豫報도 '튜렁크'도 車票도 旅行券도 필요치 않다. 때때로 사람의 그물에 걸려서 '호텔' 食卓에 진열되는 것은 물론 魚族의 旅行 失敗譚이지만 그것도 決코 그들의 失手는 아니고 차라리 '카인'의 子孫의 惡德 때문이다. 나는 그들이 海底에 國境을 만들었다는 情報도 '푸랑코' 政權을 承認했다는 放送도 들은 일이 없다. 그렇다. 나는 동글한 船窓에 기대서 砲水線으로 몰여드는 어린 고기들의 淸楚와 活潑을 끝없이 사랑하리라. 南쪽 바닷가 생각지도 못하던 '써니룸'에서 씹는 수박맛은 얼마나 더 淸新하랴. 萬若에 제비같이 재잴거리기 좋아하는 異國의 少女를 만날지라도 나는 조곰도 두려워하지 않고 서투룬 外國말로 大膽하게 對話를 하리라. 그래서 그가 구경한 땅이 나보다 적으면 그때 나는 얼마나 자랑스러우랴. 그렇지 않고 도리혀 나보더 훨신 많은 땅과 風俗을 보고 왔다고 하면 나는 眞心으로 그를 驚嘆할 것이다.

허나 나는 決코 南道 溫泉場에는 들르지 않겠다. 北道 溫泉場은 그다지 심하지 않은데 南道 溫泉場이란 소란해서 위선 잠을 잘 수가 없다. 지난 봄엔가 나는 먼 길에 지친 끝에 하로밤 熟眠을 찾어서 東萊 溫泉에 들린 일이 있다. 처음에는 오래간만에 누어 보는 溫突과 特히 屛風을 들른 房안이 매우 아담하다고 생각했는데 웬걸 밤이 되니까 글세 旅館집인데 새로 한 시 두 시까지 長鼓를 따라부시며 떠드는 데는 실로 견댈 수 없어 未明을 기다려서 첫 車로 도망친 일이 있다. 우리는 일부러 神經衰弱을 찾아서 溫泉場으로 갈 必要는 없다. 나는 도라오면서 東萊 溫泉場 市民 諸君의 睡眠不足을 위해서 두고두고 걱정했다.

나는 '튜-리스트·뷰로-'로 달려간다. 숫한 旅行 案內를 발어가지고 뒤저

본다. 비록 職業일망정 事務員은 오늘조차 퍽 多情한 친구라고 진여본다.

(金起林 氏의 〈旅行〉의 一節)

<u>튜렁크, 호텔, 카인, 푸랑코, 써니룸, 튜-리스트 · 뷰로 等 外來語와 暖流, 魚族, 天氣豫報, 旅行券, 情報, 放送, 咆水線, 異國, 神經衰弱, 市民, 旅行 案內 等, 漢字語라도 現代的인 뉴안스를 갖인 新語들이 연달</u>아 나왔다.

嶄新하고 輕快한 맛이 十二分 풍겼다. 嶄新이나 輕快만이 最上의 美라는 것은 아니다. 사람 따라 極端일 수 있는 것이니 그것은 問題가 다른 것이요, 아모튼 말은 文章의 材料라 材料 따라 現代美가 나오고 古典美가 나오고 할 것은 服裝이나 마찬가지 單純한 理致란 것이다.

그러나 新品과 外來品을 많이 쓴다고만 스마트한 몸태가 나는 것은 아니다. 몸에 調和를 얻지 못하면 雜俗을 免치 못한다. 文章에서도 新語와 外來語만 쓴다고 스마트가 나오는 것은 아니다.

그러면 어떤 內容에라야 新語나 外來語를 써서 아름다워질가? 그것은 簡單하다. 新語와 外來語가 自然스럽게 나와질 또는 新語와 外來語가 아니고는 表現할 수 없는 內容에뿐이다. '旅行'하더라도 '튜렁크'를 들게 되고, '호텔'에 들게 되고, 車와 배에서 新聞을 볼 것이니 '푸랑코'도 나올 법하고, 배나 호텔에는 '써니룸'이 있을 것이요, 車票를 미리 사기 爲해서나 旅行할 곳에 對한 調査를 爲해서는 '튜-리스트 · 뷰로'에 찾아갈 것이니 이 모든 外來語가 自然스럽게 읽히는 것이다. 즉 '旅行'이란 內容에 이 外來語들이 調和되여 旅行 氣分을 돋우는 것이다. 新語도 마찬가지이다.

8. 平語와 敬語와 文章

나는 세상을 비관하지 않을 수 없다.

저는 세상을 비관하지 않을 수 없습니다.

'나는'이나 '없다'는 平凡히 나오는 말이다. '저는'과 '없습니다'는 相對者를 尊稱하는 情的 意識 相對意識이 들어 있다. '나는'과 '없다'는 들띄워 놓고 여러 사람에게 하는 말 같고, '저는'과 '없습니다'는 어떤 한 사람에게 하는 말 같다. 平語는 公共然하고 敬語는 私的인 語感이다. 그래서 '-습니다 文章'은 읽는 사람에게 더 個人的인 好意와 親切이 느껴진다. 好意와 親切은 讀者를 훨신 빠르게 理解시키고 感動시킨다.

> 어떤 토요일 오후였습니다. 아저씨는 나더러 뒷동산에 올라가자고 하셨습니다. 나는 너무나 좋아서 곧 가자고 하니까,
>
> "들어가서 어머님께 허락 맡고 온."
>
> 하십니다. 참 그렇습니다. 나는 뛰쳐 들어가서 어머니께 허락을 맡았습니다. 어머니는 내 얼굴을 다시 세수시켜 주고 머리도 다시 땋고 그리고 나를 아스라지도록 한번 몹시 껴안었다가 놓아 주었습니다.
>
> "너무 오래 있지 말고 온."
>
> 하고 어머니는 크게 소리치셨습니다. 아마 사랑아저씨도 그 소리를 들었을 게야요.
>
> (朱耀燮 氏의 〈사랑손님과 어머니〉에서)

나긋나긋 읽는 사람의 귀 옆에 와 소근거려 주는 것 같다. 내가 안 들어주면 들어줄 사람이 없을 것 같다. 퍽 私的인 個人的인 語感이다. 그래서 敬語는 一人稱(나)으로 쓰는 데 適當하고, 內容이 讀者에게 委曲히 呼訴할 必要가 있는 回顧類, 情恨類에 適當하다.

그러나 이와 反對로, 情으로써 나설 必要가 없는 一般 記錄, 敍述에 있어서는 敬語는 도리혀 巧言令色의 欠을 잡힐 것이요, 더구나 雄建,

着實, 飄逸, 豪放하여 讀者가 끌리고 안 끌리는 것을 念頭에 둘 餘地가 없는 文章에서는 '습니다'는 새삼스러울 뿐 아니라 '이다'의 무게를 따르지 못할 것이다.

9. 一切 用語와 文章

傳來語든, 新語든, 外來語든 文章은 一切의 言語로 짜지는 織物이다. 言語에 따라 비단이 되고 인조견이 되고, 무명이 되고 한다. 言語에 對한 認識과 洗練이 없이 비단 文章을 짜지 못할 것이다. 言語에 對한 認識으로는 무엇보다 먼저 唯一語의 存在를 意識해야 한다.

一. 唯一語를 찾을 것

"한가지 생각을 表現하는 데는 오직 한가지 말밖에는 없다."고 한 프로벨의 말은 너머나 有名하거니와 그에게서 배운 모파상도,

> 우리가 말하려는 것이 무엇이든 그것을 表現하는 데는 한 말밖에 없다. 그것을 살리기 爲해선 한 動詞밖에 없고 그것을 드러내기 爲해선 한 形容詞밖에 없다. 그러니까 그 한 말은 그 한 動詞, 그 한 形容詞를 찾아내야 한다. 그 찾는 困難을 避하고 아모런 말이나 갖다 代用함으로 滿足하거나 비슷한 말로 맞추어 버린다든지, 그런 말의 妖術을 부려서는 안 된다.

고 하였다. 名詞던 動詞던 形容詞던 오직 한 가지 말, 唯一한 말, 다시 없는 말, 그 말은 그 뜻에 가장 適合한 말을 가리킴이다. 가령 비가 오는 動詞에도

비가 온다.

비가 뿌린다.

비가 나린다.

비가 쏟아진다.

비가 퍼붓는다.

가 모다 程度가 다른 것은 두말할 必要가 없거니와 달이 밝은 形容에도

달이 밝다.

달이 밝단-하다.

달이 훤-하다.

달이 환-하다.

가 모다 다르다. 달이 보히고 쨍쨍하게 밝은 데서는 '밝다'나 '밝단-'인데 그 중에도 '밝단-'이 더 쨍쨍한 맛이 날 것이요, 달은 보히지 않고 빛만 보히는 데서는 '훤-'이나 '환-'인데 그 중에도 '훤-'이라 하면 멀-리 보는 밧이요, '환-'이라 하면 가까이 미닫이나 벽같은 데 어린 것을 가리키는 맛이다.

토에 있어서도

한번 죽기로 각오하고서야

한번 죽길 각오했을진댄

이 다르다. 뜻은 한뜻이나 悲壯한 程度에 差가 크다.

外貌로 사람을 取하지 말라 하였으나 대개는 숙마음이 外貌에 나타나는 것이다. 아무도 쥐를 보고 厚德스럽다고 생각은 아니할 것이요, 할미새를 보고 진중하다고는 생각지 아니할 것이요, 도야지를 소담한 친구라고는 아니할 것이다. 토끼를 보고 방정맞아는 보히지마는 고양이처럼 표독스럽게는 아무리해도 아니 보히고 수탉은 걸걸은 하지마는 지혜롭게는 아니 보히며 뱀은 그림만 보아도 간특하고 독살스러워 舊約 作家의 咀呪를 받은 것이 과연이다-해 보히고, 개은 얼론 보기에 험상스럽지마는 간교한 모양은 조곰도 없다. 그는 충직하게 생기였다. 말은 깨끗하고 날래지마는 좀 믿음성이 적고 당나귀나 노새는 아무리 보아도 경망구레기다. 쪽제비가 살랑살랑 지나갈 때 아무라도 그 요망스러움을 느낄 것이요, 두꺼비가 입을 넓적넙

적하고 쭈쿠리고 앉은 것을 보면 아무가 보아도 능청스럽다.

(李光洙 氏의 〈牛德頌〉에서)

이 글을 보면 한마디의 형용마다 한가지 動物의 모양, 성질이 눈에 보히듯 선뜻선뜻 나타난다.

수탉은 수탉, 쪽저비면 쪽저비다운 第一 適合한 말을 골라 形容했기 때문이다. 만일 '쪽저비가 살랑살랑 지나갈 때'를 '쪽저비가 설렁설렁 지나갈 때'라고 고친다면 그 아래 '요망스럽다'는 말에 首肯할 수 없을 것이다. '요망스러움'을 살리기 爲해서는 아모래도 '설렁설렁'보다 '살랑살랑'이 더 適合되는 形容이다. 이런 경우에 '살랑살랑'은 第一 適合한 말, 즉 唯一語다.

모파상의 말대로 唯一語를 찾는 努力을 避해 아모 말로나 비슷하게 꾸려버리는 것은, 自己가 정말 쓰려던 文章은 아니요 그에 비슷한 文章으로 滿足하고 마는 것이나 마찬가지다. 自己가 쓰려던 文章은 끝내 못 쓰고 마는 것이다.

二. 말을 많이 알아야 할 것

唯一語란 기중 골라진 말, 最后로 選擇된 말임에 틀림없다. 選擇이란 萬取一枚를 意味한다. 여럿에서 하나를 골라내는 것이다. 먼저 여럿이 없이는 골를 수 없다. 먼저 말을 많이 알아야 할 것이다. '밝다'와 '밝단-' 둘밖에 모른다면 이 사람은 달이 아직 솟지는 않고 멀-리 山머리에 빛만 틔인 것을 보고다 '밝다' 아니면 '밝단-'으로밖에 形容 못할 것이 아닌가? 그러니까 저 아는 範圍內에서 하나를 擇하기만 했다면 唯一語의 價値가 發揮될 것은 아니다. 類似語는 있는 대로 全部를 모아놓고 그 中에서 하나를 擇하는 데만 唯一語의 意義가 있는 것이다.

먼저는 말 공부를 해야 한다. 말 공부라니까 무슨 學問語, 術語만이 아니다. 學問語, 術語는 一定해 있다. 日常生活에서 씨이는 俗語 一切에

通曉해야 한다. 말 공부의 方法으로는,

1. 듣는 것으로
2. 읽는 것으로
3. 만드는 것으로

이 세 길일 것이다. 듣는 것과 읽는 것에 卒業 程度가 되어야 만들어 쓰는 데 비로소 짐작이 날 것이다.

三. 自己의 發見과 加工으로

"퍽 그리워."
"몹시 그리워."
"못견디게 그리워."

퍽, 몹시, 못견디게, 다 떠돌아다니는 副詞다. 아무나 지꺼릴 줄 아는 말이다. 그리움에 타는 지금에 내 속만을 처음으로 形容해 보는 무슨 새로운 副詞가 없을가. 내 그리움을 强調시킬 대 말을 찾아냄이 마땅하다.

예전엔 미처 몰랐어요.
봄 가을 없이 밤마다 듣는 말도
예전엔 미처 몰랐어요.

이렇게 사뭇치게 그리울 줄도
예전엔 미처 몰랐어요.

달이 암만 밝아도 쳐다볼 줄을
예전엔 미처 몰랐어요.

이제금 저 달이 서름인 줄은
예전엔 미처 몰랐어요.

(金素月의 詩)

素月은 '사뭇치게'라 하였다. 힘차기도 하거니와 훌륭히 新鮮한 말이다. '이제금 저 달이 서름인 줄'에 '이제금'도 좋은 發見이다. '이제는' 한다던지 '지금엔' 하면 '이제금' 같은 鄕土的·民謠的인 風情이 느껴지지 않을 것이다.

海峽

砲彈으로 뚫은 듯 동그란 船窓으로
눈섭까지 부풀어 오른 水平이 엿보고,

하늘이 함폭 나려 앉어
큰악한 암탉처럼 품고 있다.

透明한 魚族이 行列하는 位置에
홋하게 차지한 나의 자리여!

망토 깃에 솟은 귀는 소라ㅅ속 같이
소란한 無人島의 魚笛을 불고-

海峽 午前 二時의 孤獨은 오롯한 圓光을 쓰다.
설어 울리 없는 눈물을 少女처럼 짓쟈

나의 靑春은 나의 祖國!
다음날 港口의 개인 날세여!

航海는 정히 戀愛처럼 沸騰하고

이제 어드메쯤 한밤의 太陽이 피여 오른다.[1)]

(鄭芝溶의 詩)

함폭, 큰악, 홋, 오릇, 다 이 詩人의 發見이요 加工이다. 歲月이 빠른 것 같은 것은 古今人이 다 같이 느끼는 바다. 古人과 今人이 共通的으로 느껴지는 것에는 古人들의 말을 그대로 쓰게 되는 것이 많다.

歲月은 流水 같다.

光陰이 살같이 지나 …

眞理는 依然하되 얼마나 케케묵은 形容인가? 귀에 배고 쩔어서 도리혀 정말처럼 느껴지지 않는다. 남이 이미 해 놓은 말을 쓰는 것은 입내다. 歲月이 빠른 것을 '流水같다' 한 것은 처음 한 그 사람의 發見이다. 程度 問題지만 남의 發見을 써선 안 된다. 文章에 있어서야말로 特許權道德을 지켜야 한다. 될 수 있는 대로 나는 나로서 發見해 써야 한다.

옥수수 밭은 大觀兵式입니다. 바람이 불면 甲冑 부딪치는 소리가 우수수 납니다.

(故 李箱의 成川紀行文의 一節)

옥수수 밭을 觀兵式으로 形容한 것은 李箱의 發見이다.

마스트 끝에 붉은 旗가 하늘보다 곱다.

甘藍 포기포기 솟아오르듯 茂盛한 물이랑이여!

(鄭芝溶 氏의 詩, 〈다시 海峽〉의 一節)

---

1) 『문장』에 처음 발표할 때에는 "이제 어드메쯤 한밤의 太陽이 피여 오른다."(鄭芝溶의 詩) 부분이 빠져 있으나, 『增訂 文章講話』(1947, 박문서관)에는 이 부분이 명확히 드러남.

탐스런 물결이 갈피갈피 솟는 바다를 茂盛한 甘藍밭에다 形容하였다. 남이 쓰던 묵은 말들이 아니여서 얼마나 新鮮하기도 한가?

좋은 글을 쓰려는 努力은 좋은 말을 쓰려는 努力일 것이다. 生活은 자꾸 새로워지며(고) 있다. 말은 자꾸 낡어지며 있다. 말은 永久히 '헌 것 不足한 것'으로 存在한다. 글쓰는 사람은 傳來語든, 新語든, 外來語든, 그, 오늘 아침부터라도 이미 存在해진 모든 言語들에 滿足해서는 안 될 것이다. 끊임없는 새 言語의 探究者라야 한다.

普遍性만 있어 誰某에게나 便히 씨일 수만 있는 말이면 누구의 發見이든 加工이든, 創作이든, 民衆은 땋는다.

'느낌'이란 말도 近年에 누가 쓰기 始作해 퍼진 말이다. 지금 一般的으로 쓰는 '하였다'도 '도다'나 '하니라'에 不滿을 가진 누구의 發見일 것이다. '거니와'도 古語냄새가 나면서도 '였지만'에 單調하여 새로 많이 씨이는 새맛의 토다. 過去의 朝鮮 文章은 語彙는 豊富하면서도 토가 없는 漢文脈에 影響을 받아 토에 發達하지 못하였다. 新文學이 일어나며 文章에 있어 첫 번으로 苦悶한 것은 이 토였음에 틀리지 않을 것이다.

아모튼 言語는 衣食住보다도 民衆 全體가 平等하게 갖는 最大의 文化物이다. 文筆人은 文章보다 먼저 言語에 責任이 큰 것은 累言할 必要가 없다.

[5] 이태준, '문장강화(五)', 『문장』 제5호, 문장사, 1939.6.

第三講 韻文과 散文

1. 韻文과 散文은 다른 것

文字는 눈으로 보기만 하는 符號가 아니라 입으로 읽을 수 있는 音響을 가졌다. 樂器와 같이 音響이 나는 것을 利用하면 뜻, 思想뿐 아니라 氣分, 情緖를 音樂的이게 表現할 수 있게 되었다. 그래 文章은 大體로 音響을 主로 하는 것과 뜻을 主로 하는 것으로 갈리게 된다. 音響을 主로 하는 글은 '韻文', 또는 '律文'이라 하고, 뜻을 主로 하는 글은 '散文'이라 일러오는데, 이 韻文과 散文이 根本的으로 性格이 다름을 意識하지 않고, 半韻文, 半散文, 非散文인 글을 써 表現效果를 徹底히 하지 못하는 이가 흔히 있으므로 여기에 잠깐 韻文과 散文이 다름을 簡略하나마 밝히려 한다.

2. 韻文

窓안에 혓는 燭불 눌과 離別하였관대
겉으로 눈물 지고 속 타는 줄 모르는고
저 燭불 날과 같하여 속 타는 줄 모르더라.

(李塏의 時調)

이 글은 韻文이다. 文章에 뜻만 읽힐 뿐 아니라 韻律이 일어나기 때문이다.

窓안에 혓는 燭불 눌과 離別 하였관대
三 四 四 四

에는 音數에 벌서 計劃的인 데가 있다. '窓 안에 켠 燭불은 누구와 離別을 해서'란 뜻뿐이 담겨 있는 것이 아니라, 三四, 四四調의 律格이 나온다. 즉 뜻뿐이 아니요, 音樂的인 一面까지 가지고 있다. 이 音樂的인 一面이 나타나지 않게,

窓안에 켠 燭불은 누구와 離別을 해서 겉으로 눈물을 흘리며 속이 타는 줄을 모르는 것일까. 저 燭불이 나처럼 속이 타는 줄을 모르고 있다.

해 보라. 이 글의 맛은 半以上이 없어지고 만다. 그러면 이 글의 맛을 半 以上윗것을 살리고 죽이고 하는 것은, 音樂的인 一面, 리듬에 있다. 韻文은 리듬이 主요 뜻이 從이다. 먼저 글겁거나, 슬프거나 氣分부터를 주고 思想은 나중에 준다. 아랑은 그의 '散文論'에서 散文은 徒步요 韻

文은 舞蹈라 하였다. 徒步는 볼 일이 있어야 걷는다. 實用的인 行動이다. 춤은 볼일이 있어 하는 行動은 아니다. 興에 겨워야 절로 추어지는 것이다. 興이 먼저 있고서야 나타날 수 있는 行動이다.

샘물이 혼자서

샘물이 혼자서
춤추며 간다.
산골자기 돌틈으로
샘물이 혼자서
웃으며 간다.
험한 산길 꽃 사이로.

하늘은 맑은데
즐거운 그 소리
산과 들에 울리운다.

(朱耀翰氏의 詩)

뜻보다도, 그 얼마나 아름다운, 가볍과 맑고, 즐거운 情緖인가.

가는 길

그립다
말을할가
하니 그리워

그냥 갈가
그래도

다시 더 한번

저 山에도 까마귀, 들에 까마귀,
西山에는 해 진다고
지저귑니다.

앞 江물, 뒷 江물
흐르는 물은
어서 따라오라고 따라가자고
흘러도 연다라 흐릅디다려.

(故 金素月의 詩)

'그립다 말을 할가 하니 그리워'나 '앞 江물 뒷 江물 흐르는 물은' 같은 리듬은 山새 소리와 江물 소리에 자라난 素朴하면서도 처량한 鄕土情調의 歌曲調가 썩 잘 풍기여진다.

이렇게 뜻이 아니라 모다 情緖가 主가 되었고 情緖는 說明으로 아니라 音調를 맞후어 直接 音樂的으로 드러내였다. 自己가 表現하고 싶은 것이 뜻으로 알릴 것인지, 情으로 알릴 것인지를 먼저 가려서 만일 뜻인 것보다 情인 것이면, 徹底히 韻文에 立脚해 表現할 거이다. 다시 말하거니와 韻文은 極端의 例를 든다면, 먼저 있는 曲調에 歌詞를 지어 맞후는 것과 마찬가지다. 아무리 唱歌처럼 부를 것은 아니라 읊을 수도 있어야 할 것이니, 먼저 멜로듸-를 定하고 다음에 거기 맞는 말과 글자를 골라서 맞후는 것이 韻文의 誕生 過程일 것이다. (此講 未完)

[6] 이태준, '문장강화(六)', 『문장』 제6호, 문장사, 1939.7.

3. 散文

散文은 쉽게 말하면 줄글이다. 줄글이란 마디의 길고 짧음에 關心할 必要가 없이, 뜻만을 내려쓰는 글이다. 天下의 文章 大部分, 科學 論文, 史記, 新聞記事, 小說, 戱曲, 隨筆, 評論 모두가 散文이다. 이 講話가 亦是 散文을 本位로 하는 것이며, 지금 이 講話를 쓰는 이 文章도 散文이다. 내가 알리고 싶은 뜻을, 생각을, 思想을, 感情을 實相답게 써 내려갈 뿐이다. 韻文은 노래하듯 쓰는 것이라면, 散文은 말하듯 쓰는 편이다.

'웃가지 꽃봉오리 아랫가지 落花로다.'

하면 이것은 노래하듯 쓴 것이고,

'웃가지는 아직도 봉오리 채로 있는데, 아랫가지는 벌서 피였다 떠러진다.'

하면 이것은 말하듯 쓴 글, 즉 散文이다. 發表하려는 뜻에 忠實할 뿐,

決코 音調에 關心할 必要가 없다. 關心할 必要가 없다는 것보다,

'散文이란 오직 뜻에 忠實한다.'

는 意識을 갖기 않으면 어느 틈엔지 音調에 關心이 되고 만다. 글을 쓸 때에는 누구나 속으로 중얼거려 읽으며 쓴다. 읽으며 쓰다가는 읽기 좋도록 音調를 다듬게 된다. 音調를 다듬다가는 그만 '뜻에만 忠實'을 지키지 못하기가 쉽다.

> 春香이집 當到하니 月色은 方濃하고 松竹은 隱隱한데 翠屛은 欄干下에 白두루미 唐거위요, 거울 같은 蓮못 속에 대접 같은 금붕어와 들죽 側柏 잣나무요, 포도, 다래 어름덩굴 휘휘친친 일크러져 淸風이 불 때마다 흔들흔들 춤을 춘다. 花堦上 올라보니 冬柏, 春栢, 映山紅牧丹, 芍藥, 桂月花, 蘭草, 芝草, 芭蕉, 梔子, 冬梅, 春梅, 紅菊, 白菊, 柚子, 柑子, 능금, 복숭아, 砂果, 黃實, 青實, 櫻桃, 온갖 花草 가즌 果木 層層이 심었는데…

뜻에 忠實하기를 잊고 音調에 盲從되고 말았다. 韻文을 읽는 것처럼 一種 興趣는 나되 뜻은 거짓이 많다.

> 月色은(三) 方濃하고(四) 松竹은(三) 隱隱한데(四) 翠屛은(三) 欄干下에(四) 白두루미(四) 唐거위요,(四)
> 거울 같은(四) 蓮못 속에(四) 대접 같은(四) 금붕어와(四) 들죽 側柏(四) 잣나무요,(四) 포도, 다래(四)
> 어름덩굴(四) 휘휘친친(四) 일크러져…(四)

三四調 혹은 四四調가 全文 中 大部分이다. 이런 文章은 散文이라기보다 또 韻文이라기보다 朗讀文體라고 할가, 朗讀하기 爲해 다듬어진 意識的인 一種 律文이다. 한 사람이 목청을 돋우어 멋지게 군소리를 넣어가며 읽으면, 여러 사람이 듣고 질긴다. 讀者가 아니라 演者요 聽衆

이었다. 讀書와는 距離가 먼 朗讀 演技를 爲해 시어진 臺本이다.

散文이 아니라 歌詞 그대로다. 그런데 이런 글, 〈春香傳〉이나 〈沈淸傳〉을 보면 筆寫거나 印刷거나 모두 줄글로 되었기 때문에 無意識中 散文이거니 散文을 이렇게 써도 좋거니, 그보다 무슨 글이든 이렇게 于先 朗讀하기 좋아야 좋은 글이거니 여겨 오게 되었다. 이것은 朝鮮의 散文 發達을 더디게 한 病弊의 하나였다. 예전 글이라도 閑中錄 같은 글의 文態를 보면, 決코 朗讀調에 사로잡힘이 없다. 이런 文體가 널리 影響하지 못했음은 유감이다.[2)]

> 繼祖妃겨오셔 經學하는 선비의 따님으로 본대 배호심이 남다르시고 性行이 賢淑仁慈하오시기 드므오서 貞憲公 받으오시기를 엄한 손같이 하오시고 齊家主饋하오심이 貞憲公 淸德을 遵守하오셔 一味 朴素淡泊하오시니 이런 고로 선비겨오셔 재상의 宗婦되오시나 홰에 일습 비단옷 걸림이 없으시고 상자의 수항주패 없을 뿐 아니라 수신하오신 四節 衣服이 단건분이 잦으신지라 때묻음에 매양 밤에 손소 澣濯하오시되 수고로움을 꺼리지 아니하오시고 紡績針線으로 주야에 친히 하오서 밤을 새와 하오시니 매양 아래 방의 밝기까지 허였는 줄을 늙은 종은 일컫고 젊은 종은 딸와 말하는 줄 괴로이 너기사 매양 밤에 침선하오실 제 보으로 창을 가리오서 밤의 침선 부즈런하다 칭찬하는 말을 슗이 녀기옵서 치운 밤의 수고를 하사 손이 다 어시기의 및으되 괴로와하는 일이 아니 겨오시고 또 의복지절과 자녀 입히오심이 지극히 검박하오시되 또 한 때에 및게 하오시고 우리 남매 옷도 굵을지언정 더럽지 아니케하샤 검박하오심과 정결하심이 겸하오신줄 어린 때도 아올 일이 있더라. 선비겨오셔 상시 희로가 경치 아니하오시고 긔상이 화긔를 열으시나 엄숙하오시니 一家 우럴어 盛德을 일컫고 어려워하지 아닛는지 없는지라.
>
> (閑中錄의 一節)

---

2) 『문장』 제6호에서는 '한중록'을 예시하였으나, 『문장강화』(1940, 초판)부터는 '한중록'이 예시에서 빠졌음.

나는 윤 때문에 도모지 맘이 편안하기가 어려웠다. 윤의 말은 마디마디 이상하게 사람의 신경을 자극하였다. 민에게 하는 악담이라든지, 밥을 대할 때에 나오는 형무소에 대한 악담, 의사, 강병부, 간수, 자기공범, 무릇 그의 입에 오르는 사람은 모조리 악담을 받는데 말들이 칼끝같이 비눌끌같이 나의 약한 신경을 찔렀다. 내가 가장 원하는 것은 마음에 아무 생각도 없이 가만이 누워 있는 것인데, 윤은 내게 이러한 기회를 허락지 아니하였다. 그가 재재거리는 말이 끝이 나서 '인제 살어났다.'하고 눈을 좀 감으면 윤은 코를 골기 시작하였다. 그는 두 다리를 버리고 배를 내어놓고 벼개를 목에다 걸고 눈을 반쯤 뜨고 그리고는 코로 골고, 입으로 불고, 이따금 꺽꺽 숨이 막히는 소리를 하고, 그렇지 아니하면 백일해 기침과 같은 기침을 하고 차라리 그 잔소리를 듣든 것이 나은 것 같았다. 그럴 때면 흔히 민이,

"어떻게 생긴 자식인지 깨어서도 사람을 못 견디게 굴고 잠이 들어서도 사람을 못 견디게 굴어."

하고 중얼거릴 때에는 나도 픽 웃지 아니할 수가 없었다.

(춘원의 '無明'의 一節)

뜻을 傳하는 것 以外에 어디 무엇이 있는가? 一念 뜻에만 忠實한 글들이다. 뜻의 世界가 환-하게 보인다. 이 환-하게 보이는 뜻, 그것을 가리며 나설 다른 것(音調)을 容許하지 않었기 때문이다. 寫實, 實證, 이것은 散文의 肉體요 精神이다.

第四講 文體에 對하야

文體란 文章의 體裁다. 文章은 그 文章을 構成한 單語들의 뜻만으로 表現의 全部가 아니다. 構成, 그 自體도 훌륭히 表現의 한 목을 當한다. 文章의 構成 如何는 곧 文章의 體裁 如何요, 文章의 體裁 如何는 곧 文章의 表現 如何가 되는 것이다. 文章의 形式 問題란 늘 이 文體를 意味한

것이어니와, 形式이 없는 內容이 있을 수 없는 嚴然한 眞理에서 文章의 形式인 文體는 決코 疎忽히 할 性質의 것이 아니다. 佛蘭西의 文學者 페터어가 '스타일(文體)은 그 사람이다.' 한 말은 일직부터 流行한 金言이요, 小說家 스탄다르도 '스타일을 짓는 것은 作品을 高尙하게 하는 것이라.' 하였다. 事實 作品뿐만 아니라, 筆者의 面貌부터 가장 빠르게 드러내는 것은 內容보다 文體인 것이다.

1. 文體의 發生

一. 獨特한 言語와 國民性에서

東西洋의 文體가 各異할 뿐 아니라, 같은 東洋에서도 漢文 文體와 한글 文體가 다른 것은 길게 說明할 必要가 없다.

二. 同一한 言語, 文字라도 時代가 다름에서

멀리 古代로 올라갈 것 없이 지금으로부터 不過 三十年 前인 隆熙 三年 發刊된 兪吉濬의 〈文典〉 序文의 一節을 보자. 그동안에도 時代的 差異가 文體에 얼마나 뚜렷한가.

> 읽을지어다. 우리 文典을 읽을지어다. (中略) 固有한 言語가 有하며 特有한 文字가 有하야 其 思想과 意志랄 聲音으로 發表하고 傳示하매 言文一致의 精神이 四千餘의 星霜을 貫하야 歷史의 眞面을 保하고 習慣의 實情을 證하도다.

三. 同一한 言語, 文字에 同一한 時代라도 作者의 個性이 다름에서

過去 時代에선 글쓰는 사람이 數로 적었고, 잘 쓰는 사람을 그대로

模倣하는 것으로, 文章法을 삼아, 먼 時代와 時代 사이엔 文體가 따로 잇되 個人個人의 文體는 따로 없었다 해도 過言이 아닐 程度다. 그러나 現代에 있선 글쓰는 사람이 于先 數로 만아졌다. 많으니까 作者 自身이나 讀者나 다 個性的인 것을 强烈히 要求하게 되었다. 獨自的인 것이 內容인 人生觀에만 아니라 表現에까지 意義 있게 되었다. 모두 自己의 文體를 完成하기에 意識的으로 努力하는 것이다. 그래서 過去엔 文體를 時代가 가졌고, 現代엔 文體를 個人個人이 가졌다고 볼 수 있는 것이다. 따라서 現代의 文體論은 個人 文體를 問題 삼는 것이다. (此講 未完)

[7] 이태준, '문장강화(七)', 『문장』 제7호, 문장사, 1939.8.

2. 文體의 種類

分類를 爲해서는 數十種을 들 수 있으나 大體로는 簡潔, 蔓衍, 剛健, 優柔, 乾燥, 華麗 等 六體로 나누는 것이 簡明하겠다.

一. 簡潔體: 될 수 있는 대로 要約해서 僅少한 語句로 表現한다. 一語一句에 緊縮이 있고 鮮明한 印象이 남는다. 자칫하면 乾燥無味할 危險性이 있다.

二. 蔓衍體: 簡潔體와 反對다. 氣分까지를 나타내기 爲해 千言萬語로 紆餘曲折을 일으킨다. 자칫하면 漫談에 빠질 危險性이 있다.

"窓 옆에 愛着하는 感情을 한낱 헛된 好奇心으로 斷定해 버릴지 모른다."

하면, 簡潔한 文體요.

"우리로 하여금 恒常 窓側의 座席에 있게 하는 感情을 사람은 하나의 好奇心이라고 斷定하여 버릴지도 모른다."

하면 蔓衍味가 있는 文體다.

三. 剛健體: 雄渾, 豪放, 剛直한 風格을 갖는다. 彈力과 崇嚴味를 나타내기에 適當하다. 그러나 文意가 槪念에 흐를 危險性이 있다.

四. 優柔體: 剛健體와 反對다. 淸楚, 溫和, 謙虛한 雅趣를 갖는다. 누구에게나 多情스러운 文體다. 그러나 意志的인 것을 담기엔 弱한 欠이 있다.

"貪花蜂蝶이란 말이 있거니와, 꽃을 貪내는 것이 어찌 蜂蝶뿐일 것이냐. 무릇 生命을 가졌고 生命을 禮讚하는 者ㅣ 모름지기 꽃을 貪내 마지 않을 것이다."

하면 剛健한 文體요,

"貪花蜂蝶이란 말이 생각나거니와, 꽃츨 貪내는 것이 어찌 蜂蝶에 限할 일이랴. 모든 生命을 가진 者, 다 함께 꽃을 따르고 꽃을 禮讚할 것이다."

하면 優柔한 態가 난다.

五. 乾燥體: 美辭麗句와는 絶緣으로 다만 意思를 傳達하면 고만이다. 學術, 記事, 規則書 等 理解 本位, 實用 本位의 文體다. 文藝文章으로는 不當하다.

六. 華麗體: 乾燥體와는 反對로, 乾燥體가 理智的이라면 華麗體는 感情的이다. 一語一句에 絢爛한 色彩的 修飾과 音樂的 韻律을 갖는 文體다. 자칫하면 賤俗해질 危險性이 있다.

"나는 그믐달을 좋아한다. 그믐달은 妖艶하고 可憐하다."

하면 그냥 簡潔한 글이다.

"나는 그믐달을 사랑한다. 그믐달은 너무 妖艶하여 감히 손을 댈 수가 없고 말을 붙일 수도 없이 깜직하게 어여쁜 계집 같은 달인 동시에, 가슴이 저리고 쓰리도록 可憐한 달이다." (羅稻香의 '그믐달'의 一部)

하면 華麗體라 할 것이다.

3. 文例들

簡潔體 文例

答刑(短篇의 一部分)

金東仁

우리 방에서 나갔던 서너 사람도 돌아왔다. 영원 영감도 송장 같은 얼굴로 돌아왔다.

나는 간수가 돌아간 뒤에 머리는 앞으로 향한 대로 손으로 영감을 찾었다.

"형편 어떻습디까?"

"모르갔소,"

영감은 대답이 없었다. 그의 입은 바늘로 호라매우지나 않었나? 그러나 한참 뒤에 그는 겨우 대답하였다. 그의 목소리는 대단히 떨렸다.

"태형 九十도랍디다."

"거 잘됐구려! 이제 사흘 뒤에는, 담배두 먹구 바람두 쐬구……. 난 언제나…"

"여보! 잘돼시오? 무어이 잘 된단 말이요? 나히 七十줄에 들어서 태 맞으면… 말하기두 싫소. 난 아직 죽긴 싫어. 공소했쉐다."

그는 벌꺽 성을 내어 내게 달려들었다. 그러나 그의 말을 들은 뒤의 내 성도 그에 지지를 않었다.

"여보! 시끄럽소. 노망했오? 당신은 당신이 죽겠다구 걱정하지만, 그래 당신만 사람이란 말이요? 이 방 四十여 인이 당신 하나 나가면 그만큼 자리가 넓어지는 건 생각지 않오? 아들 둘 다 총에 맞아 죽은 다음에 뒤상 하나 살아 있으면 무얼해? 여보!"

나는 곁에 있는 다른 사람들에게 향하였다.

"여게 태형 언도에 공소한 사람이 있답니다."

나는 이상한 소리로 껄껄 웃었다.

다른 사람들도 영감을 용서치 않었다. 노망하였다. 바보로다. 제 몸만 생각한다. 내어좇어라. 여러 가지의 폄이 일어났다.

영감은 대답이 없었다. 길게 쉬이는 한숨만 우리의 귀에 들렸다. 우리들도 한참 비웃은 뒤에는 기진하여 잠잠하였다. 무겁고 괴로운 침묵만 흘렀다.

바깥은 어느덧 어두워졌다. 대동강 빛과 같은 하늘은 온세상을 덮었다. 그 밑에서 더위와 목마름에 미칠 듯한 우리들은 아무 말 없이 앉아 있었다. 우리들의 입은 모두 바늘로 호라매우지나 않었나.

그러나 한참 뒤에 마침내 영감이 나를 찾는 소리가 겨우 침묵을 깨뜨렸다.

"여보?"

"왜 그러오?"

"그럼 어떡하란 말이요?"

"이제라두 공소를 취하해야지!"

영감은 또 먹먹하였다. 그러나 좀 뒤에 그는 다시 나를 찾었다.

"노형 말이 옳소. 내 아들 두놈은 뎡녕쿠 다 죽었쉐다. 난 나 혼자 이제 살아서 무얼 하갔소? 취하하게 해주소."

"진작 그럴게지. 그럼 간수 부릅니다."

"그래주소."

영감은 떨리는 소리로 말하였다.

나는 패통을 쳤다. 간수는 왔다. 내가 통역을 서서 그의 뜻(이라는 것보다 우리의 뜻)을 말하매 간수는 시끄러운 듯이 영감을 끄을어 내갔다.

자리에 돌아올 때에 방안 사람들을 보니, 그들의 얼굴에는 자리가 좀 넓어졌다는 기쁨이 빛나고 있었다.

句節들이 짧다. 군소리가 없어 어느 줄에서나 한 字 한마디를 주리거나 느리거나 할 수 없다. 잘 지은 建築에서 벽돌 한 장을 더 끼거나 빼이거나 할 수 없는 것이나 마찬가지다. '듯이, 같이, 처럼' 等 形容이 적다. 單字마다 端的이어서 鮮明 深刻한 印象을 준다.

蔓衍體 文例(其一)

아름다운 風景

朴泰遠

밤 열 點이나 그러한 時刻에 악박골로 向하는 電車는 으레이 滿員이다.

나는 勿論 그 속에 자리를 求하지 못하고 憂鬱하게 사람들 틈에 가 비비대고 서 있지 않으면 안 된다.

밖에는 亦是 비가 쉬지 않고 내리고 있었으나, 大部分의 乘客은 雨傘을 携帶하지 않았다.

비는 正午 가까이나 되어 오기 始作하였으므로 그들은 應當 그 前에 집을 나선 사람들일께다.

나는 다시 한번 살피어 救하기 어려운 疲勞를 그 얼굴에 그 몸에, 가지고 있는 그들이 거의 모두 그의 한 손에 點心 그릇을 싸들고 있는 것을 알었다.

아침 일찍이 나가 밤이 이렇게 늦어서야 돌아오는 그들은 必然코 그 살림살이가 넉넉지는 못할께다.

僅少한 生活費를 얻기에 골몰하는 그들이 大體 어느 餘暇에 그들의 安息과 娛樂을 求할 수 있을 것인가. 더구나 이렇게 밤늦게 궂은 비는 끊이지 않고 내려 雨傘의 携帶 없는 그들은 電車 밖에 한걸음을 내어놓을 때 그 마음의 憂鬱을 救하기 힘들께다.

그러나 나의 생각은 이를테면 부질없은 것이었다. 내가 現底町 停留所에서 電車를 내렸을 때 나와 함께 내리는 그들을 爲하여 그곳에는 일찍부터 그들의 家族이 雨傘을 準備하여 기다리고 있었고, 더러는 살이 부러지고 구멍이 군데군데 뚫어지고 한 紙雨傘을, 박쥐雨傘을 그들은 반가이 받어들고, 그들의 어머니와 그들의 안해와 或은 그들의 누이와 어깨를 나란이 하여 그들의 집으로 向하여 돌아가는 것이 아닌가.

내가 새삼스러이 周圍를 둘러 보았을 때 아직도 돌아오지 않는 오라비를 爲하여, 男便을 爲하여, 或은 아들을 爲하여 雨傘을 準備하고 있는 女人들은 그곳에 오직 十餘名에 그치지 않었다.

나는 그들에게 幸福이 있으라― 빌며 자주는 가져보지 못하는 感激을 가슴에 가득히 비 내리는 밤길을 고개 숙여 걸었다.

蔓衍體 文例(其二)

涕涙頌(前半) ―눈물에 對한 鄕愁―

金晉燮

사람이 차라리 어떻게 살기보다는 한 개의 큰 悲劇이 몸소 되어버렸으면 하고 생각하리만큼 그 生活이 平凡하다는 것은 참으로 슬픈 일이다.

하루하루에 經營하는 生活이 판에 박은 듯 똑 같고 單調롭고 無味乾燥해서 起伏이 없는 同時에 變化가 없고 衝擊이 없음과 같이 飛躍이 없는 탓일가, 차차로 모든 印象에 對해서 反應해지지 않아가는 自己를 볼 때 새삼스리 '鐵石'같이도 無感動하게 된 現在의 狀態에 恐怖를 느끼는 일이 있다. 더러가다가 고요한 밤이면 確實히 이것은 痛哭해야 할 일이라 생각하기는 한다. 그러나 그것 亦是 생각뿐이요, 勿論 고까짓 것에 흘릴 눈물은 벌써 남아있지를 않다. 그렇다고 해서 四十이 가까운 有髥 男子의 體面을 가지고 내가 이제 '눈물'을 云謂함은 치사스러운 일에 틀림없다 할 수 있으나, 우서야 할 자리에 웃지 않고, 놀라야 할 데 놀라지 않으며, 슬퍼해야 할 자리에 슬퍼하지 않고, 怒해야 할 데 怒하지 않고 보니, 나도 어느새 大體 이런 枯骨로 化해버렸다는겐지, 너무나 虛無的인 내 精神狀態가 하도 닥해서 일찍이는 잘도 솟아나는 눈물의 샘이 이제는 어디로 갔나 하고 하나의 철없는 鄕愁를 暫時 품어도 보는 것에 不過하다. 눈물은 兒童과 婦女子의 專屬物이요, 男兒 大丈夫의 好尙할 배 아니라 하고, 讀者 諸氏는 말하리라. 勿論 나는 이 世間의 知慧를 承認한다. 事實에 있어 어른의 눈물을 보기란 極히 어렵다. 그러나 내가 여기서 눈물을 말함은 오로지 肉體的 産物로서는 涕涙뿐만아

아니요, 感動의 좋은 表現으로서 精神的 涕淚까지를 包含함은 두말할 것이 없다. 讀者에겐들 어찌 마음껏 울고자 하되 울지 못하는 嚴肅한 瞬間이 없었겠으랴. 우는 것이 元來 風習이 아니요 넓은 가슴에서 솟아나는 눈물이기에 그 光景은 甚히 壯嚴하기도 하는 것이다. 世上에서는 걸핏하면 말하기를 安價의 感傷, 安價의 한 눈물, 하지만, 世上에 눈물이 흔하다 함은 웬 말이뇨. 成人이 된 지 오래인 우리에게 눈물은 極히 드물게 밖에는 솟아나지 않거늘.

實로 눈물은 드물게 솟아나오지 않는다. 그러므로 讀者여. 諸君의 두 눈에 萬一 이 드물게 밖에는 아니 나타나는 珠玉이 괴거든 그를 부끄럽다 생각하지 말고, 靜肅히 그것이 흐르는 대로 놓아 두라. 눈에 눈물을 가지지 않는 것이 鐵血 男兒의 本義일지는 모르되, 그러나 그 反面에 그가 눈물을 가지지 못하는 點에 있어서는 그는 人間 以下됨을 免키 어렵다 할 수 있을 것이니, 우리가 여기서 世上에서 所謂 '사내다웁다'는 槪念을 暫間 分析해 본다 해도 그것은 結局 그로부터 大部分 人間味가 없어졌다는 事實을 가지고 가장 잘 這間의 消息을 證明할 수가 있지 않을까 생각한다. 왜 그러냐 하면 무릇 우리들 사람된 者에 있어서는 우리에게 어떤 힘센 精神的 苦痛이 있을 때 눈물은 반드시 괴롭고 아픈 마음의 꽃으로서 수접게 우리들의 눈속에 피어 오르는 것이 當然한 生理的 事實이기 때문이다. 그렇다. 눈물은 괴롭고 아픈 마음의 貴여운 꽃이다. 사람은 왜 大體 이 貴여운 꽃을 撫育할 줄을 모르는고. 눈물이 없다는 것은 그에게 마음이 없다는 것을 意味한다. 勿論 두말할 것 없이 모든 사람은 肉體的으로는 心臟을 지니고 있다. 그러나 問題는 사람이 精神的으로 心臟을 所有하고 있는가 또는 있지 않은가에 있다. 肉體的으로 苦痛을 느낄 때 사람이 눈물을 흘리는 것은 사람이면 누구나 다 하는 일이지만, 눈물을 눈에 보낼 수 있도록 누구에게나 다 精神的 心臟이 있느냐 하면 그것은 決코 그렇지는 않다. 요사이 巷間에 돌아다니는 流行語의 하나에 '心臟이 强하다'는 말이 있다. 現代人의 理想이 强한 心臟에 놓이게 되기까지에는 깊은 理由가 勿論 있겠거니와, 所謂 意志가 굳센 男子에게는 心臟이 無用이요, 그것은 모든 弱點의 源泉이 된다고 하는 見解는

確實히 우리들 文明人이 가지고 있는 偏見의 하나이다. 왜 大體 感動하기 쉬운 心臟이 우리의 앞길을 막는 障礙物이 되며, 왜 大體 눈물이 우리에게 있어서 恥辱이 된다는 것이냐 생각하여 보라. 心臟이 보이지 않는 이 生活, 사랑이 없는 이 人生. - 사랑할 줄 모르는 者는 받을 줄을 모르고, 犧牲할 줄 모르는 者는 忠實할 수 없는 것이니, 이러한 무리로 더불어 우리는 무엇을 할 수 있으랴. 果然 이 世上에 사랑과 忠實이 없이는 遂行될 수 있는 偉大한 業蹟이 있을 수 있을가. 이제 萬一 이 世上의 모든 心臟이 硬化한 끝에 드디어 말라져버린다면 그때 여기 남는 것이 무어냐. 變하기 쉬운 氣分, 惡性의 戀愁 空虛한 俗事를 생각만 해도 무서운 일이다.

모두 句節이 길다. 그냥 '발 열 한 點쯤…—'하면, '밤 열 한 時쯤'만이 讀者의 머리에 들어오는 것으로 고만일 터인데, '밤 열 한 點이나 그러한 時刻에…' 하면 文意 以外에 筆者의 辯이 느끼어진다. 文意 以外에 魅力이 있다. 平凡한 事端을 委曲하게 이글어 들려준다. 휴모러스한 微笑를 주는 德이 있다.

剛健體 文例(其一)

白頭山 登陟記 序

民世

旅行은 閑事가 아니니, 高山에 오르고 大海에 떠서 天地浩然의 氣를 마시면서 雄勁淸遠한 氣를 기르는 것은 그대로 人世 須要한 일이 되는 것이다. 하물며 都鄙와 山野, 民物 生息의 實況을 넓히 보고, 古今 變革의 자취를 살피는 것은 社會人에게 最上의 要務로 되는 것이다. 이 點에서 旅行이 必要한 것이요, 旅行記로 價値 있는 것이다.

白頭山은 東方 最大의 山彙이다. 朝滿의 諸山이 이에서 祖宗하였으며, 千

里에 連亘한 氣勢가 九千五十餘 尺의 高峯과 縱橫 四五百里의 大樹海에 잠긴 大高原을 가져 天池와 泓渟渺茫(홍정묘망)한 景像과 함게 淸遠靈祥(청원령상), 森嚴靜肅함과 雄麗洪博, 虛曠浩望하이 가장 通澈無碍한 神秘境으로 되었으니 이 스스로 登山者의 無二한 靈境이겠거든, 阿斯達 以來 歷史的 諸 傳說은 白頭 一山으로 문득 民族 發展의 地理的 機軸이요, 社會 生長의 聖跡的 淵叢을 이루어 天坪千里 林檄花卉(임격화훼)의 속을 헤치고 거니는 者로 無限靈遠의 情感에 노닐게 하니, 이 또한 俗界 악착한 生活에 부닥기는 者 飄然히 길게 감으로써 鬱懷를 快히 썼을 바이다. 만일 그 中 南朝鮮에 사는 者라면 登陟의 途程으로 우선 京元沿線 泰封高原의 淸涼味를 玩賞함으로부터 關北 沿岸의 玲瓏點綴 貞明淸遠한 山海美를 볼 것이며, 豆滿, 鴨綠 兩江 民族 盛衰의 分界와 卒本 高原의 固密한 山河 或은 狼林山彙의 雄建한 排舖에서 生新潑剌과 感發鼓動하는 바를 얻을 것이요, 그리고 또 이 沿線에는 都市, 邑落이 있고, 漁村, 港浦가 있고 平野와 山峽과 人世에 絶離된 樹海 속에 農民, 火田民 或은 逐世獨存하는 殘氓(잔맹)이 있으며, 其他 各層 各樣의 生活相을 가진 大衆 動態의 各部로서의 占居하는 同胞들을 보는 것이니, 이는 곳 轉變하는 社會요, 舖張된 歷史이라. 頑鈍한 머리에도 感激의 새음이 용소슴하고 踈懶(소라)한 가슴에도 惕勵(척려)의 번개가 다닥드리지 아니할 수 없는 것이니, 이는 白頭山의 登陟이 意圖 深長한 바 없을 수 없는 理由이요, 白頭山 登陟記의 著述이 他外 一般의 紀行으로 比할 바 아니며 따라서 江湖 一般에게 이 一書와 한가지 白頭山 登陟까지를 推奬함을 躊躇하지 않는 바이다. 本書는 일즉 紙上으로 連載 發表하였던 바를 이제 單行本으로 刊行함에 際하여 一筆로 써 이에 序한다.

剛健體 文例(其二)

靑春禮讚

閔泰瑗

청춘! 이는 듣기만 하여도 가슴이 설레는 말이다. 청춘! 너의 두 손을 가슴에 대고 물방아 가리는 같은 心臟의 鼓動을 들어보라. 靑春의 피는 끓는다. 끓는 피에 動하는 心臟은 巨船의 汽罐같이 힘쩍다.

이것이다. 人類의 歷史를 꾸며 내려온 動力은 꼭 이것이다. 理性은 透明하되 어름과 같으며, 知慧는 날카로우나 匣 속에 든 칼이다. 靑春의 끓는 피가 아니드면 人間은 얼마나 쓸슬하랴. 어름에 싸인 萬物은 주검이 있을 뿐이다.

그들에게 生命을 불어넣는 것은 따스한 봄바람이다. 풀밭에 속잎 나고 가지에 싻이 트고 꽃 피고 새 우는 봄날의 天地는 얼마나 기쁘며 얼마나 아리따우냐. 이것을 어름 속에서 불러내는 것이 따스한 봄바람이다.

人生에 따스한 봄바람을 불어 보내는 것은 靑春의 끓는 피다. 靑春의 피가 뜨거운지라, 人間의 동산에는 사랑의 풀이 돋고, 理想의 꽃이 피고, 希望의 노을이 돋고, 悅樂의 새가 운다.

사랑의 풀이 없으면 人間은 沙漠이다. 오아시쓰도 없는 沙漠이다. 보이는 끝끝까지 찾아다녀도 목숨이 있는 때까지 彷徨하여도 보이는 것은 거친 모래뿐일 것이다. 理想의 꽃이 없으면 쓸쓸한 人間에 남는 것은 零落과 腐敗뿐이다. 樂園을 粧飾하는 千紫萬紅이 어디 있으며, 人生을 豊富하게 하는 온갖 果實이 어디 있으랴.

理想, 우리의 靑春이 가장 많이 품고 있는 理想! 이것이야말로 無限한 價値를 가진 것이다. 사람은 크고 작고 간에 理想이 있으므로써 生存할 意味가 있는 것이며, 理想이 있으므로써 勇敢하고 굳세게 살 수 있는 것이다.

釋迦는 무엇을 爲하여 天下를 苦行하였으며, 예수는 무엇을 爲하여 荒野에서 彷徨하였으며, 孔子는 무엇을 爲하여 天下를 轍環하였는가. 밥을 爲하여서, 옷을 爲하여서, 美人을 求하기 爲하여서 그리하였는가. 아니다. 그들은 커다란 理想 즉 滿天下의 大衆을 품에 안고 그들에게 밝은 길을 찾아주며 그들을 幸福스럽고 平和스러운 곳으로 引導하겠다는 커다란 理想을 품었기 때문이다. 그러므로 그들은 길지 아니한 목숨을 사는가 싶이 살았으며, 그들의 그림자는 千古에 사라지지 않는 것이다. 이것은 가장 顯著하여 日月과 같은 例가 되려니와, 그와 같이 못하다 할지라도 蒼空에 번적이는 뭇 별과 같이, 山野에 피어나는 群英과 같이, 海濱에 번쩍이는 모래와 같이, 眞珠와 같이, 寶玉과 같이, 크고 적게 빛나는 모든 理想은 實로 人間의 腐敗를 防止하는 소금이라 할지며, 人生에 價値를 주는 原質이 되는 것이다.

理想! 빛나고 貴重한 理想, 그것은 靑春의 누리는 바 特權이다. 그들은 純眞한지라 感動하기 쉽고, 그들은 點染이 적은지라 罪惡에 病들지 아니하였고, 그들은 앞이 긴지라 着目하는 곳이 遠大하고, 그들은 피가 더운지라 實現에 對한 自信과 勇氣가 있다. 그러므로 그들은 理想의 보배를 능히 품으며, 그들 理想은 아름답고 소담스러운 열매를 맺어 우리 人生을 豊富하게 하는 것이다.

보라! 靑春을! 그들의 몸이 얼마나 튼튼하며, 그들의 皮膚가 얼마나 생생하며, 그들의 눈에 무엇이 타오르고 있는가. 우리 눈이 그것을 보는 때에 우리의 귀에는 生의 讚美를 듣는다. 그것은 雄壯한 管絃樂이며, 微妙한 交響樂이다. 뼈 끝에 스며들어가는 悅樂의 소리다.

이것은 피어나기 前인 幼少年에게서 求하지 못할 바이며, 시들어가는 老年에서 求하지 못할 바이며, 오직 우리 靑春에서만 求할 수 있는 것이다.

靑春은 人生의 黃金時代다. 우리는 이 黃金時代의 價値를 充分히 發揮하기 爲하여 黃金時代를 永遠히 붙잡아 두기 爲하여 힘찍게 노래하며 힘찍게 躍動하자.

嚴然해 讀者가 異意를 품을 餘地를 주지 않으며, 彈力이 있어 讀者를 먼저 感情的으로 衝動한다. 感覺보다 槪念的으로 써야 할 글, 序文, 卷頭言, 社說, 檄文, 趣旨書 같은 데 適當한 文體다.

優柔體 文例

僧伽寺(前半 一部)

李秉岐

혼자 어슬렁어슬렁 紫霞골 막바지로 오른다. 鬱密한 松林 사이에 조금 緩曲은 하다 할망정, 그다지 峻急하다고 할 수는 없는 길이 우뚝하게 솟은 白嶽과 어구주춤하게 어분드리고 있는 仁王山과의 틈을 뚫고 나가게 된다. 울룩불룩한 바위 모서리가 반들반들하게 닳았다. 이 길 이 바위를 이처럼 닳리느라고 지나간 발뿌리가 그 얼마나 되었으리. 그것이 짚신 時代로부터 고무신이나 구두 時代까지만 치더라도 限量이 없을 것이다. 그리고 그 限量이 없는 발뿌리들도 이 바위와 같이 흙이나 먼지가 되어버리고 만 것과 되어버리고 말 것이 또한 限量이 없을 것이다. 杜甫의 孔丘도 盜跖이 俱塵埃라는 詩도 이걸 말함이 아닌가 한다.

彰義門 턱이 나선다. 左右의 城堞은 그대로 있다. 지금부터 三百十二年前, 光海十五年 三月 十二日 밤, 反正의 軍卒이 이 門을 부수고 들어왔다.

그 때 功臣들의 이름이 이 門樓의 懸板에 사겨 있다. 이 門은 또 紫霞門, 藏義門, 壯義門이라고도 한다. 지금 彰義門 밖을 藏義寺洞 또는 壯洞이라 함을 보면 이 門의 이름의 由來를 짐작하겠다.

얼마 내려가다 보면 왼편 山 기슭에는 솔숲이 깊어있고 좀 높고도 으슥한 洞壑이 있으니 이는 三溪洞이다. 大院君의 別莊이었다. 安玟英의 作歌에도 가금 이 三溪洞의 風情이 나타난다.

牛山에 지는 해를 齊景公이 울었더니
三溪洞 가을 달을 國太公이 느끼샸다.
아마도 古今 英傑의 慷慨 心情은 한가진가 하노라.

山行 六七里 하니 一 溪 二 溪 三溪流라.

有亭 翼然하니 恰似 當年 醉翁亭을
夕陽의 笙歌皷瑟은 昇平曲을 아뢰더라.

安玟英은 이 近世 사람으로 有名한 歌客 朴孝寬과 追逐하고 함게 大院君의 門에서 많이 놀았으며, 性質이 豪放하고 飮酒를 잘하고 音律도 모르고 歌唱도 못하나 歌詞만은 일 수 지었다.

이러한 객쩍은 생각이나 하면서 걸어거느라면 발뿌리에 바위가 닿는지 다리가 아픈지 몸이 고된지도 모르게 되는 동안에 洗劍亭이 나선다.

좁고 깊은 山골자기에 쏙 내밀기도 하고 움푹 들어가기도 하고, 지질편편하기도 하고, 오몰조몰하기도 하고, 어슥비슥하기도 하고 우뚝우뚝하기도 한 바위가 물에 닳고 닳아 반들반들하다. 물은 지금도 이 바위를 닳리며, 콸콸 퀄퀄 흘러간다. 洗劍亭은 그 한편의 쏙 내밀고 있는 지질편편한 바위에 오뚝하게 서 있다. 仁祖反正 때 將士들이 이 물에서 칼을 씻었다고 그 뒤 英祖 二十四年에 이 亭子를 세우고, 이렇게 이름한 것이라 한다. 그것이 事實이고 보면 그런 칼날도 먼첨 이 물에 땋리어 보았던 것이다.

요마적 와서 그 누군가는 그러한 칼 대신 콩크리트를 하여 땋리어 보려고 하였다. 그러나 그런 건 땋릴 것도 못되는지 대번 부시어 버리고 말었다. 몇 개 鐵棒만 모양 숭업게 바위에 박혀 있을 뿐이다.

自然의 힘에는 지는 수밖에 없다. 永遠하면 永遠할수록 지는 수밖에 없다.

[8] 이태준, '문장강화(八)', 『문장』 제8호, 문장사, 1939.9.

(前號 優柔體 文例의 說明이 漏落되었기에 여기 계속함)

"…조금 緩曲은 한다 할망정, 그다지 峻急하다고 할 수는 없는 …'

어디까지 實相을 傳하려 沈着하다. 速斷이 없고 誇張이 없고 어느 한 줄에 重點을 두지 않는만치 어느 한 줄이 虛하지 않다. 너무 靜的인 편이나 미더운 文體다.

乾燥體 文例(其一)

白衣와 溫突

洪命憙

溫突

우리 朝鮮 家庭의 溫突制度는 仁祖朝 以後로 全國에 普遍되었다. 그전에

는 寒節이라도 큰 屛風과 두터운 자리로 마루 위에서 居處하고 老人과 病者를 위하여 溫突 한두 간을 設置하였을 뿐이었다고 한다.

仁祖 때 서울 四山에 松葉이 堆積하여 火災가 자즈므로, 金自點이 꾀를 내어 仁祖께 稟하고, 五部 人民에게 命令하여 모두 溫突을 設置하게 하였다. 따뜻하고 배부른 것을 좋아하는 것은 사람의 常情이라 五部의 받은 命令을 一國이 奉行하게 되어 松葉을 處置하려든 것이 松木까지 處置하게 되었다.

溫突 制度가 一般으로 행한 후에 큰 弊害가 두 가지 생기었으나 하나는 鬱蒼하던 森林이 차차로 童濯하게 된 것이요, 또 하나는 健壯하던 國民이 贏弱하게 된 것이다.

前日에는 서울 안에 있는 舊家故宅에서 往昔 習俗의 자취를 살필 수 있었으니 큰 집이건만, 지금 所謂 房이란 것의 數가 적고 마루가 대중없다 할 만큼 많았었다. 그러나 오늘날은 그 자취도 찾을 곳이 없다.

白衣

우리 衣服制度는 歷代로 中國의 影響을 받아서 變하여 온 것이니 新羅 眞興王 때에 男子 衣服을 唐制로 變改하고 女子 衣裳도 唐制로 改革하였다 하고, 高麗朝ㅇ[新羅 制度와 많이 같았으나, 中葉 以後에 元制를 模倣하고, 末葉에 이르러 明制를 襲用한 것이라고 한다.

衣服에 白色을 崇尙하는 習慣은 最近에 와서 심하였다. 하나 歷史上으로 보면 傳來한지가 자못 오래다 할 것이다. 漢書에 '弁韓 衣服潔淸'이라 하니, 潔淸이란 形容詞를 붙이려면 白色이라야 適當하다 할 것이요, 宋史에 '高麗 士女 服尙素'라 하고, 黃越의 朝鮮賦에 '衣皆素白而布縷麁'라 하였다. 그러나 이것은 普通 人民의 服色말이요, 王公 貴人은 錦繡 五采를 입었는데 그 衣服의 色采로 官等의 尊卑를 알게 한 일이 있고, 庶民은 絳紫色(강자색) 衣服을 입지 못하게 禁한 일도 있다.

主人 以下 모든 階級이 普通으로 白色을 常服하기는 正祖 때부터 시작한 일이니 이는 正祖가 그 父親 莊祖를 思慕하시는 마음이 많으서서 終身居喪하신 것처럼 色采 衣服을 입으시지 않은 까닭이라 한다. 喪中衣 純白은 우

리의 傳來하는 俗이다.

乾燥體 文例(其二)

古山子의 大東輿地圖 (一部分)

鄭寅普

大東輿地圖 十二帖 附 目錄 一帖 合 二十三帖은 古山子의 만든 것이니 朝鮮人의 손으로 된 朝鮮의 地例-이에 이르러 大成을 集하였다 할 것이다. 圖寫의 大例로 말하면 穩城으로부터 濟州까지 二十二層을 나누어 가지고 一層으로 一帖을 만든 것이니 맞후어 놓으면 朝鮮 全形이 고대로 되고, 떼어 놓으면 各層마다 거기 있는 州郡縣의 形勢 簡便하게 掌上에 瞭然하게 되었다. 形이 概似하다 하더라도 遠近의 尺度- 實積과 틀릴 것 같으면 오히려 實用에 맞지 아니하는 것인데 이 圖本은 그렇지 아니하여 접책 한 장 한쪽 面이 縱으로 百二十里, 橫으로 八十里에 當하게 하여 가지고 經緯線을 罫畵하여 每方에 十里됨을 表定하였다. 이같이 實積의 眞에 依하여 排布한 圖寫인지라, 어디든지 떠들어만 보면 山川의 位置와 程里의 疎密이 大致를 잃지 아니하게 되었다. 이뿐만 아니라 '六十秒爲一分, 十里爲三分, 六十分爲一度'의 比例를 附記하여 星度로써 地理를 按함을 보이었나니, 申景濬의 이른바 '地必謀於天而後, 可以明知其方位大小(東國與地圖 跋)'라 한 것을 實際로 試驗한 것이다. 山川의 名稱을 詳列함은 무론이요, 道路의 交通, 坊面의 所在 微細한 데까지 및이고 古蹟, 陳墟라도 按索이 골고로 및이어 符標로써 各分해 놓았다.

圖本의 撰定이 一時의 業이 아님은 말할 것도 없거니와 이 圖本보다 約 二十七年 前 同人의 意刱한 圖本과 大類한 靑邱圖 二冊이 있었으니, 이는 冊으로 된 것이매, 外欄 上下로 空白이 없을 수 없은즉 대보기에 間濶이 있으며, 또 綴葉을 뜯기 전에는 橫으로 맞훌 수가 없다. 이에 索引으로 卷頭에 目錄을 붙이어 어느 골 하면 第幾層 弟幾片임을 容易히 찾게 하였다. 또 八

道 分俵圖를 冠하였는데, 每方 經 七十里 緯百里로 縱 二十八方의 線野를 細劃하여 가지고 거기다가 朝鮮의 全形을 排定하고 다시 每方을 經緯 二十里로 進하야 一道씩 一葉 片面에 擴寫하여 놓았다.

뜻만 傳達하고 理解시킴에 忠實할 뿐, 文章의 表情이란 조금도 必要치 않다. 乾燥란 반드시 無味를 가리킴은 아니다. 文章의 表情을 스스로 갖지 아니함이다. 藝術 文章이 아니요 學術과 實用의 文章이기 때문에 筆者로서의 氣分이나 感情을 發露시킬 必要가 없는 때문이다.

華麗體 文例(其一)

그믐달(小品)

羅彬

나는 그믐달을 몹시 사랑한다.

그믐달은 요염하여, 감히 손을 댈 수도 없고 말을 붙일 수도 없이 깜직하게 예쁜 계집 같은 달인 동시에 가슴이 저리고 쓰리도록 가련한 달이다.

서산 뒤에 잠깐 나타났다 숨어버리는 초생달은 세상을 후려삼키려는 독부가 아니면 철모르는 처녀 같은 달이지마는, 그믐달은 세상의 갖은 풍상을 다 겪고 나중에는 그 무슨 원한을 품고서 애처럽게 쓰러지는 원부와 같이 애절하고 애절한 맛이 있다.

보름에 둥근 달은 모든 영화와 끝없는 숭배를 받는 여왕과 같은 달이지마는, 그믐달은 애인을 잃고 쫓겨남을 당한 공주와 같은 달이다.

초생달이나 보름달은 보는 이가 많치마는 , 그믐달은 보는 이가 적어 그만큼 외로운 달이다. 객창 한등에 정든 님 그리워 잠 못 들어하는 분이나 못 견디게 쓰린 가슴을 움켜잡은 무슨 한 있는 사람이 아니면 그 달을 보아주는 이가 별로이 없을 것이다. 그는 고요한 꿈나라에서 평화롭게 잠들은 세상을 저주하며, 홀로이 머리를 풀엇드리고 우는 청상과 같은 달이다.

내 눈에는 초생달 빛은 따뜻한 황금 빛에 날카로운 쇠 소리가 나는 듯하고 보름달은 치어다보면 하얀 얼굴이 언제든지 웃는 듯하지마는, 그믐달은 공중에서 번듯하는 날카로운 비수와 같이 푸른 빛이 있어 보인다.

내가 한 있는 사람이 되어서 그러한지는 모르지마는, 내가 그 달을 많이 보고 또 보기를 원하지만 그 달은 한 있는 사람만 보아주는 것이 아니라, 늦게 돌아가는 술 주정군과 놀음하다 오줌누러 나온 사람도 보고, 어떤 때는 도적놈도 보는 것이다.

어떻든지 그믐달은 가장 정 있는 사람이 보는 중에 또는 가장 한 있는 사람이 보아주고 또 가장 무정한 사람이 보는 동시에 가장 무서운 사람들이 많이 보아준다.

내가 만일 여자로 태여날 수 있다 하면, 그믐달 같은 여자로 태여나고 싶다.

華麗體 文例(其二)

曲藝師(隨筆 前半)

李善熙

사막을 걷는듯한 마음입니다.

밤 빛을 넘어 흩어지는 외로움이 또다시 등잔 밑에 서리입니다.

내 마음은 곡예사와 같습니다. 그 千이요 또 萬인 요술의 변화를 알 수 없는 것 같이 내 맘의 명암(明暗)도 이루 헤아릴 수 없습니다.

거리에 쏟아진 등불은 밤의 심장을 꿰뚫으고 얼크러진 정렬에서 헤어나지 못하는 사람들의 꿈 같은 이야기는 이 도시의 감각을 미처 넘치게 하거늘 - 이러한 거리에서 내 어찌 홀로 사막을 걷는듯한 마음입니까.

마진편에 놓인 거울에 문득 내 얼굴이 비치입니다.

기이다란 탄식이 빰위에 아롱져 있습니다. 나는 얼른 머리를 도리켰습니다. 그다지도 슬픈 내 얼굴을 참아 볼 수 없었던 까닭입니다.

바람은 어이하여 창가에 속삭이고 이 밤은 어이 이리 길어 새지 않습니까. 잠은 나를 떠나고 또 내 모든 즐거움은 나를 버렸으니, 오오 내 미칠 듯한 마음이여!

가슴 속에 마치 하늘보다 더 큰 구멍이 뚫어진 것 같습니다. 아무 것으로도 채울 수 없는 이 크다란 구멍을 내 어찌하리이까.

공허! 그렇습니다. 모도 다 잃어버린 듯한 텅 비인 이 심사를 버릴 곳이 없습니다.

내게 있는 것이 무엇입니까.

내 마음이 어찌 이다지도 가난합니까.

이 밤이 다 새이도록 내가 어루만질 수 있는 꿈은 무엇입니까.

하면 나는 사뭇 발광을 해보이리까. 발광쯤으로 신통한 무엇이 나온다고 하리이까.

무엇이 이 철없는 여인의 물욕을 자극시킵니까. '소오윈도' 안에 붉게 푸르게 늘허놓은 문화인의 소비품입니까.

나는 벽에 걸린 내 치마를 봅니다. 왜 좀 더 쨋쨋한 원색의 찬란한 빛깔을 택하지 않었던가 하고 거듭거듭 후회합니다.

내게 무슨 바람이 있습니까. 내가 무엇을 해야 옳습니까. 모도다 싱겁고 우습기 이를데 없습니다.

푸르고 신선한 내 모든 감각- 여기서 피어나는 봄바람같은 즐거움- 이 모든 것은 아마도 내게서 떠났나 봅니다.

그렇기에 내 몸에는 뱀 같이 긴 권태가 칭칭 감기어 있지 않습니까.

권태- 옳습니다. 권태와 공허 이것뿐입니다. 아무것도 없습니다. 나도 그러하고 친애하는 당신도 그러하고-.

나는 벽에 기대어 이렇게 앉어있습니다. 맹랑스럽고 우울한 이 밤을 보내기 위하여 나는 이렇게 먼언히 앉어 있습니다.

될 수 있는 대로 化粧한 글이다. 形容하자니 자연히 '듯이, 같이,처럼'이 많이 나오게 되는데 이것을 適當히 調節한 글이다. '듯이, 같이, 처럼'에 너무 拘碍되면 안 된다. '曲藝師'에 대이면 '그믐달'은 훨신 形容과 音律에 얽매었다. 稻香의 글은 그만해도 新文章으로는 初期의 것이라, 若干치 않은 古色蒼然이 있다.

4. 어느 文體를 取할 것인가

이미 解說한 바와 같이 文體마다 一長一短이 있다. 더구나 文體란 반드시 어느 하나에 偏重해야만 될 性質의 것도 아니다. 꿰에테[3] 같은 偉大한 文人은 어느 文體고 다 自己의 것으로 썼다 한다. 簡明하게 써야 할 場面이나 作品에서는 簡潔體로 썼고, 絢爛(현란)해야 效果的인 場面이나 作品에서는 華麗體로 섰다는 것이다. 거기에 오히려 근 理致가 있으려니와 그러나 구태여 어느 한 文體를 擇한 것이냐 생각한다면 아무래도 功利的으로 檢討하지 않을 수 없다. 가장 여러 사람 性味에 맞을 것 가장 時間的으로 永久性이 있을 것이 가장 優越한 文體라 생각할 수밖에 없다. 가장 여러 사람에게 가장 오랜 世代를 내려가며 닷잡히지 않을 것이란 結局 가장 平凡한 文體일 것이다. 乾燥體는 平凡하나 너무 無味한 편이니 無味하지 않고, 平凡한 것은 아무래도 簡潔體라 할 수밖에 없다. 쏘라아[4]도 또올테에르[5]의 簡明을 배우지 못하고, 루쏘

3) 꿰에테: 괴테.

오[6]의 華麗를 배운 것을 恨嘆한 적이 있고, 芥川龍之介[7]도 文藝作品에 있어서는 簡潔體가 長壽하는 것이 事實이라 하였다.

漢文에서도 '赤壁賦'로 有名한 蘇東坡보다 오히랴 歐陽脩나 韓退之의 文章을 더 높게 評價하는 것은 그들 文章이 가진 簡潔性 때문인 것이다.

그러나 먼저는 自己의 個性이다. 自己의 個性을 죽이면서까지 功利的인 文體만 따를 必要는 없다. 自己 性味에 맞는 文體를 擇해야만 自己에게만 있는 모든 것 自己다운 모든 것을 表現하는 最善의 方法일 것이다. 설사 뒷날에는 어느 文體로 轉換한다 하더라도 于先은 自己 氣質에 맞는 文體를 擇함이 原則일 줄 믿는다. 그리고 以上에 列擧한 幾種의 文體만이 맛이 아니요, 또 修辭學이 分類하는 모든 文體 中의 어느 하나가 아니라도 좋다. 아직까지 名稱이 없는 새것, 自己의 것, 前無後無

---

4) 쏘라아: 미상.

5) 뽀올테에르: 프랑수아 마리 아루에(François Marie Arouet). 필명 볼테르(Voltaire, 1694.11.21~1778.5.30). 프랑스의 계몽주의 작가. 『샤를르 12세사』, 『루이 14세의 시대』, 『각 국민의 풍습·정신론』 등이 대표작이다.

6) 루쏘오: 루소.

7) 아쿠타가와 류노스케(芥川龍之介, 1892~1927): 일본의 소설가. 1913년 제1고등학교를 거쳐 도쿄제국대학 영문과에 입학하여 1916년 졸업했다. 재학 중에 구메마사오[久米正雄], 기쿠치 간[菊池寬] 등과 함께 동인잡지 『신시초(新思潮)』(3·4차)를 펴냈고 1916년 동인잡지에 발표한 단편소설 「코(鼻)」가 나쓰메 소세키(夏目漱石)의 격찬을 받음으로써 화려하게 문단에 등단했다. 「코」는 『라쇼몬(羅生門)』(1915)·『고구마죽(芋粥)』(1916)·『지옥변(地獄變)』(1918)·『덤불숲(藪の中)』(1922) 등과 그가 애독한 헤이안 시대(平安時代) 말기의 설화문학인 『곤자쿠모노가타리슈(今昔物語集)』 또는 『우지슈이모노가타리(宇治拾遺物語)』에 바탕을 둔 것으로, 그의 재기 넘치는 재구성에 의해 인생에 대한 회의와 체념을 해학적으로 표현했다. 그의 초기 작품은 무대를 과거로 옮겨서 괴이한 사건을 소재로 삼는 경우가 많았지만, 거기에 반드시 근대적·심리적 해석을 가미하여 지극히 화려한 수사(修辭)와 함께 독자를 매료시켰다. 그밖에도 역사에서 제재를 취한 작품으로 그리스도교 문학의 문체를 구사한 『수도자의 죽음(奉教人の死)』(1918), 메이지(明治) 개화기의 번역체를 구사한 『개화의 살인(開化の殺人)』(1918), 그리고 오시오 요시오(大石良雄), 다키자와 바킨(瀧澤馬琴), 마쓰오 바쇼(松尾芭蕉) 등 에도 시대(江戶時代)의 저명한 인물들에 초점을 맞추어 그 심리를 새로이 해석하고자 한 『어느날의 오이시구라노스케(或る日の大石內藏助)』(1917)·『게사쿠 잔마이(戲作三昧)』(1917) 등이 있다. 또한 대륙을 무대로 한 『도요새(山鴫)』(1921)·『추산도(秋山圖)』(1921) 등도 독서를 통해 얻은 소재를 토대로 한 작품으로 그의 재능을 엿보기에 충분한 수작이다. 『브리태니커 백과사전』의 일부.

한 文體를 創造하면 그것은 더욱 盛事라 아니할 수 없다. 안리 맛시스[8]는 近代文學이 가장 完成시켜야 할 것은 構想과 함께 스타일의 理想이라 하였다.

그러나 文體論을 말하는 자리에서 矛盾됨일는진 모르나 特別히 技術에 必要한 文章이 아닌 데서는 文體 意識에 瞠目(당목)할 必要는 없다 생각한다. 文體를 强調하다가는 自然스러움을 傷하기 쉬운 때문이다. 파스칼 瞑想錄에 이런 말이 있다.

> 自然스런 文體를 볼 때는 누구나 놀라고 마음을 끌리운다. 왜 그러냐 하면 그들은 一個의 著作家를 보려 期待했다가 一個의 人間을 發見하기 때문이다.

著作家냐? 人間이냐? 먼저 人間이요 높은 것도 人間이다. 비록 著作家로되, 著作家로서의 文章보다 人間으로서의 文章을 쓸 수 있다면 게서 眞實한 文章은 없을 것이다.

5. 文體 發見의 要點

'밤 열시쯤'은 누구나 無心히 할 수 있는 소리다. 그러나 '밤 열점이나 그러한 시각에는'은 누구나 無心히 할 수 없는 소리다. 여기에 作者의 意識的인 個人 行動이 있다. 文體란 社會的인 言語를 個人的이게 쓰는 그 것이다. 個人的이게 쓰려면,

一. 用語에 基本的으로 傾向을 가질 수 있을 것이다.

8) 안리 맛시스: 미상.

"눈물은 아이와 여자들이나 흘릴 것이지 사내 대장부가 흘릴 것은 못된다고 독자 여러분은 말하리라."

"눈물은 兒童과 婦女子의 專屬物이요 男兒 大丈夫의 好尙할 배 아니라 하고 讀者 諸氏는 말하리라."

벌서 用語 傾向이 다르다. 하나는 言語의 傳達性만을 더 發揮하는 俗語를 많이 썼고, 하나는 言語의 象徵性을 發揮하는 術語에 偏重하였다.

二. 組織에 基本的으로 特色을 가질 수 있을 것이다.

"영감은 대답이 없었다. 길게 쉬이는 한숨만 우리의 귀에 들렸다. 우리들도 한참 비웃은 뒤에는 기진하여 잠잠하였다. 무겁고 괴로운 침묵만 흘렀다."와

"나는 다시 한번 살피어 救하기 어려운 疲勞를 그 얼굴에, 그 몸에 가지고 있는 그들이 거의 모두 그의 한 손에 점심 그릇을 싸들고 있는 것을 알았다."

組織이 뚜렷이 다르다. 먼젓 文章은 主格과 客格의 距離(영감은 대답이 없었다.)가 짧다. 다음의 文章은 '나는'에서 '알았다'까지 主格과 客格 사이에 다른 말이 끼어도 퍽 複雜하게 많이 끼었다.

"이 길이 바위를 이처럼 닳리노라고 지나간 발뿌리가 그 얼마나 되었으리. 그것이 집신 時代로부터 고무신이나 구두 時代까지만 치더라도 限量이 없을 것이다."와

"이것이다. 人類의 歷史를 꾸며내려온 動力은 꼭 이것이다. 理性은 透明하되 얼음과 같으며, 知慧는 날카로우나 匣 속에 든 칼이다. 靑春의 끓는 피가 아니더면 人間이 얼마나 슬쓸하랴. 얼음에 사인 萬物은 주검이 있을 뿐이다."

두 글이 다 感嘆性이 있는 글이다. 그러나 하나는 고요하고 沈着한 特色을 갖고, 하나는 힘차고 朗讀調의 特色을 가졌다. 하나는 溫和, 謙虛한 맛이 있고, 하나는 情熱과 音樂的 恍惚이 있다.

[9] 이태준, '문장강화(九)', 『문장』 제9호, 문장사, 1939.10.

第五講 推敲의 理論과 實際

1. 推敲라는 것

글은 思想인 것이나 感情인 것이나 自己 마음 속에 것을 꺼내어 남에게 傳達하려는 데 目的이 있다. 圓滿히 傳達하였으면 目的을 成就한 것이요, 그렇지 못하면 失敗한 것이다. 그런데 글은 心中에 것을 그대로 表現하기에 아주 理想的인 道具냐 하면 決코 그렇지 못한 것이다.

五百年 都邑地를 匹馬로 돌아드니
山川은 依舊하되 人傑은 간데없네
어즈버 太平烟月이 꿈이런가 하노라.

이것은 高麗의 遺臣 吉再의 노래다. 나라 이미 亡하고, 섬기던 임군 가신 길 알 길 없고, 圃隱 같은 忠臣 善竹橋의 이슬이 된 뒤, 그 나라, 그 임군, 그 忠臣의 같은 遺臣으로서 廢都된 松嶽 一境의 山川만 바라보는 吉再의 所懷가 이 석줄 文章에 남김없이 다 들어났으리라고는 믿을 수 없다. 아무리 名文, 名畵, 名談이라도 心中에 것을 百퍼센트로 發表하기는 거의 不可能한 것이다. 그러기에 이루 칙량할 수 없느니, 一筆難記요, 不可名狀인 것을 可及的 心中에 것에 가깝게 表現한 것을 名文, 名畵라, 하겠는데 名文이나 名畵치고 一筆揮之해서 되는 것은 自古로 하나도 없을 것이다. 무엇이나 圓滿히 된 表現이란 반드시 能爛한 技術을 거치지 않는 것이 없을 것이다. 무엇에서나 技術이란 가장 效果的인 方法을 意味한 것이다. 方法이란 偶然이 아니요, 計劃과 努力을 意味한 것이다. 임내내기로 天才인 채플린[9]도 '黃金狂時代'에서 닭의 몸짓을 내기 爲해 養鷄場에 석달을 다녔다는 말이 있다. 一筆에 되는 것은 차라리 偶然이다. 偶然을 바랄 것이 아니라 二筆, 三筆에도 안 되면 百千筆에 이르더라도 心中에 것과 가장 가깝게 나타나도록은 改筆을 하는 것이 文章法의 正道일 것이다. 이렇게 가장 圓滿한 表現을 向해 文章을 고쳐 나가는 것을 推敲라 한다.

---

9) 채플린: 찰스 스펜서, 찰리 채플린 경(Sir Charles Spencer, Charlie Chaplin, KBE, 1889.04.16~1977.12.25)은 영국의 코미디언, 영화감독이자 음악가로 무성 영화 시기에 크게 활약한 인물이다. 그는 장편 영화인 〈키드〉(1921)를 찍은 후 채플린은 UA에서 〈파리의 여인〉(1923), 〈황금광시대〉(1925), 〈서커스〉(1928)를 찍으면서 왕성한 활동을 하게 된다. 1920년대에 출연한 유성 영화에 대해 혐오해하였던 그는 이어 〈시티 라이트〉(1931), 〈모던 타임스〉(1936)를 무성 영화로 촬영한다. 이후 정치적으로 민감한 문제에 귀를 기울이기 시작한 그는 아돌프 히틀러를 풍자한 〈위대한 독재자〉(1940)를 발표하였다. 1940년대에 각종 스캔들과 논쟁에 연루되면서 채플린의 인기는 추락하게 되었고 채플린은 공산주의자의 사상을 동의하였다는 의심을 받게 된다. 1952년에 FBI는 그의 미국 입국을 금지시켰으며 채플린은 스위스로 자리를 잡게 된다. 그는 말년에 '리틀 트램프' 연기를 그만두고 새로운 역할들을 하게 되었는데 이 때 영화들은 〈무슈 베르두〉(1947), 〈라임라이트〉(1952) 등이 있다. 『위키백과』

2. 推敲의 故事

'推敲'라는 術語는 우리 文章人에겐 잊을 수 없는 아름다운 로맨쓰를 傳한다.

鳥宿池邊樹
僧敲月下門

唐 時代의 詩人 賈島의 敍景詩다. 이 詩의 밖알짝, 僧敲月下門이 처음에는 僧敲가 아니라 僧推月下門이었다. 僧推月下門이 아무리 읊어봐도 마음에 들지 않아, 推 밀 추 字 대신으로 생각해낸 것이 敲 두드릴 고字였다. 그래 僧敲月下門이라 해보면 이번엔 다시 推字에 愛着이 생긴다. '推로 할가? 敲로 할가?' 定하지 못한 채 하로는 노새를 타고 거리로 나갔다. 노새 우에서 '推로 할가? 敲로 할가?'에만 熱中했다가 그만 京尹(府尹 같은 벼슬) 行次가 오는 것에 미쳐 避하지 못하고 부드쳐버렸다. 賈島는 京尹 앞에 끌리어나가지 않을 수 없게 되었고, 또 미쳐 비켜서지 못한 理由로 '推로 할가? 敲로 할가?'를 辯明하지 않을 수 없게 되었다. 京尹은 이내 破顔一笑하고 다시 잠간 생각한 뒤에,
'그건 推보다 敲가 나으리다.'
하였다. 京尹은 다른 사람이 아니라 마침 當代 文豪 韓退之였다. 서로 이름을 알고 그 자리에서부터 文友가 되었고, 賈島가 僧推月下門을 韓退之의 말대로 僧敲月下門으로 定해버린 것은 勿論, 이로부터 後人들이 글을 고치는 것을 推敲라 일르게 된 것이다.

3. 推敲의 眞理性

一筆揮之니 文不加點이니 해서 단번에 써냈드리는 것을 재주로 여겼으나, 그것은 決코 敬意를 表할 만한 재주도 아니려니와 또 단번에 스는 것을 敬意를 表할 만한 文章이 決코 나올 수도 없는 것이다. 蘇東坡가 赤壁賦를 지었을 때 친구가 와 며칠만에 지었느냐니까 며칠은 무슨 며칠, 지금 단번에 지었노라 하였다. 그러나 東坡가 밖으로 나간 뒤에 자리 밑이 불숙한데를 들쳐보니 여러 날을 두고 고치고 고치고 한 草稿가 한삼태기나 쌓였더란 말이 있거니와, 고칠수록 좋아지는 것은 文章의 眞理다. 이 眞理를 버리거나 숨기는 것은 어리석다. 같은 中國 文豪라도 歐陽脩같은 이는 推敲를 公共然하게 자랑삼아 하였다. 草稿는 반드시 壁 우에 부쳐놓고 들어가고 나올 때마다 읽어보고 고치었다. 그의 名作의 하나인 '醉翁亭記'를 草할 때, 첫머리에서 滁洲(저주)의 風光을 描寫하는데 疊疊히 둘린 山을 여러 가지로 描寫해 보다가 고치고 고치어 나중엔 '環滁皆山也' 다섯 字로 滿足하였다는 것은 너무나 널리 傳하는 이야기거니와 露西亞의 文豪 떠스떠예프스키도 톨스토이를 부러워 한 것은 그의 재주가 아니라,

"그는 얼마나 悠悠하게 原稿를 쓰고 앉았는가?"

하고 稿料에 急하지 않고 얼마던지 推敲할 時間的 餘裕가 있었음을 부러워한 것이다. 露西亞 文章을 가장 아름답게 썼다는 트르게네프는 어느 作品이던지 써서는 곧 發表하는 것이 아니라 冊床 속에 넣어두고 석달에 한번씩 내여보고 고치었다는 것이요, 꼴키-도 체홉과 톨스토이에게서 무엇보다 文章이 거칠다는 批評을 받고부터는 어찌 推敲를 甚히 했던지 그의 친구가,

"그렇게 자꾸 고치구 주리다간 어떤 사람이 낳다, 사랑했다, 결혼했다, 죽었다 네 마디밖에 안 남지 않겠나?"

했단 말도 있다. 아무턴 두 번 고친 글은 한 번 고친 글보다 났고, 세 번 고친 글은 두 번 고친 글보다 나은 것은 眞理다. 古今에 名文章家치

고 推敲에 애슨 逸話가 없는 사람이 없다.

4. 推敲의 標準

어떻게 고칠 것인가? 거기엔 먼저 標準이 있어야 할 것이다. 이 標準이 確乎하지 못하기 때문에 허턱[10] 아름답게, 허턱 굉장하게, 허턱 流暢하게 구미려든가. 허턱 아름답고, 허턱 굉장하고, 허턱 流暢한 글은 粉과 베니를 허턱 바르는 것 같은, 도리어 美를 죽이는 化粧이다.

먼저 든든히 직히고 나갈 것은 마음이다. 表現하려는 마음이다. 人物이던, 事件이던, 情景이던, 무슨 생각이던, 먼저 내 마음 속에 드러왔으니까 나타내고 싶은 것이다. '그 人物, 그 事件, 그 情景, 그 생각을 품은 내 마음'이 如實히 나타났나? 못 나타났나? 오직 文章의 標準은 그 點에 있을 것이다. 文章을 爲한 文章은 피 없는 文章이다. 文章 혼자만이 決코 아름다울 수 없는 것이다. 마음이 먼저 아름답게 느긴 것이면, 그 마음만 如實히 나타내여 보라. 그 文章이 어찌 아름답지 않고 견딜 것인가?

글을 고친다면 으레 華麗하게 流暢하게, 작고 文句만 다듬는 것으로 아는 것은 큰 認識不足이다.

5. 推敲의 實際

어느 한 文章을 實際로 推敲하랴면 그 原文章에 따라 推敲됨도 千態萬象일 것이나, 最近에 내가 事實 읽어보고 推敲해야 될 데를 指摘해 준 一聯의 文章을 여기 引用한다.

---

10) 허턱: (북한어) 이렇다 할 이유나 근거 없이 함부로.

교문을 나선 제복의 두 처녀, 짧은 水兵服 밑에 쪽 곧은 두 다리의 각선미, 참으로 씩씩하고 힘차 보인다. 지금 마악 운동을 하다 돌아옴인지, 이마에 땀을 씻는다. 얼굴은 홍분하야 익은 능금빛 같고 무엇이 그리 즐거운지 웃음을 가뜩 담은 얼굴은 참으로 기쁘고 명랑해 보인다.

一. 用語를 보자.

于先 '각선미'란 말과 '홍분'이란 말이 當치 않다. 俳優나 有閑處女가 아니요 오직 水兵服을 입은 中學生에겐, 설혹 다리가 곱더라도 '제법 각선미가 나타나는 ……' 程度로는 쓸지언정, 決定的으로 指定해 쓰기에는 誇張이요, 感情에서가 아니라 단순히 肉體的으로 운동을 해서 이글이글해진 얼굴을 '홍분'으로 부르는 것도 誤診이다. '홍분'은 感情을 더 가리키는 말이다.

그리고 또 無意味한 단골말이 있다. '씩식하고 힘차'는 거의 샅은 말이다. 그 中에 어느 하나는 無意味한 것이요, '참으로 씩씩하고…', '참으로 기쁘고…'에 副詞 '참으로'가 단골이 되었다. 어느 하나는 '퍽'으로 고치어야 할 것이다. '씩씩해 보인다', '명랑해 보인다'의 '보인다'도, '돌아옴인지', '즐거운지'의 토 '지'도 단골이 되었다. '얼굴은 홍분하야', '웃음을 가뜩 담은 얼굴에'에 '얼굴은'도 하나는 無意味라기보다 도리혀 同一 主語가 두 번씩 나오기 때문에 文意를 混亂시킨다. 둘 中의 하나씩은 고치고 없새고 해야 한다.

교문을 나선 제복의 두 처녀, 짧은 水兵 밑에 쪽 곧은 두 다리, 퍽 씩씩하다. 지금 마악 운동을 하다 돌아옴인 듯, 이마에 땀을 씻는다. 얼굴은 상기되여 익은 능금빛 같고, 무엇이 그리 즐거운지 웃음을 가뜩 담어 참으로 기쁘고 명랑해 보인다.

二. 矛盾과 誤解될 데가 있나 없나 볼 것이다.

'두 처녀'와 '두 다리'가 맞지 않는다. 다리가 하나씩밖에 없는 處女들이 된다. 그렇다고 '네다리'라 하면 너머 算術的이다. 그러니까 둘이니 넷이니 할 것이 아니라 그냥 '다리들'하면 될 것이요, 또 '교문을 나선'이란 말은, 誤解되기 쉬운 말이다. 下學 後의 退校로보다 '卒業'을 더 聯想시키는 말이기 때문이다.

그런데 첫머리의 '교문을 나선'이 名詞나 動詞를 바꿔 놓는 것으로 얼근 고쳐질 性質의 것이 아니다. '교문을 나선'이란 말에 '卒業'이란 推想性을 없애기 爲해선 , '교문'과 나서는 學生들의 모양, '제복'을 좀 더 現實味가 나게 描寫할 必要가 있다.

> 흰 돌기둥의 교문을 나선 푸른 水兵服의 두 처녀, 짧은 스카트 밑에 쪽 곧은 다리들. 퍽 씩씩하다. 지금 마악 운동을 하다 돌아옴인 듯, 이마에 땀을 씻는다. 얼굴은 상기되여 익은 능금빛 같고, 무엇이 그리 즐거운지 웃음을 가뜩 담어 참으로 기쁘고 명랑해 보인다.

三. 印象이 鮮明한가? 不鮮明한가? 亂視作用을 하는 데가 있나 없나 보자.

印象이 鮮明치 못하다. 亂視를 일으키는 데가 있다. 교문을 '나온'이 아니라 '나선'이요, 얼굴을 먼저 말한 것이 아니라 '쪽 곧은 두다리'를 말했다. 確實히 뒤로 보는 印象이다. 저-쪽으로 사라져 가는 두 女學生을 讀者의 머릿속에 그리며 나려가는데 갑자기 '돌아옴인 듯'이란 앞으로 날아나는 印象의 말이 나왔다. 亂視가 일어난다.

또 '다리들'까지는 두 女學生인데, 그 以下에는 한 女學生은 없어졌다. 女學生이 두 名인 數를 잊어선 안 된다.

> 흰 돌기둥의 교문을 나선 푸른 水兵服의 두 처녀. 짧은 스카트 밑에 쪽 곧은 다리를, 퍽 씩씩하다. 지금 마악 운동을 하다 나선 듯, 이마에 땀을

씻는다. 얼굴들은 상기되여 익은 능금빛 같고, 무엇이 그리 즐거운지 웃음을 가득 담어 참으로 기쁘고 명랑해들 보인다.

이렇게 하고도 큰 亂視作用이 하나 남는다. 또 動作들이 모호하다. '쭉 곧은 다리들'에서는 돌아선 뒷모양이 느껴지고 '씩씩하다'에서는 가만히 머물러 있지 않고, 活潑히 動作하는 豫感을 준다. 그래 두 女學生이 가볍고도 또박또박한 거름으로 돌아서 가는 모양이 讀者의 머릿속에 떠오른다. 그런데 '이마에들 땀을 씻는다. 얼굴들은'에서부터 全部는 앞으로 보는 說明이다. 여기에 이 글의 大手術을 免치 못할 運命이 있다.

그러면 어떻게 手術할 것인가? 前半을 標準하여 두 女學生이 뒷모양으로 사라지게 할 것인가? 後半을 標準하여 前面으로 向해 오게 할 것인가? 두 가지로 다 한 번 고쳐보자.

(가) 저쪽으로 사라지는 경우(第一稿)

흰 돌기둥의 교문을 나선 푸른 水兵服의 두 처녀, 짧은 스카트 밑에 쭉 곧은 다리들, 퍽 씩씩하게 걸어간다. 지금 마악 운동을 하다 나선 듯, 책보를 들지 않은 다른 팔로들은 그저 뻗었다 굽혔다 해보면서, 그 팔로 땀들을 씻는 듯 이마를 문지르기도 한다. 귀까지 새빨간 꽃송이처럼 피여가지고 저이 소리에들은 드끄럽지도 않은지 골목이 온통 왁자-하게 떠들며 간다.[11]

(나) 이쪽으로 오는 경우(第一稿)

흰 돌기둥의 교문을 나온 푸른 水兵服의 두 처녀, 얼굴이 모다 익은 능금빛처럼 이글이글하다. 지금 마악 운동을 하다 나오는 듯, 이마에들 땀을 씻으며 그저 숨찬 어조로 웃음 반, 말 반 떠들며 온다. 짧은 스카트 밑에 쭉쭉 뻗어나오는 곧은 다리들 누구에게나 퍽 힘

11) 이태준(1941)에서는 '저이 소리에들은 드끄럽지도 않은지'를 생략하였음.

차고도 경쾌해 보인다.

四. 될 수 있는 대로 주리자.

있어도 괜찮을 말을 두는 寬大보다, 없어도 좋을 말을 그여히 찾아내여 없애는 神經質이 文章에 있어선 美德이 된다.

먼저 (가)에 있어 읽어보면 '지금 마악'에 '지금', '책보를 들지 않은 다른 팔로들은'에 '다른', '그 팔로 땀들을'에 '그 팔로', '귀까지 새빨간 꽃송이로'에 '새빨간', '골목이 온통 왁자-'에 '온통' 等 다 없어도 좋을 말들이다. 이 없어도 좋을 말들을 다 뽑아버려 보라. 雜草를 뽑은 꽃이랑처럼 행결 맑은 기운이 풍길 것이다.

(가) 저쪽으로 사라지는 경우(第二稿)

흰 돌기둥의 교문을 나선 푸른 水兵服의 두 처녀, 짧은 스카트 밑에 쪽 곧은 다리들, 퍽 씩씩하게 걸어간다. 마악 운동을 하다 나선 듯, 책보를 들지 않은 팔로들은 그저 뻗었다 굽혔다 해보면서 땀뜰을 씻는 듯, 이마를 문지르기도 한다. 귀까지 꽃소이처럼 피여가지고, 저이 소리에들은 드끄럽지도 않은지, 골목이 왁자-하게 떠들며 간다.

다음, (나)에 있어서도, '익은 능금빛처럼'에 '익은'과 '빛', '지금 마악'에 '지금', '누구에게나 퍽'에 '누구에게나' 等은 다 없어도 좋을 말들이다.

(나) 이쪽으로 오는 경우(第二稿)

흰 돌기둥의 교문을 나온 푸른 水兵服의 두 처녀. 얼굴이 모다 능금처럼 이글이글한다. 마악 운동을 하다 나오는 듯 이마에들 땀을 씻으며 그저 숨찬 어조로 웃음 반, 말 반으로 떠들며 온다. 짧은 스카트 밑에 쪽쪽 뻗어나오는 곧은 다리들, 퍽 힘차고 경쾌해 보인다.

五. 처음의 것이 있나? 없나?

여러번 고치었다. 글은 勿論 나어졌다. 그러나 글만 작고 고쳐나가다가는 글보다 貴한 것을 잃어버리는 수가 있다. '처음의 것'이란 처음의 글이 아니다. 처음의 '생각'과 처음의 '新鮮'을 가리킴이다. 글 만드는 데만 끌려나오다가 처음의 '생각'과 처음의 '싱싱'함을 이즈러트렸다면 그것은 도리혀 失敗다. 小學生들의 글이 文法的으로는 서투러도 차라리 率直한 힘은 처음의 '생각'대로, '新鮮'채로 써놓은 것이기 때문이다. 백번이라도 고치되 끝까지 꾸기지 말고 지녀나갈 것은 이 처음의 '생각'과 처음의 '新鮮'이다.

이 처음의 것들을 이즈러트릴 염려가 없게 하기 爲해서는,

1. 最初 執筆時의 생각과 氣分을 自己 自身에게 鮮明히 記憶시킬 것.
2. 중얼거리며 고치지 말 것. 不知中에 작고 소리를 내며 읽어보기가 쉬운데, 그렇게 하다가 뜻에만 날카롭지 못하고 音調에 끌리어 概念的인 修辭에 빠지기 쉽다.
3. 앉은자리에서 작고 고치지 말 것. 글은 실처럼 急할수록 옥친다. 피곤해지는 머리로는 '新鮮'을 살려나가지 못한다. 여러날 만에, 남의 글처럼 낯설어진 때에 고치는 것이 理想的이다.

六. 이 表現에 滿足할 수 있나? 없나?

나중에는 文章이 問題가 아니다. 文章에선 이 우읫 다섯가지 條件에 다 패쓰하였더라도, '내가 表現하려는 것이 이것인가?', '이것으로 내 自身이 圓滿한가?' 한 번 따지고 내여놓은 것이라야 隻句斷章이라도 비로소 '自己의 表現'이라 내셀 수 있을 것이다.

이태준, 文章의 古典, 現代, 言文一致 -'文章講話' 노트에서-, 『문장』 제2권 제3호, 문장사, 1940.3.

古典

우리 散文文章에서 古典이라고 찾는다면 正音 以前엔 吏讀文으로 傳해오는 歌謠뿐으로, 아무래도 正音 以後의 것인데, 綸音諺解 같은 것은 求讀하기 어렵고 一般으로 盛히 實用한 듯한 內簡文들은 본대 後世에 傳해질 性質의 것이 稀少했고, 興夫傳, 春香傳 等 民譚과 이야기 冊과 閑中錄, 仁顯王后傳 等 傳記文뿐인데 이 中에도 民譚과 이야기 冊은 모다 朗讀과 唱하기 爲하야 記錄된 것이라 純粹한 散文이 아니다. 그러므로 春香傳 같은 것의 一節, 아무데서나 읽어봐도 이내 四四調가 잘 나오는 대신, 요즘말로 '레알'이란 아조 稀薄한 文章이다.

四四調 文章이매 이들 散文으로 評價하려는 것은 마치 讚頌歌를 詩로서 評價하려는 것이나 마찬가지 誤診이다. 이것은 歌詞들이라 音樂의 半面이 함게 가추어야 그 價値의 全部가 表現되는 것으로 獨立한 文

章으로서 取扱은 애초에 可當치 않다.

오직 '閑中錄' 같은 것이 朝鮮의 散文 古典일 따름이다. '閑中錄'의 存在는 우리 散文의 金字塔이다. 나는 가람 先生의 梅花屋에서 그 序文만을 처음 구경했을 때의 恍惚! 主人과 함께 침이 다하도록 四五次를 읽고 당장 베껴까지 가지고 왔던 글이다.

그 찬찬하고 짜르르한 맛, 실로 치면 명주실이다. 簡潔해 典雅한 古致가 있고, 節章이 치렁치렁해선 情에 委曲한 것이라던지 李朝가 낳은 文章의 '高麗磁器'다.

그 外에 아직 내가 求讀한 範圍 內로는 '仁顯王后傳', 仁穆王后의 傳敎한 쪽, 筆者 未詳의 祭文 몇 가지인데 過去에 있어 完成한 境域에 이르는 것은 亦是 이런 內簡體의 文章일 따름이다.

글이나 사람이나 나이에 들어선 마찬가지다. 오란 世代를 겪어온 글은 老人과 같이 不安스럽지 않다. 위태로운 것이였으면 이미 제 當代에서 없어진지 오랬을 것이다. 여탯것 여러 사람들이 값진 그릇처럼 떠받들어온 글이면 亦是 값진 그릇임엔 틀림없다. 먼저 安心하고 읽을 수 있어 좋다.

옛글은 情이 厚해 좋다. 神經衰弱은 모르던 時代라 寬厚하고 또 手工業 時代라 精神的 生産도 多少 거칠면서도 敦篤하고 純一한 品이 淳民良俗의 德氣가 그냥 풍긴다.

古典은 아득해 좋다.

時間으로 아득함보다 오히려 異國的이요 神秘的이다. 古鏡照神의 그윽한 境地는 古塔의 蒼苔와 같이 年祖라는 自然이 얹어주고가는 價値이다. 蒼然함! 오래 올궈야 나오는 마른 버섯과 같은 香氣! 이것은 아모리 名文이라도 一朝一夕에 修辭할 수 없는, 古典만이 두룰 수 있는 種種 背光인 것이다.

現代

文章에 있어 '現代'의 話頭로 나설 것은 먼저 言文一致 文章이다.

그 좋은 內簡體 文章은 閨房에서나 通用할 것으로 돌려놔지고, 소리 曲調인 이야기 冊 文章들은 광대와 머슴군들이나 외이는 것으로 放下되였다. 오직 漢文에서 벗어나려는 苦悶만으로,

> 山水의 勝은 마땅히 江原의 嶺東으로써 第一을 삼을지니라. 高城의 三日浦는 淸妙한 中 濃麗하고 幽閒한 中 開郎하야…
>
> (李重煥의 '擇里志'를 懸吐한 것)

이런 半譯 運動과 한글 硏究家들의,

> 길이 없기어던 가야지 못하리요마는, 그 말미암을 당이 어대며 본이 없기어던 말이야 못하리요마는, 그 말미암을 바가 우었이뇨…
>
> (金科奉 著, '말본'의 一節)

式의 言語 淨化運動이 合勢되자 이속에서 誕生하여 現代 文章의 大道를 열어놓은 것은 言文一致의 文章이다.

(六堂이 〈少年〉과 〈靑春〉誌에서)

> 이 이약은 次次 맛있난데로 들어가나니 껄니버가 巨人國에서 무삼 英特한 일을 當하얏난디 滋味는 이 다음에 또 보시오.
>
> (〈少年〉 創刊號에 난 '巨人國漂流記' 譯文 一回分 끝에 붙은 編輯者의 말)

이렇듯 大膽하게 試驗한 言文一致 文章을, 金東仁은 短篇에서, 春園은 〈無情〉 以後 가장 通俗性 있는 長篇들에서,

봄의 황혼은 유난히도 짜르고 또 어둡다. 해가 시루봉 우에 반쯤 허리를 걸친 때부터 벌서 땅은 어두어진다. 마치 촉촉한 봄의 흙에서 어두움이 솟아오르는 듯하였다.

('흙'의 一節)

이렇게 完成해 버린 것이다.

春園에 와 完成된 이 言文一致 文章이 곧 現代性의 現代 文章이란 것은 아니다. 現代性을 着色하려 苦悶하는, 모-든 新文章들이 이 言文一致 文章을 母體로 하고, 各樣各種으로 分化作用을 일으키는 것만은 事實이라 하겠다.

言文一致의 文章은 틀림없이 母體文章, 基礎文章이다. 民衆의 文章이다. 앞으로 어떤 새 文體가 나타나든, 다 이 밭에서 피는 꽃일 것이다.

거듭 말하거니와 言文一致 文章은 民衆의 文章이다. 個人의 文章, 卽 스타일은 아니다. 個性의 文章일 수는 없다. 言文一致 그대로는 이 앞으로는 藝術家의 文章이기 어려울 것이다. 이것은 言文一致 文章을 헐어 말함도 아니요, 또 그의 不名譽도 決코 아니다. 言文一致 文章은 永遠히 廣大한 權威에서 民衆과 生活할 것이다.

여기에 文章의 '現代'가 誕生되는 것이다. 言文一致 文章의 完成者 春園으로도 言文一致의 倦怠를 느끼는지 오래지 않나? 생각한다. 이 倦怠文章에서 解脫하려는 努力, 李箱 같은 이는 感覺편으로, 鄭芝溶 같은 이는 內簡體에 鄕愁를 못이기여 新古典的으로, 朴泰遠 같은 이는 語套를 달리해, 李孝石, 金起林 같은 이는 모던이슴 편으로, 가장 두렷들하게 自己 文章들을 開拓하며 있는 것이다.

朝鮮의 個人 文章, 藝術 文章의 花園은 아직 明日에 屬한다.

言文一致 文章

말을 文字로 記錄한 것이 文章이라 말한 적이 있다. 勿論 그렇다. 言文一致의 文章이다.

그러나 그대로 文字로 記錄한 것이 文章일 수 없다. 이것도 勿論이다. 民衆에게 있어선 文章이나 文藝에 있어선 文章일 수 없단 말이 成立된다.

말을 그대로 적은 것, 말하듯 쓴 것, 그것은 言語의 錄音이다. 文章은 文章인 所以가 따로 必要하겠다. 말을 뽑으면 아모것도 남는 것이 없다면 그건 書記의 文章이 아닐가. 말을 뽑아내여도 文章이기 때문에 맛있는, 아름다운, 魅力 있는, 무슨 要素가 있어야 할 것 아닐가. 現代 文章의 理想은 그 点에 있을 것이 아닐가. 言文一致는 實用이다. 用途는 記錄뿐이다. 官廳에 被告에 關한, 波瀾重疊한 調書가 山積하였어도 그것들이 藝術이 못되는 点은 먼저 書記의 文章, 個性이 쓰지 않고, 事件 自體가 쓴 記錄文章인 것이 重大 原因일 것이다.

言語는 日常生活이다. 演技는 아니다. 그러므로 平凡한 것이요, 皮相的인 것이요, 概念的인 것을 免치 못한다. 一一히 銳利하려, 深刻하려, 高度의 效果로 飛躍하려 하지 못한다.

藝術家의 文章은 生活하는 器具는 아니다. 創造하는 道具다. 言語가 및이지 못하는, 對象의 核心을 집어내고야 말려는 恒時 矯矯不群하는 野心者다. 어찌 言語의 附屬物로, 生活의 器具만으로 自安할 것인가!

文藝家는 먼저 言文一致 文章에 入學은 해야 한다. 그리고 되도록 빨리 言文一致 文章을 優秀한 成績으로 卒業해야 할 것이다.

文章講話
李泰俊 著
원전

昭和十五年四月十五日 印刷
昭和十五年四月二十日 發行

文章講話
定價金一圓六十錢
送料 九錢

著者 李泰俊
京城府鍾路二丁目一〇〇
發行者 金鍊萬
京城府仁寺町一一九之三
印刷人 李相五

發行所 京城 鍾路 韓靑뻴딩 三層 文章社
振替京城二五〇七〇番・電話光化門一六二七番

目 次

目次

目次

文範 目次

概念的인것이다。一一히 銳利하려、深刻하려、高度의 効果로 飛躍하려 하지 못한다。藝術家의 文章은 生活하는 器具는 아니다。創造하는 道具다。言語가 맺이지 못하는 對象의 核心을 집어내고야 말려는、恒時 矯矯不羣하는 野心者다。어찌 言語의 附屬物로、生活의 器具만으로 自安할것인가!

文藝家는 먼저 言文一致文章에 入學은 해야한다。그리고 되도록 빨리 言文一致文章을 優秀한 成績으로 卒業해야 할것이다。

文章講話 終

3 言文一致文章의 問題

말이 나온김에 좀 獨斷的이나마 言文一致文章에의 褒貶을 分明히 해보고싶다。

말을 文字로 記錄한것은 文章이라 하였다。勿論 文章이다。言文一致의 文章이다。그러나 말을 그대로 文字로 記錄한것이 文章일수 없다。이것도 勿論이다。民衆에 있어서는 文章이나 文藝에 있어선 文章일수 없단 말이 「現代」에선 成立된다。

말을 그대로 적은것, 말하듯 쓴것、그것은 言語의 錄音이다。文章은 文章인 所以가 따로 必要하겠다。말을 뽑으면 아모것도 남는것이 없다면 그건 書記의 文章이 아닐가 말을 뽑아내어도 文章이기 때문에 맛있는、아름다운、魅力있는、무슨 要素가 남어야 할것 아닐가 現代文章의 理想은 그点에 있을것이 아닐가。

言文一致는 實用이다。用途는 記錄뿐이다。官廳에 被告에 關한、波瀾重疊한 調書가 山積하였어도 그것들이 藝術이 못되는 点은 먼저 書記의 文章、個性이 쓰지 않고 事件自體가 쓴 記錄文章인것이 重大原因일것이다。

言語는 日常生活이다。演技는 아니다。그러므로 平凡한것이요、皮相的인것이요

章이란것은 아니다。現代性을 着色하려 苦悶하는、모ー든 新文章들이 이 言文一致文章을 母體로하고 各樣各種으로 分化作用을 일으키는것만은 事實이라 하겠다。

言文一致의 文章은 틀림없이 母體文章、基礎文章이다。民衆의 文章이다。앞으로 어떤 새文體가 나타나든、다 이발에서 피는 꽃일것이다。

거듭 말하거니와 言文一致文章은 民衆의 文章이다。個人의 文章、卽 스타일은 아니다。個性의 文章일수는 없다。言文一致 그대로는 이앞으로는 藝術家의 文章이기 어려울것이다。이것은 言文一致文章을 헐어 말함도 아니요 또 그의 不名譽도 決코 아니다。言文一致文章은 永遠히 廣大한 權域에서 民衆과 더브러 生活할것이다。

여기에 文章의「現代」가 誕生되는것이다。言文一致文章의 完成者 春園으로도 言文一致의 倦怠를 느끼는지 오래지 안나 생각한다。이 倦怠文章에서 解脫하려는 努力、李箱 같은이는 感覺편으로、鄭芝溶 같은이는 內簡體에의 鄕愁를 못 이기어 新古典的으로、朴泰遠 같은이는 語套를 달리해、李孝石、金起林 같은이는 모던이슴편으로 가장 두렷들하게 自己文章들을 開拓하며 있는것이다。

朝鮮의 個人文章、藝術文章의 花園은 아직 明日에 屬한다。

이런 半飜譯運動과 한글 研究家들의

길이 없기어면 가지야 못하리요마는、그 말미암을 땅이 어대며 본이 없기어면 말이야 못하리요마는、그말미암을바가 무엇이뇨

(金枓奉著「말본」의 一節)

式의 言語淨化運動이 合勢되자 이속에서 誕生하여 現代文章의 大道를 열어놓은 것은 言文一致의 文章이다。六堂이「少年」誌와「青春誌」에서

이 이약은 次次 맛있는대로 들어가나니 절니버가 이 巨人國에서 무삼 英特한 일을 當하였난디 그 滋味는 이다음에 또 보시오

(「少年」創刊號에 난「巨人國漂流記」一回分 끝에 붙은 編輯者의 말)

이렇게 大膽하게 試驗한 言文一致文章을、東仁은 短篇에서、春園은「無情」以後 가장 通俗性 있는 長篇들에서

봄의 황혼은 유난히도 짜르고 또 어둡다。해가 시루봉 우에 반쯤 허리를 걸친때부터 벌서 땅은 어두어진다。마치 축축한 봄의 흙에서 어두움이 솟아오르는듯 하였다。

(春園의「흙」의 一節)

이렇게 完成해버린것이다。春園에 와 完成된 言文一致文章이 곳 現代性의 現代文

神的生産도 多少 거칠면서도 敦篤하고 純一한 品이 淳民良風의 德氣가 그냥 풍긴다。古典은 아득해 좋다。時間으로 아득함은 空間으로 아득함보다 오히려 異國的이요 神秘的이다。古鏡照神의 그윽한 境地는 古塔의 蒼苦와 같이、年祖라는、自然이 얹어주고 가는 價値이다。蒼然함! 오래 오래 울궈야 나오는 마른 버섯과 같은 香氣! 이것은 아모리 名文이라도 一朝一夕에 修辭할수 없는、古典만이 둘를수 있는 一種 背光인것이다。

2 文章의現代

文章에 있어「現代」의 話頭로 나설것은 먼저 言文一致文章이다。그좋은 內簡體는 閨房에서나 通用할것으로 돌려놔지고、소리曲調인 이야기冊文章은 광대나 머슴군들에 放下되였다。오직 漢文에서 벗어나려는 苦悶만으로、

> 山水의 勝은 마땅히 江原의 嶺東으로써 第一을 삼을지니라 高城의 三日浦는 淸妙한中 濃麗하고 幽閒한中에 開朗하야 淑女의 靚粧한것처럼 愛할만하고 敬할만하며……
>
> (李重煥의 純漢文「擇里誌」를 懸吐한것)

동네 匠人에게 매이런들、어찌 능히 매일손가。한팔을 떼어낸듯、한다리를 비어낸듯、아깝다 바늘이어。가슴을 만저보니 꽂히었던 자리 없네。嗚呼慟哉라、내 삼가지 못한 탓이로다。無罪한 너를 만친이 백인이、由我而死라 누를 恨하며 누를 怨하리요。능난한 性品과 工巧한 才質을 나의 힘으로 어찌 다시 바라리요。絶妙한 儀形은 눈속에 삼삼하고 特別한品才는 心懷가 상맥하다。비록 物件이나 無心치 아니하야 後世에 다시 만나 平生同居之情을 다시 이어 百年苦樂과 生死를 한가지로 하기 바라노라。嗚呼慟哉라 바늘이어。

時代、作者、다 未詳이다。바늘 貴하던 時代라 二十七年이나 쓰던 바늘이 부러졌으니 이만치 哀切한 述懷도 있을법하다。式辭文다운 朗讀調를 가졌다。이런 어려석하고、餘裕있는 맛도 古典만이 가져서 賤하지 않은 特權이다。

글이나 사람이나 나이에 들어선 마찬가지다。오랜 世代를 겪어온 글은 老人과 같이 不安스럽지가 않다。위태로운것이였으면 이미 제當代에서 없어진지 오랬을것이다。여탯것 여러사람들이 값진 그릇처럼 떠받들어온 글이면、亦是 값진 그릇임엔 틀림 없다。먼저 安心하고 읽을수 있어 좋다。

옛글은 情이 厚해 좋다。神經衰弱은 모르던 時代라 寬厚하고 또 手工業時代라 精

스럽고 迷惑지 아니하리오。 아깝고 불상하며 섭섭하도다。 나의 身勢 薄命하야、 膝下에 한子女 없고、 人命이 凶頑하야 일즉 죽지 못하고、 家産이 貧窮하야 針線에 마음을 붙여 저것으로 시름을 잊고 生涯를 도움이 적지아니하더니、오늘날 너를 永訣하니 嗚呼慟哉라。 이는 鬼神이 猜忌하고 하늘이 미워하심이로다。

아깝다 바늘이여。 어여쁘다 바늘이여。 네 微妙한 品質과 特別한 才質을 가졌으니 物中의 驗物이요 鐵中의 錚錚이라、 敏捷하고 날래기는 百代의 俠客이요、 굳세고 곧기는 萬古의 忠節이라 秋毫 같은 부리는 말하려는듯 하고、 두렷한 귀는 소리 듣는듯 하는지라。 綾羅와 緋緞에 鸞鳳孔雀을 繡놓을제、 그 敏捷하고 神奇함은 鬼神이 돕는듯 하니、 어찌 人力의 미칠바리오。 嗚呼慟哉라。 子息이 貴하나 손에 놓을 때도 있고、 婢僕이 順하나 命을 거스를 때도 있나니 너의 微妙한 氣質이 나의 前後에 酬應함을 생각하면 子息에게 지나고 婢僕에게 지나는지라。 天銀으로 집을 하고、 五色으로 波瀾을 놓아、 결고름에 채였으니 婦女의 노리개라。 밥 먹을적 만저보고 잠 잘적 만저보고、 널로 더부러 벗이 되어、 夏至日과 冬至夜에 燈盞을 相對하야 누비며 호며 감치며 박으며 공고를 때에、 겹실을 꾀였으니 鳳尾를 두루는듯 땀땀이 떠어갈적에 首尾가 相應하고 솔솔이 붙여내매 造化가 無窮하다。

人生百年 同居하려더니、 嗚呼慟哉라 바늘이여。 今年 十月 初十日 戌時에 熹微한 燈盞 아래서 冠帶 깃을 달다가 無心中間에 자끈동 부러지니、 깜짝 놀라와라。 아야아야 바늘이여、 두동강이 났구나。 精神이 아뜩하고 頭骨이 깨치는듯하매、 이윽도록 氣塞昏絶하였다가 겨오 精神을 차려 만저보고 이어본들、 속절없고 할일없다。 扁鵲의 神術로도 長生不死 못하였네

음을 무릎에 앉히시던것、머리를 어루만지시던것、큰아버님과 아버님의 부임지로 친히 이끌고 다니시던것、빠침없이 사설하였으되 넉두리처럼 흐들갑스럽지 않다。曲曲盡盡한 抒情이 古文다운 風韻이다。

祭針文

維歲次某年某月某日에 未亡人 某氏는 두어字 글로써 針子에게 告하노니、人間婦女의 손가온데、종요로운것 바늘이로되、世上 사람이 貴히 아니 여기는것은 到處에 흔한바이로다。이 바늘은 한낱 적은 물건이나、이렇듯이 슬어함은 나의 情懷 남과 다름이라。嗚呼慟哉라。불상하고 불상하다。너를 얻어 손가온대 진긴지 于今 二十七年이라 어이 人情이 그렇지 아니하리오。

哀哉라。

눈물을 잠깐 걷우고 心神을 겨우 鎭定하여、너의 行狀과 나의 懷抱를 총총히 적어 永訣하노라。

年前에 우리 媤三寸께옵서 冬至使 落點을 무르(蒙)와 北京을 다녀 오신 後에 바늘 여러쌈을 주시거늘、친정과 遠近 일가에게 보내고、婢僕들도 쌈쌈이 낱낱이 나눠 쓰고、그中에 너를 擇하야、손에 익히고 익히어、지금까지 偕老되였더니、哀哉라、緣分이 非常하야 바늘을 無數히 잃고 부러쳐 바렸으되、오즉 너 하나를 永久히 保全하니、비록 無心한 物件이나 어찌 사랑

그後 생각하니 이게 다 우리 조모의 은근하신 일념(一念)이 자모(慈母) 같으심이라 및 칠세(七歲)에 비로소 집에 돌아오니 조모 상해 무릎에 두시고 담발을 어루만지시고 분감합이하사 고이(귀엽게)하시기를 특별히 다르게 하사 해를 연하여 조모 백부(伯父)의 심도(沁島∥江華島) 완영(完營∥全州) 임소(任所)와 및 가군(家君∥여기서는 아버지를 가리킴 같음)의 백천(白川) 서흥(瑞興) 관아(官衙)에 가시는데 따라 매양 조모곁에 유희(遊戲)하야 개열(慨悅)하신 낯을 우러러 엳삽고 금춘(今春) 회근(回甲)연석에 모든 자손이 수놓은 자리와 구술찬 앞에 칭상축수(稱觴祝壽)하오매 소손도 또한 받들어 드리고 절하니 조모 보시고 웃으시더니 겨우 수월(數月)만에 우리 조모 영연(靈筵)에 어찌 울줄을 뭇하였아오리까 소손으로하여금 좀 자라 관례(冠禮)하고 장가드난 예를 행하오나(행하더라도) 어찌 가히 다시 즐김을 이바지하고 경사를 고함을 얻사오리까 생각하오매 실성장호(失性長號)할 따름이로소이다。인불이 장차 왕리조역지내로 향하옵시니 이후 시절에 가 성묘하와 거이 종신추모(終身追慕)하옵는 정성을 붙이오리까 애의통재(哀矣慟哉)라 유아(唯我) 조모(祖母)는 흠향(歆饗)하옵소서

時代와 祭主가 다 未詳하고 첫머리가 없어진 祭文이다。梨專 博物室의 所藏인바 孫子가 祖母의 죽엄을 弔喪한 글이다。이 아이는 낳은 어머니가 기르면 害로우리란 俗說이 있어 강보에 떠러지자 곳 乳母에게로 갔고、어머니는 官吏인 아버님의 赴任地로 따르게 되니 크면서도 祖母님 밑에만 있었다。祖母님의 사랑이 극진하였

簡潔은 典雅한 古致를 지니는것이며 節章이 갈어선 情에 委曲하다。豐富한 속에서 洗鍊된 宮中 語彙 語法이라 구술을 섬으로 쏟고 고른듯하다。

仁穆王后의 傳敎

글월 보고도 든것은 그방이 어둡고(너 痎疾하면 방) 날도 음하니 日光이 들아지거든 내 친히 보고 자세 기별호마 대강 用藥할 일이 있어도 醫官醫女를 待令하려하노라 분별 말라 자연 아니 조히하랴

下人을 뜰아래 불러 세워놓고 아무 종이쪽에나 총총히 적어나리신 글일것이다。

그러나 萬取一收、精彩가 돋고 薄言情悟로 消息 至窮함이 있지 않은가!

祭 文

……어미가 기잉속절(忌孕俗說)을 듣고 유모(乳母)에게 부탁하야 강보에 안아 다른집에 나아가 기르니 어미가 아비 남서군현(南西郡縣)에 좇으매 소손(小孫)이 상(床)을 붓들고 말을 배호매 오히려 어미집을 아지 못하고 다만 보니 반란(斑爛)하고 현채(絢彩)한 옷과 병이(餠餌)와 조율(棗栗)을 때때 보내와 나를 입히고 나를 먹이고 조습(燥濕)과 기포(飢飽)에 종(奴)이 자로(자조) 와서 묻고 유모가 때때로 새옷을 입히고 맛있는것을 먹이며 나며더 자랑하여 보여 가로되、네 조모(祖母)의 주신바라 하니 소손이 무슨 말인지 이지를 못하였더니

고 세월이 더하면 내 정신이 이때만도 못할듯하기 내 흥감한 마음과 경력한 일을 생각나는 대로 기록하야 쓰나 하나흘 건지고 백을 빠치노라。

恨中錄 本文의一節

纖祖妣겨오서 經學하는 선비의 따님으로 본대 배호심이 남다르시고 性行이 賢淑仁慈하오시기 드므오서 貞憲公 받으오시기를 엄한 손같이 하오시고 齊家主饋 하오심이 貞憲公 淸德을 遵守하오서 一味 朴素澹泊하오시니 이런고로 선비겨오서 재상의 宗婦 되오시나 해에 일습 비단옷 걸림이 없으시고 상자의 수항주때 없을뿐 아니라 수신하오신 四節衣服이 단전분이 잦으신지라 때문으매 매양 밤에 손소 澣濯하오시되 수고로움을 꺼리지 아니하오시고 紡績針線을 주야에 친히 하오서 밤을 새와 하오시니 매양 아래방의 밝기까지 혀있는줄을 늙은 종은 일컷고 젊은 종은 따타 말하는줄 괴로이 여기사 매양 밤에 침선하오실제 보으로 창을 가리오서 밤의 침선 부즈런하다 칭찬하는 말을 슳히 여기옵서 치운밤의 수고를 하사 손이 다 어시기의 및으되 괴로와하는 일이 아니 겨오시고 또 외복지절과 자녀 입히오심이 지극히 검박하오시되 또한 때에 민게하오시고 우리 남매 옷도 굵을지언정 매양 더럽지 아니케하사 검박하오십과 청결하심이 겸하오신줄 어린때도 아올 일이 있더라 선비겨오서 상시 회토가 경치 아니하오시고 기상이 화기를 열으지나 엄숙하오서니 一家우럴어 盛德을 일컫고 어려워하지 아닌것는이 없는지라。

실로 치면 명주실이다。 짜트르 흘르고 찬찬 감쳐지고、 애껴 써 簡潔하기도 하다。

마찬가지 誤診이다。이것은 歌詞들이라 音樂의 半面이 함게 가초어야 그價値의 全部가 表現되는것으로 獨立한 文章으로서 取扱은 애초에 當치 않다。

오직 「恨中錄」같은것이 朝鮮의 散文古典일 따름이다。「恨中錄」의 存在는 우리 散文의 金字塔이라 하겠다。나는 가람先生의 梅花屋에서 그 序文만을 처음 구경하고 어찌 恍惚했든지 主人先生과 함게 침이 말러 四五次를 읽고 당장 벼껴까지 가지고 온 일이 있다。

惠慶宮洪氏의 恨中錄 序文

내 유시(幼時) 궐내(闕內)에 들어와 서찰(書札) 왕복이 조석에 있으니 내 수적(手蹟)이 많이 있을것이로되 입궐후(入闕後)、선인(先人)겨오서 경계하오시되 외간(外間)서찰이 궁중(宮中)에 들어가 흘릴것이 아니오 문후(問候)한 후에 사연이 많기가 공경하는 도리에 가치 아니하니 조석봉서(封書)회답의 소식만 알고 그조희에 써 보내라 하시기 선비(先妣)겨오서 아침저녁 승후(承候)하시는 봉서에 선인 경계대로 조희머리에 써 보내옵고 집에서도 또한 선인경계를 받자와 다 모화 세초(洗草)하므로 내 필적이 전하염즉 한것이 없는지라 백질(伯姪) 수영(守榮)이 매양 본집의 마누라 수적이 머믄것이 없으니 한번 친히 무슨 글을 써 나리오서 보장하야 집에 기티 전하면 미사(美事)되겠다 하니 그 말이 옳으여 써주고저하되 틈이 없어 못하였더니 올해 내 회갑(回甲) 해라 추모지통(追慕之痛)이 백배 더하

1 文章의 古典

우리 散文文章에서 古典이라고 찾는다면 正音 以前엔 吏讀文으로 傳해오는 歌謠뿐으로 아모래도 正音 以後잇것인데、綸音諺解 같은것은 求讀하기 어렵고、一般으로 盛히 實用해온듯한 內簡文들은 본대 後世에 傳해질 性質잇것이 稀少했고、興夫傳、春香傳等 民譚과 이야기冊과 恨中錄、仁顯王后傳等 傳記文뿐인데 이中에도 民譚과 이야기冊은 모다 朗讀과 唱하기 爲하여 記錄된것이라 純粹한 散文이 아니다。그러므로 春香傳 같은것은 아모데서나 읽어보아도 四四調가 잘 나오는 대신、요즘 말로 레알이란 아조 稀薄한 文章이다。

> 春香이 하릴없이 따라온다。치마꼬리 휘두쳐 胸膛에 떡 붙이고、玉步방신 緩步할제 石逕。山路 險峻하다。邯鄲市上의 壽陵의 거름으로 百越叢中의 西施의 걸음으로 백모래밭에 금자라 거름 陽地결마당에 씨암탉 거름、大明殿대들보에 명막의 거름、百花園林 두루미 거름、狂風에 나비 노듯、물 속에 鯉魚 노듯、가만 사뿐 걸어와서 廣寒樓에 다다르니……

이런 文章을 散文으로 評價하려는것은 마치 讚頌歌를 詩로서 評價하려는것이나

第九講 文章의 古典과 現代

1、文章의 古典

2、文章의 現代

3、言文一致文章의 問題

끼어도、 퍽 複雜하게 많이 끼였다。

「이 길의 바위를 이처럼 닳리노라고 지나간 발뿌리가 그 얼마나 되였으랴、 그것이 짚신時代로부터 고무신이나 구두時代까지만 치더라도 限量이 없을것이다」

와

「이것이다。 人類의 歷史를 꾸며내려온 動力은 곡 이것이다。 理性은 透明하되 어름과 같으며、 知慧는 날카로우나 匣속에 든 칼이다。 靑春의 끓는 피가 아니더면 人間이 얼마나 쓸쓸하랴。 어름에 싸인 萬物은 주검이 있을뿐이다」

두 글이 다 感嘆性이 있는 글이다。 그러나 하나는 고요하고 沈着한 特色을 갖고 하나는 힘차고 朗讀調의 特色을 가졌다。 하나는 溫和、 謙虛한 맛이 있고、 하나는 情熱과 音樂的 恍惚이 있다。

一、用語에 基本的으로 傾向을 가질수 있을것이다。

「눈물은 아이와 여자들이나 흘릴것이지 사내장부가 흘릴것은 못된다고 독자 여러분은 말하리라」

「눈물은 兒童과 婦女子의 專屬物이요 男兒 大丈夫의 好尙할배 아니라 하고 讀者 諸氏는 말하리라」

벌서 用語 傾向이 다르다。하나는 言語의 傳達性만을 더 發揮하는 俗語를 많이 씻고、하나는 言語의 象徵性을 더 發揮하는 術語에 偏重하였다。

二、組織에 基本的으로 特色을 가질수 있을것이다。

「영감은 대답이 없였다。길게 쉬이는 한숨만 우리의 귀에 들렸다。우리들도 한참 비웃은 뒤에는 기진하여 잠잠하였다。무겁고 괴로운 침묵만 흘렀다」

와

「나는 다시 한번 살피어、救하기 어려운 疲勞를 그 얼굴에、그 몸에 가지고 있는 그들이 거의 모두 그의 한손에 점심 그릇을 싸들고 있는것을 알았다」

組織이 뚜렷이 다르다。먼젓 文章은 主格과 客格의 距離「영감은 대답이 없였다」가 짧다。다음의 文章은「나는」에서「알았다」까지 主格과 客格 사이에 다른 말이

學이 가장 完成시켜야 할것은 構想과 함게 스타일의 理想이라 하였다。

그러나、文體論을 말하는 자리에서 矛盾됨일는진 모르나、特別히 技術에 必要한 文章이 아닌데서는 文體意識에 瞠目할 必要는 없다 생각한다。文體를 强調하다가는 自然스러움을 傷하기 쉬운 때문이다。파스칼瞑想錄에 이런 말이 있다。

> 自然스런 文體를 볼 때는 누구나 놀라고 마음을 끌리운다。왜그러냐하면 그들은 一個의 著作家를 보려 期待했다가 一個의 人間을 發見하기 때문이다。

著作家냐? 人間이냐? 먼저 人間이요 높은것도 人間이다。비록 著作家로되、著作家로서의 文章보다 人間으로서의 文章을 쓸수 있다면 게서 더 眞實한 文章은 없을것이다。

4 文體 發見의 要點

「밤 열시쯤」은 누구나 無心히 할수 있는 소리다。그러나「밤 열점이나 그러한 시각에」는 누구나 無心히 할수 없는 소리다。여기에 作者의 意識的인 個人 行動이 있다。文體란 社會的인 言語를 個人的이게 쓰는 그것이다。個人的이게 쓰려면 사람에게、가장 오랜 世代를 내려가며 탓잡히지 않을것이란 結局 가장 平凡한 文體일것이다。 乾燥體는 平凡하나、너무 無味한편이니、無味하지 않고 平凡한것은 아무래도 簡潔體라 할수밖에 없다。 쏘라아、포올애에르의 簡明을 배우지 못하고、루쏘오의 華麗를 배운것을 恨嘆한적이 있고、芥川龍之介도、文藝作品에 있어서는 簡潔體가 長壽하는것이 事實이라 하였다。

漢文에서도「赤壁賦」로 有名한 蘇東坡보다도 오히려 歐陽修나 韓退之의 文章을 더 높게 評價하는것은 그들 文章이 가진 簡潔性 때문인것이다。

그러나 먼저는 自己의 個性이다。 自己의 個性을 죽이면서까지 功利的인 文體만 따를 必要는 없다。 自己性味에 맞는 文體를 擇해야만 自己에게만 있는 모든것、自己다운 모든것을 表現하는 最善의 方法일것이다。 설사 뒷날에는 어느 文體로 轉換한다 하더라도 于先은 自己氣質에 가장 맞는 文體를 擇함이 原則일줄 믿는다。 그리고 以上에 例擧한 幾種의 文體만이 맛이 아니요、또 修辭學이 分類하는 모든 文體中의 어느 하나가 아니라도 좋다。 아직까지 名稱이 없는 새것、自己의것、前無後無한 文體를 創造하면、그것은 더욱 盛事라 아니할수 없다。 안리·맛시스는 近代文

이렇게 먼언히 앉어 있습니다。

될수있는대로 化粧한 글이다。形容하자니 자연히 듯이、같이、처럼이 많이 나오게 되는데 이것을 適當히 調節한 글이다。듯이、같이、처럼에 너무 拘碍되면 안된다。「曲藝師」에 대이면「그믐달」은 약간 形容과 音律에 억매였다 하겠다。

3 어느 文體를 取할것인가

이미 解說한바와 같이、文體마다 一長一短이 있다。더구나 文體란 반드시 어느 하나에 偏重해야만 될 性質의것도 아니다。꽤에테 같은 偉大한 文人은 어느 文體고다 自己의것으로 썼다 한다。簡明하게 써야 할 場面이나 作品에서는 簡潔體로 썼고、絢爛해야 効果的일 場面이나 作品에서는 華麗體로 썼다는것이다。거기에 오히려 큰 理致가 있으려니와 그러나 구태여 어느 한文體를 擇할것이냐 생각한다면 아무래도 功利的으로 檢討하지 않을수 없다。가장 여러사람 性味에 맞을것、가장 時間的으로 永久性이 있을것이 가장 優越한 文體라 생각할수 밖에 없다。가장 여러

공허— 그렇습니다。모도 다 잃어버린듯한 텅 비인 이 심사를 버릴 곳이 없습니다。
내게 있는것이 무엇입니까。
내 마음이 어찌 이다지도 가난합니까。
이 밤이 다 새이도록 내가 어루만질수 있는 꿈은 무엇입니까。
하면 나는 사뭇 발광을 해보리이까。발광쯤으로 신통한 무엇이 나온다고 하리이까。

무엇이 이 철없는 여인의 물욕을 자극시킵니까。「소오윈도」안에 붉게 푸르게 늘어놓은 문화인의 소비품입니까。
나는 벽에 걸린 내 치마를 봅니다。왜 좀더 쨌쨌한 원색의 찬란한 빛갈을 택하지 않었던가 하고거듭거듭 후회합니다。
내게 무슨 바람이 있습니까。내가 무엇을 해야 옳습니까。모도다 싱겁고 우습기 이를데 없습니다。
푸르고 신선한 내 모든 감각—여기서 피어나는 봄바람같은 즐거움—이 모든것은 아마도 내게서 떠났나 봅니다。
그렇기에 내 몸에는 뱀 같이 긴 권태가 칭칭 감기어 있지 않습니까。
권태—옳습니다。권태와 공허 이것뿐입니다。아무것도 없습니다。나도 그러하고 친애하는 당신도 그러하고—。
나는 벽에 기대어 이렇게 앉어있습니다。맹랑스럽고 우울한 이 밤을 보내기 위하여 나는

曲 藝 師（隨筆 前半）

李 善 熙

사막을 걷는듯한 마음입니다。

밤 빛을 넘어 흩어지는 외로움이 또 다시 등잔 밑에 서리입니다。

내 마음은 곡예사와 같습니다。그 千이요 또 萬인 요술의 변화를 알수 없는것 같이 내맘의 명암(明暗)도 이루 헤아릴수 없습니다。

거리에 쏟아진 등불은 밤의 심장을 꿰뚫으고 얼크러진 정렬에서 헤어나지 못하는 사람들의 꿈같은 이야기는 이 도시의 감각을 미쳐날치게 하거늘— 이러한 거리에서 내 어찌 홀로 사막을 걷는듯한 마음입니까。

마진편에 놓인 거울에 문득 내 얼굴이 비치입니다。

기이다란 탄식이 빰위에 아롱져 있습니다。나는 얼른 머리를 도리켰습니다。그다지도 슬픈 내얼굴을 참아 볼수 없었던 까닭입니다。

바람은 어이하여 창가에 속삭이고 이 밤은 어이 이리 깊어 새지 않습니까。잠은 나를 떠나고 또 내 모든 즐거움은 나를 버렸으니、오오 내 미칠듯한 마음이여!

가슴 속에 마치 하늘보다 더 큰 구멍이 뚫어진것 같습니다。아무것으로도 채울수 없는 이 크다란 구멍을 내 어찌하리이까。

모르는 처녀 같은 달이지마는、 그믐달은 세상의 갖은 풍상을 다 겪고 나중에는 그 무슨 원한을 품고서 애처럽게 쓰러지는 원부와 같이 애절하고 애절한 맛이 있다。

보름에 둥근 달은 모든 영화와 끝없는 숭배를 받는 여왕과 같은 달이지마는、 그믐달은 애인을 잃고 쫓겨남을 당한 공주와 같은 달이다。

초생달이나 보름달은 보는 이가 많지마는、 그믐달은 보는 이가 적어 그만큼 외로운 달이다。 객창 한등에 정든님 그리워 잠 못 들어하는 분이나 못 견디게 쓰린 가슴을 움켜잡은 무슨 한 있는 사람이 아니면 그 달을 보아 주는 이가 별로이 없을것이다。 그는 고요한 꿈나라에서 평화롭게 잠들은 세상을 저주하며、 홀로이 머리를 풀어뜨리고 우는 청상과 같은 달이다。

내 눈에는 초생달 빛은 따뜻한 황금 빛에 날카로운 쇠 소리가 나는듯하고 보름달은 치어다보면 한얀 얼굴이 언제든지 웃는듯 하지마는、 그믐달은 공중에서 번듯하는 날카로운 비수와 같이 푸른 빛이 있어 보인다。

내가 한 있는 사람이 되어서 그러한지는 모르지마는、 내가 그 달을 많이 보고 또 보기를 원하지만 그달은 한있는 사람만 보아주는것이 아니라、 늦게 돌아가는 술 주정군과 놀음하다 오줌누러 나온 사람도 보고、 어떤 때는 도적놈도 보는것이다。

어떻든지 그믐달은 가장 정 있는 사람이 보는 중에 또는 가장 한있는 사람이 보아주고、 또 가장 무정한 사람이 보는 동시에 가장 무서운 사람들이 많이 보아준다。

내가 만일 여자로 태여날수 있다 하면、 그믐달 같은 여자로 태여나고싶다。

華麗體 (其二)

意栩한 이 圖本과 大類한 靑邱圖 二冊이 있었으니 이는 冊으로 된것이매、外欄 上下로 空白이 없을수 없은즉 대보기에 間濶이 있으며、또 綴葉을 뜯기 전에는 橫으로 맞훌수가 없다。이에 索引으로 卷首에 目錄을 붙이어 어느 끝하면 第幾層 第幾片임을 容易히 찾게 하였다。또 八道分俵圖를 冠하였는데 每方 經 七十里、緯百里로 縱 二十八方、橫 二十二方의 線罫를 細劃하여 가지고 거기다가 朝鮮의 全形을 排定하고 다시 每方을 經緯二十里로 進하야 一道씩 一葉 片面에 擴寫하여 놓았다。

뜻만 傳達하고 理解시킴에 忠實할뿐、文章의 表情이란 조금도 必要치 않다。乾燥란 반드시 無味를 가리킴은 아니다。文章의 表情을 스스로 갖지 아니함이다。藝術文章이 아니요 學術과 實用의 文章이기 때문에 筆者로서의 氣分이나 感情을 發露시킬 必要가 없는것이다。

華麗體 (其一)

그 믐 달 (小品)

羅 稻 香

나는 그믐달을 몹시 사랑한다。

그믐달은 요염하여、감히 손을 델수도 없고 말을 붙일수도 없이 깜직하게 예쁜 계집 같은 달인동시에 가슴이 저리고 쓰리도록 가련한 달이다。

서산 위에 잠깐 나타났다 숨어버리는 초생달은 세상을 후려삼키려는 독부가 아니면 철시지 않은 까닭이라 한다。褒中衣 純白은 우리의 傳來하는 俗이다。

乾燥體 (其二)

古山子의 大東輿地圖 (一部分)

鄭 寅 普

大東輿地圖 二十二帖 附 目錄 一帖 合二十三帖은 古山子의 만든것이니、朝鮮人의 손으로 된 朝鮮의 地例ㅣ이에 이르러 大成을 集하였다 할것이다。圖寫의 大例로 말하면、穩城으로부터 濟州까지 二十二層을 나누워가지고 一層으로 一帖을 만든것이니、맞후어놓으면 朝鮮 全形이 고대로 되고、떼어놓으면 各層마다 거기 있는 州郡縣이 形勢 簡便하게 掌上에 瞭然하게 되였다。形이 槪似하다 하더라도 遠近의 尺度ㅣ實積과 틀릴것 같으면 오히려 實用에 맞지 아니하는것인데 이 圖本은 그렇지 아니하여 접채 한장 한쪽 面이 縱으로 百二十里、橫으로 八十里에 當하게 하여가지고 經緯線을 界畫하여 每方에 十里됨을 表定하였다。이같이 實積의 眞에 依하여 排布한 圖寫인지라、어디든지 떠들어만보면 山川의 位置와 程里의 疎密이 大致를 잃지 아니하게 되었다。이뿐만 아니라 「六十秒爲一分、十里爲三分、六十分爲一度」의 比例를 附記하여 星度로써 地里를 按합을 보이었나니、申景濬의 이른바 「地必謀於天而後、可以明知其方位大小 (東國輿地圖跋)」라 한것을 實際로 試驗한것이다。山川의 名稱을 詳列함은 무론이요、道路의 交通、坊面의所在 微細한데까지 밝이고、古蹟、陳墟라도 按索이 끌고로 밝이어 符標로써 各分해놓았다。

圖本의 撰定이 一時의 業이 아님은 말할것도 없거니와 이圖本보다 約二十七年前 同人의 차차로 童濯하게 된것이요、또 하나는 健壯하면 國民이 脆弱하게 된것이다。

前日에는 서울 안에 있는 舊家故宅에서 往昔 習俗의 자취를 살필수 있었으니 큰집이건만 지금 所謂 房이란것의 數가 적고 마루가 대중없다 할만큼 많았었다。그러나 오늘날은 그 자취도 찾을 곳이 없다。

白 衣

우리 衣服制度는 歷代로 中國의 影響을 받아서 變하여 온것이니、新羅 眞興王 때에 男子 衣服을 唐制로、變改하고、文武王때에 女子 衣裳도 唐制로 改革하였다 하고、高麗朝에 新羅 制度와 많이 같았으나、中葉 以後에 元制를 模倣하고、末葉에 이르러 明制를 襲用한것이라고 한다。

衣服에 白色을 崇尙하는 習慣은 最近에 와서 심하였다。하나、歷史上으로 보면 傳來한지가 자못 오래다 할것이다。漢書에 『弁辰、衣服潔淸』이라 하니、潔淸이란 形容詞를 붙이려면 白色이라야 適當하다 할것이요、宋史에 『高麗士女、服尙素』라 하고、董越의 朝鮮賦에 『衣皆素白而布縷麁』라 하였다。그러나 이것은 普通人民의 服色말이요、王公貴人은 錦繡五彩를 입었었는데 그衣服의 色彩로 官等의 尊卑를 알게 한 일이 있고、庶民은 絳紫色 衣服을 입지 못하게 禁한 일도 있다。

主人 以下 모든 階級이 普通으로 白色을 常服하기는 正祖 때부터 시작한 일이니、이는 正祖가 그父親 莊祖를 思慕하시는 마음이 많으서서 終身居喪하신것처럼 色采 衣服을 입으

自然의 힘에는 지는수 밖에 없다。永遠하면 永遠할수록 지는수 밖에 없다。

「……조금 緩曲은 한다 할망정、그다지 峻急하다고 할수는 없는……」

어디까지 實相을 傳하려 沈着하다。速斷이 없고 誇張이 없고 어느 한줄에 重點을 두지 않는만치 어느 한줄이 虛하지 않다。너무 靜的인 편이나 믿어운 文體다。

乾燥體 (其一)

溫突과 白衣

洪命熹

溫突

우리 朝鮮 家庭의 溫突制度는 仁祖朝 以後로 全國에 普遍되였다。그전에는 寒節이라도 큰 屛風과 두터운 자리로 마루 위에서 居處하고 老人과 病者를 위하여 혹 溫突 한두간을 設置하였을뿐이였다고 한다。

仁朝 때 서울 四山에 松葉이 堆積하여 火災가 잦으므로、金自點이 꾀를 내어 仁祖께 稟하고 五部 人民에게 命令하여 모다 溫突을 設置하게 하였다。따뜻하고 배부른것을 좋아 하는것은 사람의 常情이라、五部의 받은 命令을 一國이 奉行하게 되어 松葉을 處置하려던것이 松木까지 處置하게 되었다。

溫突制度가 一般으로 행한 後에 큰 弊害가 두가지 생기었으니、하나는 鬱蒼하던 山林이 아마도 古今 英傑의 慷慨 心情은 한가진가 하노라。

山行 六七里하니 一溪 二溪 三溪流라
有亭 翼然하니 恰似 當年 醉翁亭을
夕陽의 笙歌鼓瑟은 昇平曲을 아뢰더라

安玟英은 이 近世 사람으로 有名한 歌客 朴孝寬과 追逐하고、함게 大院君의 門에서 많이놀았으며、性質이 豪放하고 飮酒를 잘하고 音律도 모르고 歌唱도 못하나 歌詞만은 일수 지었다。

이러한 객적은 생각이나 하면서 걸어가느라면 발뿌리에 바위가 닿는지 다리가 아픈지 몸이 고된지도 모르게 되는 동안에 洗劍亭이 나선다。

좁고 깊은 山골자기에 쑥 내밀기도 하고、움푹 들어가기도 하고、지질펀펀하기도 하고、오몰 조몰하기도 하고、어슥비슥하기도하고、우뚝우뚝하기도 한 바위가 물에 닳고 닳아 반들반들하다。물은 지금도 이 바위를 닳리며、괄괄 콸콸 흘러간다。洗劍亭은 그 한편의 쑥 내밀고 있는 지질펀펀한 바위에 오뚝하게 서있다。仁祖反正때 將士들이 이 물에서 칼을 씻었다고 그 뒤 英祖二十四年에 이 亭子를 세우고、이렇게 이름한것이라 한다。그것이 事實이고 보면 그런 칼날도 먼첨 이 물에 닳리어 보았던것이다。

요마적 와서 그 누군가는 그러한 칼대신 콩크리트를 하여 닳리어 보려고 하였다。그러나 그런걸 닳릴것도 못되는지 대번 부시어버리고 말었다。몇개 鐵棒만 모양 숭업게 바위에 박혀 있을뿐이다。

혼자 어슬렁어슬렁 紫霞골 막바지로 오른다。鬱密한 松林사이에 조금 緩曲은 하다 할망정、그다지 峻急하다고 할수는 없는 길이 우뚝하게 솟은 白嶽과 엉구추츰하게 어분드리고 있는 仁王山파의 틈을 뚫고 나가게 된다。울룩불룩한 바위 모서리가 반들반들하게 닳았다。이 길、이 바위를 이처럼 뚫리느라고 지나간 발뿌리가 그 얼마나 되었으리。그것이 젊신時代로부터 고무신이나 구두時代까지만 치더라도 限量이 없을것이다。그리고 그 限量이 없는 발뿌리들도 이 바위와 같이 흙이나 먼지가 되어버리고 만것과 되어버리고 말것이 또한 限量이 없을것이다。杜甫의 孔丘盜跖이 俱塵埃라는 詩도 이걸 말함이 아닌가 한다。彰義門 덕이 나선다。左右의 城堞은 그대로 있다。지금부터 三百十二年前、光海十五年三月十二日 밤、反正의 軍卒이 이 門을 부수고 들어왔다。

그 때 功臣들의 이름이 이 門樓의 懸板에 사겨있다。이 門은 또 紫霞門、藏義門、壯義門이라고도 한다。지금 彰義門밖을 藏義寺洞、또는 藏義洞이라 하고、淸雲町 等地를 紫霞洞이라 하고 通義町、昌成町、孝子町의 一部를 壯義洞 또는 壯洞이라 함을 보면、이 門의 이름의 由來를 짐작하겠다。

얼마 내려가다보면、왼편 山 기슭에는 솔숲이 짙어있고、좀 높고도 으슥한 洞壑이 있으니 이는 三溪洞이다。大院君의 別莊이였다。安玟英의 作歌에도 가끔 이 三溪洞의 風情이 나타난다。

牛山에 지는 해를 齊景公이 울었더니
三溪洞 가을 달을 國太公이 느끼샷다

은 理想의 보배를 능히 품으며、 그들 理想은 아름답고 소담스러운 열매를 맺어 우리 人生을 豐富하게 하는것이다。

보라! 靑春을! 그들의 몸이 얼마나 튼튼하며、 그들의 皮膚가 얼마나 생생하며、 그들의 눈에 무엇이 타오르고 있는가 우리 눈이 그것을 보는 때에 우리의 귀에는 生의 讚美를 듣는다。 그것은 雄壯한 管絃樂이며、 微妙한 交響樂이다。 뼈 끝에 스며 들어가는 悅樂의 소리다。

이것은 피어나기 前인 幼少年에게서 求하지 못할바이며、 시들어가는 老年에서 求하지 못할바이며、 오직 우리 靑春에서만 求할수 있는것이다。

靑春은 人生의 黃金時代다。 우리는 이 黃金時代의 價値를 充分히 發揮하기 爲하여 이 黃金時代를 永遠히 붙잡아 두기 爲하여 힘찍게 노래하며 힘찍게 躍動하자。

毅然해 讀者가 異意를 품을 餘地를 주지 않으며、 彈力이 있어 讀者를 먼저 感情的으로 衝動한다。 感覺보다 槪念的으로 써야 할 글、 序文、 卷頭言、 社說、 檄文、 기 趣旨書 같은데 適當한 文體다。

優柔體

僧 伽 寺 (前半一部)

李 秉 岐

으면 쓸쓸한 人間에 남는것은 零落과 腐敗뿐이다。 樂園을 粧飾하는 千紫萬紅이 어더 있으며 人生을 豐富하게하는 온갖 果實이 어더 있으랴。

理想、우리의 靑春이 가장 많이 품고 있는 理想! 이것이야말로 無限한 價値를 가진것이다。 사람은 크고 작고간에 理想이 있으므로써 生存할 意味가 있는것이며、理想이 있으므로써 勇敢하고 굳세게 살수 있는것이다。

釋迦는 무엇을 爲하여 雪山에서 苦行을 하였으며、예수는 무엇을 爲하여 荒野에서 彷徨하였으며、孔子는 무엇을 爲하여 天下를 轍環하였는가。 밥을 爲하여서、옷을 爲하여서、美人을 求하기 爲하여서 그리하였는가。 아니다。 그들은 커다란 理想 즉 滿天下의 大衆을 품에 안고 그들에게 밝은 길을 찾아 주며、그들을 幸福스럽고 平和스러운 곳으로 引導하겠다는 커다란 理想을 품었기 때문이다。 그러므로 그들은 길지 아니한 목숨을 사는가싶이 살았으며、그들의 그림자는 千古에 사라지지 않는것이다。 이것은 가장 顯著하여 日月과 같은 例가 되려니와、그와 같이 못하다 할지라도 蒼空에 번적이는 뭇 별과 같이、山野에 피어나는 群英과 같이、海濱에 번적이는 모래와 같이、眞珠와 같이、寶玉과 같이 크고 적게 빛나는 모든 理想은 實로 人間의 腐敗를 防止하는 소금이라 할지며、人生에 價値를 주는 原質이 되는것이다。

理想! 빛나고 貴重한 理想、그것은 靑春의 누리는바 特權이다。 그들은 純眞한지라 感動하기 쉽고、그들은 點染이 적은지라 罪惡에 病들지 아니하였고、그들은 앞이 긴지라 着目하는 곳이 遠大하고、그들은 피가 더운지라 實現에 對한 自信과 勇氣가 있다。 그러므로 그들써 이에 序한다。

剛健體 (其二)

青春禮讚

閔泰瑗 (도리옥)

青春! 이는 듣기만 하여도 가슴이 설레는 말이다。青春! 너의 두 손을 가슴에 대고 물방아가티 갈은 心臟의 鼓動을 들어보라。青春의 피는 끓는다。끓은 피에 動하는 心臟은 巨船의 汽罐 갈이 힘떠다。

이것이다。人類의 歷史를 꾸며 내려온 動力은 꼭 이것이다。理性은 透明하되 어름과 갈으며、知慧는 날카로우나 匣 속에 든 칼이다。青春의 끓는 피가 아니드면 人間이 얼마나 쓸쓸하랴。어름에 싸인 萬物은 주검이 있을뿐이다。

그들에게 生命을 불어넣는것은 따스한 봄바람이다。풀밭에 속잎 나고 가지에 싹이 트고 꽃 피고 새 우는 봄날의 天地는 얼마나 기뿌며 얼마나 아리따우냐 이것을 어름 속에서 불러내는것이 따스한 봄바람이다。

人生에 따스한 봄바람을 불어 보내는것은 青春의 끓는 피다。青春의 피가 뜨거운지라、人間의 동산에는 사랑의 풀이 돋고、理想의 꽃이 피고、希望의 노을이 돋고、悅樂의 새가 운다。

사랑의 풀이 없으면 人間은 沙漠이다。오아시쓰도 없는 沙漠이다。보이는 끝끝까지 찾아다녀도 목숨이 있는 때까지 彷徨하여도 보이는것은 거친 모래뿐일것이다。理想의 꽃이 없

白頭山은 東方 最大의 山嶽이다、朝滿의 諸山이 이에서 祖宗하였으며、千里에 連亘한 氣勢가 九千 五十餘尺의 高峯과 縱橫 四五百里의 大樹海에 잠긴 大高原을 가저 天池의 泓渟滲茫한 景像과 함게 淸遠靈祥、森嚴靜肅함과 雄麗洪博、虛曠浩茫함이 가장 通徹無碍한 神秘境으로 되였으니 이 스스로 登山者의 無二한 靈境이겠거든、阿斯達 以來의 歷史的 諸傳說은 白頭 一山으로 문득 民族 發展의 地理的 樞軸이요、社會 生長의 聖跡的 淵叢을 이루어 天坪千里 林樾花卉의 속을 헤치고 거니는者로 無限靈遠의 情感에 노닐게 하니、이 또한 俗界악착한 生活에 부닥기는者 飄然히 길게 감으로써 鬱懷를 快히 씻을바이다。만일 그中 南朝鮮에 사는者이라면 登陟의 途程으로 우선 京元沿線 泰封高原의 淸凉味를 玩賞함으로부터 關北沿岸의 玲瓏點綴 貞明淸遠한 山海美를 볼것이며、豆滿、鴨綠 兩江 民族 盛衰의 分界와 卒本高原의 固密한 山河 或은 狼林山嶽의 雄健한 排鋪에서 生新發剌와 感發鼓勵하는 바를 얻을것이요、그리고 또 이沿線에는 都市、邑落이 있고 漁村、港浦가 있고、平野와 山峽과 人世에 絕離된 樹海 속에 農民、火田民、或은 遯世獨存하는 殘氓이 있으며、其他 各層 各樣의 生活相을 가진 大衆 動態의 各部로서의 占居하는 同胞들을 보는것이니、이는 곧 轉變하는 社會요、鋪張된 歷史이라、頑鈍한 머리에도 感激의 새움이 용소슴하고、疎懶한가슴에도 惕勵의 번개가 다닥드리지 아니할수 없는것이니、이는 白頭山의 登陟이 意圖 深長한바 없을수 없는 理由이요、白頭山 登陟記의 著述이 外他 一般의 紀行으로 比할바 아니며 따라서 江湖 一般에게 이 一書와 한가지 白頭山 登陟까지를 推奬함을 躊躇하지 않는바이다。本書는 일즉 紙上으로 連載 發表하였던바를 이제 單行本으로 刊行함에 際하여 一筆로

이 없는 이 人生。——사랑할줄 모르는者는 받을줄을 모르고、犧牲할줄 모르는者는 忠實할 수 없는 것이니、이러한 무리로 더불어 우리는 무엇을 할수 있으랴。果然 이 世上에 사랑과 忠實이 없이도 遂行될수 있는 偉大한 業蹟이 있을수 있을가 이제 萬一 이世上의 모든 心臟이 硬化한 끝에 드디어 말라저버린다면 그때 여기 남는것은 무어냐。變하기 쉬운 氣分、惡性의 戀愁、空虛한 俗事들 생각만해도 무서운 일이다。

모다 句節이 길다。그냥「밤 열한點쯤……」하면、「밤 열한時쯤」만이 讀者의 미리에 들어오는것으로 고만일터인데、「밤 열한點이나 그러한 時刻에……」하면 文意以外에 筆者의 辯이 느껴여진다。文意 以外에 魅力이 있다。平凡한 事端을 委曲하게 이끌어 들려준다。휴모러스한 微笑를 주는 德이 있다。

剛健體 (其一)

白頭山登陟記序

民世

旅行은 閑事가 아니니、高山에 오르고 大海에 떠서 天地浩然의 氣를 마시면서 雄勁淸遠한氣를 기르는것은 그대로 人世須要한 일이 되는것이다。하물며 都鄙와 山野、民物 生息의 實況을 넓히 보고、今古 變革의 자취를 살피는것은 社會人에게 最上의 要務로도 되는 것이다。이點에서 旅行이 必要한것이요、旅行記도 價値 있는것이다。

것이 흐르는 대로 놓이 두라。눈에 눈물을 가지지 않는것이 鐵血男兒의 本義일지는 모르되 그러나 그 反面에 그가 눈물을 가지지 못하는 點에 있어서는 그는 人間 以下됨을 免키 어렵다 할수 있을것이니 우리가 여기서 世上에서 所謂「사내다옵다」는 槪念을 暫間 分析해본다 해도 그것은 結局 그로부터 大部分 人間味가 없어졌다는 事實을 가지고 가장 잘 遣間의 消息을 說明할수가 있지 않을가 생각한다。왜그러냐하면 무릇 우리들 사람된者에 있어서는 우리에게 어떤 힘센 精神的 苦痛이 있을 때 눈물은 반드시 괴롭고 아픈 마음의 꽃으로서 수접게 우리들의 눈 속에 피어 오르는것이 當然한 生理的 事實이기 때문이다。그렇다。눈 물은 괴롭고 아픈 마음의 貴여운 꽃이다。사람은 왜 大體 이 貴여운 꽃을 撫育할줄을 모르는고。눈물이 없다는것은 그에게 마음이 없다는것을 意味한다。勿論 두말할것이 없이 모든 사람은 肉體的으로는 心臟을 지니고 있다。그러나 問題는 사람이 精神的으로 心臟을 所有하고 있는가 또는 있지 않는가에 있다。肉體的으로 苦痛을 느낄 때 사람이 눈물을 흘리는것은 사람이면 누구나 다하는 일이지만、눈물을 눈에 보낼수 있도록 누구에게나 다 精神的 心臟이 있느냐 하면 그것은 決코 그렇지는 않다。요사이 巷間에 돌아다니는 流行語의 하나에「心臟이 强하다」는 말이있다。現代人의 理想이 强한 心臟에 놓이게 되기까지에는 깊은 理由가 勿論 있겠거니와、所謂 意志가 굳세인 男子에게는 心臟이 無用이요、그것은 모든 弱點의 源泉이 된다고하는 見解는 確實히 우리들 文明人이 가지고 있는 偏見의 하나이다。왜 大體 感動하기 쉬운 心臟이 우리의 앞길을 막는 障礙物이 되며、왜 大體 눈물이 우리에게 있어서 恥辱이 된다는것이나 생각하여 보라。心臟이 보이지 않는 이 生活、사랑

怖를 느끼는 일이 있다。 더러가다가 고요한 밤이면 確實히 이것은 痛哭해야할 일이라 생각하기는 한다。 그러나 그것 亦是 생각뿐이요、 勿論 고까짓것에 흘릴 눈물은 벌서 남아있지를 않다。 그렇다고 해서 四十이 가까운 有髥男子의 體面을 가지고 내가 이제 「눈물」을 云謂함은 치사스러운 일에 틀림 없다할수 있으나、 우서야 할자리에 웃지 않고 놀리야할데 놀라지 않으며、 슬퍼해야 할 자리에 슬퍼하지 않고 怒해야할데 怒하지 않고보니、 나도 어느새 大體 이런 枯骨로 化해 버렸다는겐지、 너무나 虛無的인 내精神狀態가 하도 딱해서 일지기는 잘도 솟아나는 눈물의 샘이 이제는 어더로 갔나 하고、 하나의 철없는 鄕愁를 暫時 품어도 보는것에 不過하다。 눈물은 兒童과 婦女子의 專屬物이요、 男兒大丈夫의 好尙할배 아니라 하고、 讀者 諸氏는 말하리라。 勿論 나는 이 世間의 智慧를 承認한다。 事實에 있어 어른의 눈물을 보기란 極히 어렵다。 그러나 내가 여기서 눈물을 말함은 오로지 肉體的 産物로서는 涕淚뿐만이 아니요、 感動의 좋은 表現으로서의 精神的 涕淚까지를 包含함은 두말할것이 없다。 諸君에겐들 어찌 마음껏 울고자하되 울지 못하는 嚴肅한 瞬間이 없었겠으랴。 우는것이 元來 風習이 아니요 넓은 가슴에서 솟아나는 눈물이기에 그光景은 甚히 壯嚴하기도 하는것이다。 世上에서는 걸핏하면 말하기를 安價의 感傷、 安價한 눈물、 하지만、 世上에 눈물이 흔하다 함은 웬말이뇨。 成人이 된지 오래인 우리에게 눈물은 極히 드물게 밖에는 솟아나지 않거늘。

實로 눈물은 드물게 밖에는 솟아나오지 않는다。 그러므로 讀者여 諸君의 무 눈에 萬一이 드물게 밖에는 아니 나타나는 珠玉이 띄거든 그를 부끄럽다 생각하지 말고、 靜肅히 그

기다리고 있었고 더러는 살이 부러지고 구멍이 군데군데 뚫어지고한 紙雨傘을、박쥐雨傘을 그들은 반가이 받어들고、그들의 어머니와 그들의 안해와 或은 그들의 누이와 어깨를 나란이하여 그들의 집으로 向하여 들어가는것이 아닌가。

내가 새삼스러이 周圍를 둘러 보았을 때 아직도 돌아 오지 않는 오라비를 爲하여 男便을 爲하여 或은 아들을 爲하여 雨傘을 準備하고 있는 女人들은 그 곳에 오직 十餘名에 그치지 않었다。

나는 그들에게 幸福이 있으라——빌며 자주는 가져보지 못하는 感激을 가슴에 가득히 비내리는 밤길을 고개 숙여 걸었다。

蔓衍體 (其二)

涕涙頌 (前半)

——눈물에 對한 鄕愁——

金晉燮

사람이 차라리 이렇게 살기보다는 한개의 큰 悲劇이 몸소 되여버렸으면 하고 생각하리만큼 그生活이 平凡하다는것은 참으로 슬픈 일이다。

하루하루에 經營하는 生活이 판에 박은듯 똑 같고 單調롭고 無味乾燥해서 起伏이 없는 同時에 變化가 없고 衝擊이 없음과 같이 飛躍이 없는 탓일가、차차로 모든 印象에 對해서 反應해지지 않아가는 自己를 볼때 새삼스러 「鐵石」같이도 無感動하게 된 現在의 狀態에 恐

蔓衍體 (其一)

아름다운風景

朴泰遠

밤 열點이나 그러한 時刻에 악박골로 向하는 電車는 으레이 滿員이다。

나는 勿論 그 속에 자리를 求하지 못하고 憂鬱하게 사람들 틈에가 비비대고 서있지 않으면 안된다。

밖에는 亦是 비가 쉬지 않고 내리고 있였으나、大部分의 乘客은 雨傘을 携帶하지 않았다。

비는 正午 가까이나 되어 오기 始作하였으므로 그들은 應當 그前에 집을 나선 사람들일게다。

나는 다시 한번 살피어 救하기 어려운 疲勞를 그 얼굴에、그몸에、가지고 있는 그들이 거의 모두 그의 한손에 點心그릇을 싸들고 있는것을 알었다。

아침 일즉이 나가 밤이 이렇게 늦어서야 돌아오는 그들은 必然코 그 살림살이가 넉넉지는 못할게다。

僅少한 生活費를 얻기에 골몰하는 그들이 大體 어느 餘暇에 그들의 安息과 娛樂을 求할수 있을것인가。더구나 이렇게 밤늦게 궂은 비는 끊이지 않고 내려 雨傘의 準備없는 그들은 電車밖에 한걸음을 내어놓을 때 그 마음의 憂鬱을 救하기 힘들게다。

그러나 나의 생각은 이를테면 부질없은것이었다。내가 現底町 停留所에서 電車를 내렸을때 나와 함께 내리는 그들을 爲하여 그곳에는 일직부터 그들의 家族이 雨傘을 準備하여

「그럼、어떻하란 말이요?」
「이제라두 공소를 취하해야지!」
영감은 또 먹먹하였다。그러나 좀 뒤에 그는 다시 나를 찾었다。
「노형 말이 옳소。내 아들 두놈은 정녕쿠 다 죽였쇠다。난 나 혼자 이제 살아서 무얼 하갔소? 취하하게 해주소」
「진작 그럴게지。그럼 간수 부릅니다」
「그래주소」
영감은 떨리는 소리로 말하였다。
나는 때롱을 쳤다。간수는 왔다。내가 통역을 서서 그의뜻(이라는것보다 우리의뜻)을 말하매 간수는 시끄러운듯이 영감을 끄으러 내갔다。
자리에 돌아올때에 방안사람들을 보니、그들의 얼굴에는 자리가 좀 넓어졌다는 기쁨이 빛나고 있었다。

句節들이 짧다。군소리가 없어 어느 줄에서나 한字 한마디를 주리거나 느리거나 할수 없다。잘 지은 建築에서 벽돌 한장을 더 끼거나 빼이거나 할수 없는것이나 마찬가지다。듯이、같이、처럼等 形容이 적다。單字마다 端的이어서 鮮明 深刻한 印象을 준다。

그는 벌꺽 성을 내어 내게 달려들었다。그러나 그의 말을 들은 뒤의 내성도 그에게 지지들 않었다。

「여보! 시끄럽소。노망했오? 당신은 당신이 죽겠다구 걱정하지만、그래 당신만 사람이란말이요? 이방 四十여인이 당신 하나 나가면 그만큼 자리가 넓어지는건 생각지 않오? 아들 둘다 총에 맞아 죽은 다음에 뒤상 하나 살아있으면 무얼해? 여보!」

나는 곁에 있는 다른 사람들에게 향하였다。

「여게 태형 언도에 공소한 사람이 있답니다」

나는 이상한 소리로 껄껄 웃었다。

다른 사람들도 영감을 용서치 않었다。노망하였다。바보로다。제 몸만 생각한다。내어쫓아라 여러가지의 평이 일어났다。

영감은 대답이 없었다。길게 쉬이는 한숨만 우리의 귀에 들렸다。우리들도 한참 비웃은뒤에는 기진하여 잠잠하였다。무겁고 괴로운 침묵만 흘렀다。

밖알은 어느덧 어두워졌다。대동강 빛과 같은 하늘은 온세상을 덮었다。그 밑에서 더위와、목마름에 미칠듯한 우리들은 아무말 없이 앉아 있었다。우리들의 입은 모다 바늘로 호아매우지나 않었나。

그러나 한참 뒤에 마침내 영감이 나를 찾는 소리가 겨우 침묵을 깨뜨렸다。

「여보?」

「왜 그러오?」

하면、華麗體라 할것이다。

文 例

簡潔體

笞刑 (短篇・一部分)

金 東 仁

우리 방에서 나갔던 서너 사람도 돌아왔다。영원 영감도 송장 같은 얼굴로 돌아왔다。

나는 간수가 돌아간 뒤에 머리는 앞으로 향한대로 손으로 영감을 찾었다。

「형편 어떻습디까?」

「모르겠소」

「판결은 어찌 되였소?」

영감은 대답이 없었다。그의 입은 바늘로 호라매우지나 않었나? 그러나 한참 뒤에 그는 겨우 대답하였다。그의 목소리는 대단히 떨렸다。

「태형 九十도랍디다」

「거 잘됐구려! 이제 사흘 뒤에는、담배두 먹구 바람두 쐬구……。난 언제나……」

「여보! 잘돼시요? 구어이 잘됐단 말이요? 나히 七十줄에 들어서 태맞으면——말하기두 싫소。난 아직 죽긴 싫어 공소했쇠다」

랴。모든 生命을 가진者、다 함게 꽃을 따르고 꽃을 禮讚할것이다」

하면、優柔한 態가 난다。

五、乾燥體

美詞麗句와는 絶緣으로 다만 意思를 傳達하면 그만이다。學術、記事、規則書等 理解本位、實用本位의 文體다。文藝文章으로는 不當하다。

六、華麗體

乾燥體와 反對로 乾燥體가 理智的이라면 華麗體는 感情的이다。一語一句에 絢爛한 彩色的 修飾과 音樂的 韻律을 갖는 文體다。자칫하면 賤俗해질 危險性이 있다。

「나는 그믐달을 좋아한다。그믐달은 妖艶하고 可憐하다」

하면 그냥 簡潔한 글이다。

나는 그믐달을 사랑한다。그믐달은 너무 妖艶하여 감히 손을 댈수가 없고 말을 붙일수도 없이 깜직하게 어여쁜 계집같은 달인 동시에、가슴이 저리고 쓰리도록 可憐한 달이다

(羅稻香의 「그믐달」의 一部)

「우리로 하여금 恒常 窓側의 座席에 있게 하는 感情을 사람은 하나의 헛된 好奇心이라고 斷定하여버릴지도 모른다」

하던 蔓衍味가 있는 文體다。

三、剛 健 體

雄渾、豪放、沈重、剛直한 風格을 갖는다。彈力과 崇嚴味를 나타내기에 適當하다。그러나 文意가 槪念에 흐를 危險性이 있다。

四、優 柔 體

剛健體와 反對다。淸楚、溫和、謙虛한 雅趣를 갖는다。누구에게나 多情스러운 文體다。그러나 意志的인것을 담기엔 弱한 欠이 있다。

「貪花蜂蝶이란 말이 있거니와、꽃을 貪내는것이 어찌 蜂蝶뿐일것이냐。무릇 生命을 가졌고 生命을 禮讚하는者ㅣ 모름지기 꽃을 貪내 마지 않을것이다」

하면、剛健한 文體요、

「貪花蜂蝶이란 말이 생각나거니와、꽃을 貪내는것이 어찌 蜂蝶에 限한 일이 그래서 過去엔 文體를 時代가 가졌고 現代엔 文體를 個人 個人이 가졌다고 볼 수 있는것이다。 따라서 現代의 文體論은 個人文體를 問題삼는것이다。

2 文體의 種別

分類를 爲해서는 數十種을 들수 있으나、大體로는 簡潔、蔓衍、剛健、優柔·乾燥、華麗等 六體로 나누는것이 簡明하겠다。

一、簡 潔 體

될수있는대로 要約해서 僅少한 語句로 表現한다。一語一句에 緊縮이 있고 鮮明한 印象을 준다。자칫하면 乾燥無味할 危險性이 있다。

二、蔓 衍 體

簡潔體와 反對다。氣分까지를 나타내기 爲해 千言萬語로 紆餘曲折을 일으킨다。자칫하면 漫談에 빠질 危險性이 있다。

「窓옆에 愛着하는 感情을 한낱 헛된 好奇心으로 斷定해버릴지 모른다」

하면、簡潔한 文體요、

二、同一한 言語、文字라도 時代가 다름에서

멀리 古代로 올라갈것 없이 지금으로부터 不過 三十年前인 隆熙三年에 發刊된 兪吉濬의「文典」序文의 一節을 보라、그동안에도 時代的 差異가 文體에 얼마나 뚜렷한가。

읽을지어다。우리 文典을 읽을지어다。(中畧) 固有한 言語가 有하며 特有한 文字가 有하여 其 思想과 意志를 聲音으로 發表하고 記錄으로 傳示하매、言文一致의 精神이 四千餘의 星霜을 貫하야 歷史의 眞面을 保하고 習慣의 實情을 證하도다。

三、同一한 言語、文字에 同一한 時代라도 作者의 個性이 다름에서

過去時代에선 글쓰는 사람이 數로도 적었고、잘쓰는 사람을 그대로 模倣하는것으로 文章法을 삼아、한 時代와 時代 사이엔 文體가 따로 있되 個人個人의 文體는 따로 없었다해도 過言이 아닐 程度다。그러나 現代에 있선 글쓰는 사람이 于先 數로 많아졌다。많으니까 作者自身이나 讀者나 다 個性的인것을 强烈히 要求하게 되였다。獨自的인것이 內容인 人生觀에만 아니라 表現에까지 意義있게 되였다。모다 自己의 文體를 完成하기에 意識的으로 努力하는것이다。

文體란 文章의 體裁다。文章은 그 文章을 構成한 單語들의 뜻만으로 表現의 全部가 아니다。構成、그 文體도 훌륭히 表現의 한몫을 擔當한다。文章의 構成如何는 곧 文章의 體裁如何요、文章의 體裁如何는 곧 文章의 表現如何가 되는것이다。

文章의 形式問題란 늘 이文體를 意味한것이어니와、形式이 없는 內容이、있을수 없는 嚴然한 眞理에서 文章의 形式인 文體는 決코 疎忽히할 性質의것이 아니다。佛蘭西의 文學者 페터어가「스타일(文體)은 그 사람이다」한 말은 일직부터 流行한 金言이요、小說家 스탄다르도「스타일을 짓는것은 作品을 高尙하게 하는것이라」하였다。事實 作品뿐만 아니라、筆者의 面貌부터 가장 빠르게 드러내는것은 內容보다 文體편이다。

1 文體의 發生

一、獨特한 言語、文字와 國民性에서

東西洋의 文體가 各異할뿐 아니라、같은 東洋에서도 漢文文體와 한글文體가 다른것은 길게 說明할 必要가 없다。

第八講 文體에 對하야

1、文體의 發生
2、文體의 種別
3、어느 文體를 取할것인가
4、文體 發見의 要點

二八二

마다 소리를 치시며 통곡을 하신다。그어머니 신씨도 한울이 문허져라 하고 몸부림을 탕•탕 쳐가며 미칠듯이 울었다。

(朴鍾和氏의「錦衫의피」에서)

앗!

날카로운 소리에 번쩍 정신이 깨였다。

찬바람이 휙 앞을 스치고 불시에 일신이 딴세상에 뜬것 같았다。눈 보이지 않고 귀 들리지 않고 잠시간 전신이 죽고 감각이 없어졌다。캄캄하던 눈앞이 차차 밝어지며 거풀거풀 움죽이는 것이 보이고 귀가 뚫리며 요란한 음향이 전신을 쓸어없앨듯이 우렁차게 들였다。우뢰소리가… 바다소리가……바퀴소리가……별안간 눈앞이 환해지머니 열차의 마즈막바퀴가 쏜살같이 눈앞을 다타났다。

앗 기차!

다 지나간 이제 식이는 정신이 아찔하며 몸이 부르르 떨린다。

진땀이 나는대신 소름이 쭉 돋는다。전신이 불시에 비인듯이 거뿐하다。글자대로 전신은 비였다。한쪽팔에들었던 석유병도 명태마리도 간곳이없고 바른손으로 이끌던도야지도종적이없다。

아 도야지!

도야지구 무어구 미친놈이지 어떼라구 후미끼리를 막 건너?

따구를 철석 맞고 바라보니 철로망보는 사람이 성난 얼굴로 그를 노리고 섰다。

(李孝石氏의「豚」에서)

이날 오시(午時)쯤하여 폐비가 계신집 동구 앞에는 벽제(辟除)소리가 요란이 나더니 뒤미처 내시가 대문을 떼져 열고 안으로 들어와

『어명(御命)요』

하고 소리질렀다。

신씨는 당황하여 일변 폐비를 자리에서 일으키며 일변 소반을 찾어 홍보를 깔고 대청정면 분합밖에 놓았다。

전지를 받든 리극균(李克均) 약사발을 받든 이세좌(李世佐)가 사모풍대에 위의를 갖후고 분합밖으로 올라섰다。

방안에서는 신씨가 폐비에게 새옷을 입혀드리면서 빙긋이 폐비의 얼굴을 드려다보고 웃었다。 폐비도 그어머니의 얼굴을 마주 보시며 수척한 옥안에 가만한 웃음빛을 띠시였다。 복위(復位)나 봉빈(封嬪)이나 어떻든 무슨 반가운 전지가 게실것을 예기하신 까닭이다。

이제는 폐서인(廢庶人)이라 활옷당의는 못 입을망정 전지를 받는마당에 원삼(元衫) 족도리라도 아니 입고 쓸수는 없었다。

폐비는 다시 어머니의 낡은 원삼을 입고 족도리를 쓰신 뒤에 분합문을 닫고 단정이 스시여 전지를 받었다。

이극균이 떨리는 목소리로 전지를 읽기 시작했다。 폐비와 신씨의 얼굴은 차즘차즘 새파래지기 시작했다。 전지 읽는 소리가 끝났다。 대방승지(代房承旨) 이세좌가 소반우에 약사발을 놓았다。 분합안에선 폐비가 더 버틔고 서실 기운이 없었다。 그대로 그자리에 쓸어져 외

떠러진것이면 거침없이 버릴것이요、內容을 鮮明케、印象的이게 하기 爲해 必要할 것이면 아무리 些少한 事由라도 重点을 두어 堅實한 組織으로 끄러와야 할것이다。

原因 結果가 또렷하게、

視覺的인 描寫로、

內容의 緩急을 가려 文章도 事態와 呼吸을 가치할것。

아직 오월이건만、이 근방에는 벌서 모기가 심하다。

『철썩!』

하고、윤초시가 제 넙적다리를 따린것이 자리에 누은 뒤로 이번이 네번째다。

그는 자리 우에 몸을 비스듬히 일으키어 앉으며、남포불에다 손바닥을 갖다 대어 보았다。

그러나 이번에도 애꾸진 다리만 부질없이 후려갈긴 모양이다。손바닥을 아무리 상고하여보아도 마땅히 눈에 띠어야 할、으끄러진 모기의 시체와 같은것은 아무 곳에서도 찾을수 없었다。

『접、접』

입맛을 다시고、그는 다시 목침을 고쳐 비고、자리에 누어、모기에게 물린 다리를 부옥부옥 긁었다。

(朴泰遠氏의 短篇「尹初試의 上京」에서)

구　　름

蔚蒼한 松林이 마을어구에 느러선 그우로 이제 白牡丹처럼 피여오르는 저 구름송이들! 포기 포기 돋아오르는、겹치고 터저나오는 양이 금시에 서그럭 서그럭 소리가 들릴듯도 하지아니한가? 濕氣를 한점도 먹음지 아니한 흰구름이 아니고 보면 우리가 이렇게 넋을 잃고 感歎할수가 없다。(中略) 구름은 움즉인다。차라리 몽긋몽긋 도는것이다。도는 齒車 우에 齒車가 돌듯이 구름은 서로돈다。古代 埃及의 建築처럼 무척이도 宏壯하구나! 금시 금시 돋아오르는 荒唐한 都市가 展開되였구나!　(下略)

(鄭芝溶氏「구름」에서)

3　事態의 表現

事態、버려진일、즉 한事故、한事件、한眞相、한顚末、이런 實在狀況이 글에 必要한 境遇는 無限히 많다。輕微하든、重大하든、한事態란 한生活의 現狀인 까닭이다。그렇다고 生活이라하면 너머 廣凡하다。事態는 크든 적든、生活의 한場面、한波瀾의 表現、여기엔 무엇보다 取捨選擇의 分別이 銳利해야할것이다。事態 그自體로는 아모리 重大性을 가진 部分이라도、表現하려는 內容과 有機的인 因果에서 동

正二月에 까치가 말른 나무가지와 풀을 물어다가 보금자리를 둥그렇게 지어놓고 三四月에 세끼를 치는것인데 뜻아니한 侵畧을 받아 보금자리를 송두리채 빼앗긴다는것입니다。이 侵畧者를 康津골에서 「매까치」라고 일르는데 까치가 누구헌테 배운것도 아닌 보금자리를 얽는 精巧한 法을 타고난것이라고 하면 그만 재조도 타고나지 못한 매까치는 남의 보금자리를 빼아서 드는 鬪爭力을 갖을뿐인가봅니다。

알고보면 매까치도 조곰도 猛禽類에 들수 있는 놈이 아니오 다만 까치가 너무도 순하고 독하지 못한 탓이랍니다。 (下略) (鄭芝溶)

天•體•

人間의 心情을 感動시킴이 天體에처럼 많은덴 없다。해가 있고、달이 있고、별이 있고、光明과 暗黑이 오고、구름이 있고、안개가 있고、무지개가 있고、바람이 있고、비와 눈과、이슬과、서리와、번개와 우뢰가 있다。또 이 모든것은 無窮한 變幻을 갖는다。

別道理가 없다。달이거니、달빛이거니、별이거니、눈이거니 하는 槪念을 버리자 오늘 生後 처음으로 보는 現狀이거니만 하고 感覺하면 남이 이미 말하지 못한、新境地、新驚異를 發見、鑑賞할수 있을것이다。

했다。

요리 몰리고 조리 몰리고 역시 먹을것을 찾음이리라。무엇을 먹고 사누? 벌러지를 먹겠지。그러나 송사리보다도 더 적은 벌러지라는것이 있을가?

暫時를 가만 있지 않는다。저므도록 움즉인다。大暑 같은 動機와 같은 모양으로들 그러는것같다。動機! 亦是 송사리 世界에도 時急한 目的이 있는 모양이다。

차츰 차츰 下流를 向하여 群衆的으로 移動한다。저렇게 下流로 下流로만 가다가 또 어쩔 作定인가。아니 그들은 中路에서 또 上流를 向하여 거슬려 올라올른지도 모른다。그러나 당장 下流로 向하여 가고 있는것이 確實하다。下流로! 下流로!

五分後에는 그들의 모양이 보이지 않을만치 그들은 멀리 下流로 나려갔다。그리고 웅뎅이는 아까와 같이 도로 썩은 물의 웅뎅이로 조용해지고 말었다。

(李箱의 「倦怠」의 一部)

때 까 치

뗑나무 우에 둥그런것은 까치집에 틀림없으나 드는것도 까치가 아니요 나는 놈도 까치가 아닙니다。몸은 가늘고 길어、가슴 마자 동글지 못하고 보니 족제비처럼된 새입니다。빛갈은 햇살에 번뜩이여 藍色이 짜르르 도는 純黑色이요 입뿌리는 아조 노라습니다。꼬리도 긴편이요 눈은 紫色이라고 합디다。까치가 분명히 朝鮮새라고 보면 이새는 모양새가 어덴지 歐羅巴的이 아니오리까。벙어리가 아닌가고 의심할만치 지저귀는 꼴을 볼수가 없고 드나드는 꼴이 어쩐지 서툴러보이니 까치집에는 결국 까치가 울며야 까치집이랄수 밖에 없읍더다。陰曆

動物

動物은 움직인다。 기고、 뛰고、 날른다。 그에겐 動作이 있으므로 習性이 있다。 外形、動作、習性 이세가지를 描寫해야 할것이다。 體軀가 사람처럼 一定치 않다。 昆蟲끼리도 千態萬相、鳥類끼리도、獸類끼리도 珍態奇形이 많다。

먼저 外形、

다음엔 기고、 뛰고、 날르는 動作、

그리고 우는 소리、

나중엔 動作中에서 特히 習性이라고 指摘할만한것의 有無等

이런 觀察이 必要하다。

송사리

나는 다시 개울가로 가본다。 썩은물 늘어진 댐싸리 外에 아모것도 없다。 그러나 나는 거기 앉어서 이번에는 그 썩는中의 웅뎅이 속을 드려다본다。

瞬間 나는 珍奇한 現象을 目睹한다。 無數한 汚點이 方向을 整頓해가면서 움즉이고 있는것이다。 이것은 生物임에 틀림 없다。 송사리떼임에 틀림 없다。

이 腐敗한 沼澤속에 이런 앙증스러운 魚族이 棲息하리라고는 나는 참 꿈에도 생각하지 못

建蘭은 줄기끝에 한두송이 남고는 죄다 벌어졌다。若干 붉은 點과線이 박인 누르스름한 그 모양이 澹泊은 할망정 妖艶치않고 이따금 그香은 가는 바람결처럼 일어온다。瑞香처럼 쏘지도않고 水仙 梅花처럼 상클하지도 않고 丁香 百合처럼 맵지도 않고 薔薇처럼 달지도 않고 그저 소리도않고 들린다。가까히보다 멀리서 더잘 들린다。千番을 들어도 萬番을 들어도 싫지 않다。듣다가 죽는줄도 몰으겠다。나는 이런때 저절로 춤도 추이고 노래도 불러진다。

(李 秉 岐)

棣 花

꽃이 가지에 피는것이 아니오리까? 가지뿐이 아니라 둥치에 둥치에서도 알에 동아리 뿌리 닷는데서 부텀 꽃이 피어올라가는 꽃나무가 있읍니다。꽃이 가지에 붙자면 먼저 花柄이 달리어야 하겠는데 어쩌도 性急한 꽃인지 花瓣이 直接樹皮를 뚫고나와 납죽납죽 붙는것이 답더다。어린 아이들 몸동아리에 滿身紅疫꽃이 피듯 하는 꽃이니 하도탐스런 情熱에 못전디어 빛갈마자 眞紅이랍니다。康津 끝에서는 이것을 棣花라고 일르는데 꽃이 이운 자리마다 열매가 맺어 달렸으니 원두콩같은 알이 배였읍니다。먹기 위한 열매도 아니오 기름을 짜거나 열매를 뿌리어 다시 나무를 모종할수 있거나한것도 아니겠는데 그저 매달려 있기위한 열매로 보았읍니다。 (下畧)

(鄭 芝 溶)

어선 푹은잎과 새잎은 그數를 이루 헬수가 없다。 뿌리도 비좁은 속에 바기다못하여 톡톡 튀어나 모래 우로 서리고 있다。 이 建蘭은 사오던 八年전에는 겨우 十餘잎쯤이었다。

水仙을 기르기 까다롭다 하지마는 사다 한달쯤 공을 드리고보면 꽃을 볼수 있지마는 蘭은 한해 또는 몇몇해를 겪어도 꽃은커녕 잎도 내기가 쉽지않다。 蘭은 싱싱하고 윤이나는 그잎이 파리똥만한 斑點도 없이 저대로 一二尺以上을 죽죽 벋어야한다。 蘭은 種類에 따러 大葉中葉 細葉과 立葉 垂葉이있다。大葉 立葉인 이建蘭은 다른蘭에 比하여 퍽健勁한편이고 보통 素心蘭보다는 윤이 덜하고 더푸르되 조선春蘭같이 잘지는 않다。

蘭은 잎만 보아도 좋다。 수수하고도 곱고 능청하고도 조촐하고 굳세고도 보드러운 그잎이 渓蓀 菖蒲 野茨菰와는 같은듯해도 전연 다르다。 이걸 모르고 蘭을 본다든지 그린다든지 하면 蘭이 아니오 雜草다。 石坡는 春蕙를 그리고 芸楣는 秋蕙를 그리었으나 겨우 七八分까지 이르다 말었다。

한창 찌는 더위에 물이 흐르는 몸으로 옷깃을 벗고 뒷마루에 나앉어 그들을 대하면 문득 火雲을 헤치고 蒼空을 보는것 같어 버쩍 소름이 치기도 하였다。

그후 二十餘日을 지나자 개미들이 떼를 지어 建蘭盆으로 드나든다。 입에 하얀것을 물고 가는놈 배가 통통 불러 어리둥어리둥 하는놈 이리저리 헤매는놈도 있다。 자세히 보매 우뚝 솟은 벋언 꽃줄기 마다 구슬 같이 달린 단물방울을 빨고 꽃목아지를 씷고 꽃봉지와 줄기도 갈거 먹었다。 군데 군데 상처기가 나고 꽃봉지는 시들기도한다。 바루 개미를 쓸고 쫒고 砂器쟁반에 물을 담어 받혀놓았다。

草• 木•

草木은 한곳에 서있다。바람에 흔들리는 外에 別로 動作이 없다。그럼 같다。그러니까 그가 가진 線條、그가 가진 色彩는 그들을 全的으로 代表하는것들이다。

가지가 어떻게 뻗은것、

어떤모양의 잎이 어떤 모양으로 드리운것、

꽃이 있고 없는것、

꽃이 있으면 꽃의 表情과 香氣가 어떤 特色이 있는것、

열매가 있고 없는것、

그나무가지、그꽃에 찾아오는 昆蟲의 있고 없는것、

人生에 美感을 주는것뿐인지、무슨 實用價値를 가진것인지、

그草木이 아모데나 나는것인지 特殊한 地帶에만 나는것인지、等、

이런点에 周到한 觀察을 갖는다면 대개 重要한 面貌는 드러나리라 믿는다。

建 蘭

偶然히 드려다보니 꽃순이 여섯대가 오른다。벍언 둥근 그리고 순이 높은 盆에 빽빽히 들

2 自然의 表現

人物보다 單純한 反面에 漠然함이 있다。漠然이란 얼른 理解하지 못하는 感情이다。얼른 이쪽 마음에 드러오지 않는 疎隔이다。얼른 自然에 가까히 나서는 態度부터 必要하다。自然과 握手하는 態度、그러쟈면 自然界의 모든것도 한마리의 昆蟲이라도、한포기의 풀이라도、모다 우리 人生과 함게 목숨이 있고、목숨을 슬기는 生活者들이거니 생각하면 새삼스런 그들에의 尊敬과 親愛를 느낄수 있을것이다。

돌각담 밑에 해별을 向해 새주둥이처럼 터나오는 조고만 풀싹의 하나、그것이 눈이 없고 입이 없으나、멥지 않고、덤빔 없이 謙遜히 자라나서는 대가 서고 가지를 치고、잎이 피고、風雨와 싸우며 꽃이 피어 自己의 情熱、香氣를 表現하고、고요히 찾아오는 나비와 부열이 있고 열매를 맺고……얼마나 眞實한 生活者인가!

이렇게 親愛를 가지고 본다면 一草一蟲、情 쏠리지 않는것이 없다。情이 쏠리면 그에게 無視할수 없는 感想이 일어날것이요 感想이 일어나면 表現하고싶은것은 또한 人情의 本能이다。더구나 自然에의 觀照처럼 淸潔無垢한 感想이 어디 있는가。

살 찌고 야윈것、
이마 넓고 좁은것、
얼굴빛의 희고 검은것、
눈 크고、작고、맑고、어둡고、두리두리하고、안존한것、
입술의 얇고、두터운것、
말소리의 맑고、탁하고、느리고、빠른것、
앉음앉이、거름거리等

이런것이 가장 그性格과 有機的인 因果를 갖는것이니 이런点에 銳利하고、多少 誇張的인 描寫가 必要한것이다。其他、옷모양、趣味、敎養、職業等도 그人物을 性格的으로 潤色하는데 適當한 顔料가 되는것은 勿論이다。

그러나 人物을 草木이나 動物처럼 가만히 세워놓고 描寫만하는것은 서투르다。그글에 나오는 必要한 言行과、事件을 써나가는 속에서 그人物의 性格的인것을 讀者는 모르는 새에 一点、一線씩 가벼히 덧취해 나아가 읽고나면 隱然히 그 人物이 두드러지게 해야 가장 自然스럽다。疎而不漏의 妙란 이런것을 이름이다。

「혹시」如玉군한테 드러 짐작 하실른지 모르지만 나는 玄英一이라고 합니다」
갑자기 내앞에 발을 멈추고 이렇게 말을 시작한 그는 다시 거르며
「아주 보잘것 없는 낙오자지요。낙오자라기보다 지금은 어쩔수 없는 아편 중독자지요。…
그러나 한때 나는 젊은 투사로、지도이론분자로 혁혁한 적이 있었드랍니다」
여기까지 하면 말을 끄친 玄은 문열의 스위치를 눌러 전등을 켰다。켰드라도 천정한가운데 드리운줄에 갓도 없이 매달린 적은 전구의 불빛은 여간 히미하지 않었다。玄은 장의자에 털석 주저앉아 호북 안섭자락에서 뒤져낸 휜약을 권연에 찍어서 빨기 시작하였다。

(崔明翊氏의「心紋」의 一節)

人物은 人物그自體의 自己表現이 恒常 있다。나무처럼、山처럼 不動의 對象이 아니라 쉴새없이 表情이 있고、말이 있고、行動이 있고、그런 모든것을 通해서 感情과 意志가 늘 表現되며있다。그러니까 먼저는 이런 表情、말、行動의 機軸인 外貌에서 特徵을 찾는데 觀点을 둔 細密한 調査가 必要하다。

그사람의 性格을 規定하는 外部的條件으로、

男女老少의 別은 勿論이요、

키 크고 작은것、

쓴채로 단장을 휘휘 내두르며 면춥신로 왔다 갔다하다가 누구에게 향하는지 모르게 싱긋 웃으며

『인제 또 가봐야지』

하고 획 나가버린다。 (中略)

세환(世煥)은 군수와 정반대로 키도 작달막하고 몸피도 가볍었다。얼굴빛까지 해끔하되 새까만 눈섭과 오똑한 코며 얼굴의 재입재입이 제 체격과 어울리게 매우 조직적이였다。매가리를 까불까불하며 궁덩이를 살랑살랑 흔들며 걸어다니는 모양은 일본사람으로 속게 되였다。그는 경찰서를 도는 기자인데 군수와 달러 자료를 다부지게 수집도 하고 기사도 끈질만드러 쓰되、제 쓴것이 실리지 않는다든지 귀에 거슬리는 말을 들는다든지하면 원종일 입을 꼭 다물고 쌔근쌔근하다가 기사 한줄 안 쓰고 홱 뛰어나간다。

(玄鎭健氏의 小說「지새는안개」에서)

그남자는 때 버서진 이마로 더욱 길고 여웨보이는 창백한 얼굴이 석고상같이 굳어져있다가 다탄 담배를 부벼 끄고 일어나 좁은 방안을 거닐기 시작한다。검푸른 무명 호복이 파리한 어깨에서 발뒤끔치까지 일직선으로 흘러서 더 수척하고 기러만 보이는 그체격은 더욱더 질어가는 방안의 어두움을 한몸에 휘감은듯하였다。그보다도 어두움이 길게 엉키고 뭉치어서 내눈 앞에 흐느적거리는것 같이도 생각되는것이다。

——붉은 뫼 안켜나? 나는 어둠이 주는 그런 착각이 싫고 그남자의 빼른 백골같은 손끝이 匕首로 변하지나 않을가도 생각하며、그저 연다라 담배를 피울밖에 도리가 없었다。

1 人物의 表現

表現하려는 對象에 人物처럼 複雜多端한것은 없다。 늙은 코끼리가 제아모리 體軀가 廣大하여도 한 少女의 心理의 複雜을 當치 못한다。 人物이란 外貌부터도 萬人萬色인데다 人物을 全的으로 代表하는 性格이란 大異大差가 있고, 同一人의 性格으로도 그情緒、行動은 境遇를 따라 千變萬化이기 때문이다.

그러나 어려움엔 또한 法의 妙함이 있다。 人物漫畵를 보라。 그素朴한 몇條의 單色線으로 그複雜한 頭腦者들인 히틀러어도 뛰여나오고、무쏠리니도 뛰여나온다。 妙法이란 별것이 아니다。 그人物의 外形으로 또는 內面으로 特徵만 붙잡어 놓으면 꼼작 못하는것이다。

군수(君秀)는 얼굴은 검으헤헤 하였으되 키가 설멍하게 큰데다가 떡 버러진 억개와 길고 곧은 다리의 임자이니 세비로나 입고 금테안경이나 버티고 단장이나 두르고 나서면 그풍채의 훌륭하기가 바루 무슨 회사의 사장이나 취체역같이 보이였다。 그는 쾌활한 호인물이였다。 결코 남을 비꼬든지 해치지 않는다。 혹 남이 제귀에 거실리는 말을 해도 마이동풍(馬耳東風)으로 흘려들었다。 그는 재판소와 도청에 출입하는 기자인데 아츰에 드러오면 모자를

쓴채로 단장을 휘휘 내두르며 면습실로 왔다 갔다하다가 누구에게 향하는지 모르게 싱긋 웃으며

『인제 또 가봐야지』

하고 홱 나가버린다。 (中略)

세환(世煥)은 군수와 정반대로 키도 작달막하고 몸피도 가볍였다。 얼굴빛까지 해끔하되 새까만 눈섭과 오뚝한 코며 얼굴의 째임째임이 제 체격과 어울리게 매우 조직적이였다。 매가리를 까불까불하며 궁뎅이를 살랑살랑 흔들며 걸어다니는 모양은 일본사람으로 속게 되였다。 그는 경찰서를 도는 기자인데 군수와 달러 자료를 다부지게 수집도 하고 기사도 곧잘 만드러 쓰되、제 쓴것이 실리지 않는다든지 귀에 거슬리는 말을 들는다든지하면 원종일 입을 꼭 다물고 쌔근쌔근하다가 기사 한줄 안 쓰고 홱 뛰어나간다。

(玄鎭健氏의 小說「지새는안개」에서)

그남자는 때 버서진 이마로 더욱 길고 여웨보이는 창백한 얼굴이 석고상같이 굳어져있다가 다탄 담배를 부벼 끄고 일어나 좁은 방안을 거닐기 시작한다。 검푸른 무명 호복이 파리한 어깨에서 발뒤꿈치까지 일직선으로 흘러서 더 수척하고 기러만 보이는 그체격은 더욱더 질어가는 방안의 어두움을 한몸에 휘감은듯하였다。 그보다도 어두움이 길게 엉키고 뭉치어서 내눈 앞에 흐느적거리는것 같이도 생각되는것이다。

——불은 외 안켜나? 나는 어둠이 주는 그런 착각이 싫고 그남자의 빠른 백골같은 손끝이 匕首로 변하지나 않을가도 생각하며、그저 연다타 담배를 피울밖에 도리가 없었다。

1 人物의表現

表現하려는 對象에 人物처럼 複雜多端한것은 없다。늙은 코끼리가 제아모리 體軀가 廣大하여도 한 少女의 心理의 複雜을 當치 못한다。人物이란 外貌부터도 萬人萬色인데다 人物을 全的으로 代表하는 性格이란 大異大差가 있고、同一人의 性格으로도 그情緖、行動은 境遇를 따라 千變萬化이기 때문이다。

그러나 어려움엔 또한 法의 妙함이 있다。人物漫畵를 보라。그素朴한 몇條의 單色線으로 그複雜한 頭腦者들인 히、틀、러、어도 뛰여나오고、무、쏠、리、니도 뛰여나온다。妙法이란 별것이 아니다。그人物의 外形으로 또는 內面으로 特徵만 붙잡어 놓으면 꼼작 못하는것이다。

군수(君秀)는 얼굴은 검으레레 하였으되 키가 설멍하게 큰데다가 떡 버러진 억개와 길고 끝은 다리의 입자이니 세비로나 입고 금테안경이나 버티고 단장이나 두르고 나서면 그풍채의 훌륭하기가 바루 무슨 회사의 사장이나 취체역같이 보이였다。그는 쾌활한 호인물이였다。결코 남을 비꼬든지 해치지 않는다。혹 남이 제귀에 거실리는 말을 해도 마이동풍(馬耳東風)으로 흘려들었다。그는 재판소와 도청에 출입하는 기자인데 아츰에 드러오면 모자를

第七講 對象과表現

1、人物의 表現

2、自然의 表現

3、事態의 表現

다—구 여쭈십쇼」 그래」

○?와!

이것도 우읫 모든 符號와 함게 近來에 와서 歐文들이 쓰는、그 便利함을 模倣한 것이다。이제 와 구래여 排擊할 必要는 없다。다못 한가지 提議하고싶은것은、아모리 符號기로 數量으로써 氣分의 强弱을 計算하려는데는 不贊成이다。?? ?! !! !!!等 戲畵는 穩當치 못하다。

하면 濃甘한 음식을 좋아한다는 뜻으로 分明해질것이요、

「나는 매우、단 음식을 좋아한다」

하면、나는 단 음식을 몹시 좋아한다는 뜻으로 明白해질것이다。

○「。」

한구절이 끝날때마다 동그랭이를 치라。지금 이 구절에도 치여진다。

○「」와『』

對話는 딴줄을 잡아 쓰되 모다 우으로 한字씩 떨구어서 얼른 視覺的으로 對話라는 表示를 주며 또 한사람의 談話마다「」표로 始終을 막아준다。『』표는 거듭 쓸 必要가 있을 때의 所用이다。이를톄면 다음과 같다。

「뭐라구 그러시든?」

「오시겠대」

「뭐래면서? 그이 말헌대루 해봐 좀」

「빙그레 웃구나더니『가다뿐입니까 어떤분의 초대신데…… 정각에 대령하겠읍니에서뿐 아니라 중간에서도 새行을 잡아 쓸적에는 으레 한字씩 뗄구어 쓴다。이책이 모다 그렇게 되였으니 새삼스럽게나마 注意해 보라。

○「、」와「・」

엽으로 찌는 點「、」과 가운데로 동그랗게 찌는 點「・」이 다르다。

「레오・톨스토이、안톤・체홉、모다 露西亞의 文豪들이였다」

하면、・點은「레오・톨스토이」한사람의 姓名中에서 姓과 名을 區分하는 點이오、、點은 톨스토와 체홉 두사람을 區別하는 點으로서 이를테면「와」토를 代身한 符號다。

이 엽으로 찌는「、」點은 여러가지로 씨인다。토의 代身으로 씨일뿐 아니라 文意가 混亂될 境遇에 훌릉히 文意를 整理해 주는 目標가 된다。

「나는 매우 단 음식을 좋아하다」

하면「나는 매우」란 뜻인지・「매우 단 음식」이란 뜻인지、「매우」의 位置가 混亂해진다。이런 境遇에

「나는、매우 단 음식을 좋아한다」

「먹을것이」「먹을수가」이런 새들은 떼이지 않는다。「것」과 「수」가 獨立한 單語가 못되기 때문이다。完全한 한個 單語가 못되는 표로는、「것」이나 「수」를 먼저 놓고 무슨 말을 만들어 보라。

「달이 떳다」

「바람이 분다」

는 말이 되나

「것이……」

「수가……」

는 말이 되지 않는다。

▲數는 떼이지 않는다。

「삼만사천오백삼십칠명……」

이렇게 數에 있어선 그냥 붙여 쓴다。「한사람」도 붙여 쓰고「반개」도 붙여 쓴다。

▲글줄이 새로 시작될 때는 한字 자리씩 떨구어 쓰기 시작한다。그러니까 첫行

○어떻게 떼이나?

지금 이글을 떼인것을 보라 單語마다 떼이는데 토는 그토가 달리는 單語에 붙어버린다。

「달이밝다」

하면、「달」과 「밝」은 單語들이다。「이」와 「다」는 토들이다。「달이」하니 「이」토는 「달」에 붙고 「밝다」하니 「다」토는 「밝」에 붙는다。즉

「달이 밝다」

이렇게 떼인다。

○注意할 몇가지

▲팔밥、깨엿、돌집、이런 말들은 한말에 두單語씩이다。그러나 떼이지 않는것은 「팔」과 「밥」 두가지를 가리킴이 아니라 팔으로 지은밥 「팔밥」 한가지를 가리킴이다。한單語(合成語)이다。

▲먹을것이 많으나 먹을수가 없다。

全文을 方言으로 地方色表現을 計劃한것은 氏의 大膽한 첫試驗이다。相當한 効果를 걷우었다 믿는다。

9 떼이기와 符號 用法

○떼이기

떼여 쓰지 않은 글은 읽기가 힘든다。힘만 들뿐 아니라

「돈이만원만있으면」

이렇게 붙혀놓아 보라

「돈이 만원만 있으면」

인지

「돈 이만원만 있으면」

인지 分別할 道理가 없지 않은가。이런것이 한두가지가 아니기 때문에 現代에 와선 어디서 온 法이든 떼여 쓰는것이 原則으로 되여졌다。

「버리들 잘해서 우리같은 놈두 좀 먹여살리시구려」
말하고 껄껄 웃었다。

(洪命憙氏의 「林巨正」의 一節)

作者의 生活語들이 아니라 글속에 나오는 人物들의 生活俗語인것이다。 그렇기 때문에 여기人物들、 여기空氣가 眞實해지는것이다。 글 속에 나오는 人物들이 理解 못하는말、 時代的으로 階級的으로、 동떨어진 말을 쓰는것은、 마치 언문만 알던 婦人이 죽었는데 純漢文으로 祭文을 읽는것이나 비슷한 不調和다。

소에 달구지에 電車에 뻐스에 交通이 大都市 같다。 아스팔트가 우드럭 두드럭 凹凸이 나구 말똥 소똥이 지저분히 서리와 얼어 붙구 거리 區劃이 꾸불게 혹은 엇비스디 언덕데 올라가구 내려가구 한게 도로혀 地方都市같아서 도타。

말세말이 났댔으니 말이더 폐양사람들은 말의 말세에 엣、 데、 테、 리끼니、 자오、 타오、 뜨랬는데、 깐、 글탄、 等等의 소리두만 들리는것은 아무래두 내귀가 서룰러서 그릅디、 예사할말에두 몹시 싸우듯하며 여차하믄 귓쌈한데、 썅、 색기、 치、 답쌔等의 말이 性急하게 나오는것은 혹은 내가 너무 誇張하여 하는말이 아닐더두 몰으갔으나 何如間 婦女子들두 초매끝에 쇳소리가 난다는 말이 있더만 싱싱하고 씩씩하기가 차라리 歐洲女子같은데가 있다。

(鄭芝溶氏의 紀行文 「平壤」의 一節)

서림이가 자기집에서 서총대무명 한필을 끄내서

「자 이거 선가루 받으우」

하고 사공을 주었다。 서총대무명이 백목만한 낮은 무명이지만 그때 시세가 한필 가지고 쌀을 서너말 바꿀수 있었다。 사공이 하로종일 배질하여도 쌀서말거리가 생길지 말지한것을 한번에 받었으니 입이 딱 벌어져야 옳건만 이사공 욕심 보아라 매매 교환(交換)에 많이 쓰는 닷새무명을

「이거 석새 아니요」

새를 낮잡아 싯듯하게 말하였다。

「선가루 부족하우」

「부족한게 아니라 북덕무명이라두 새가 너무 굵단말이요」

「자 갑시다」

「네」、

사공이 사매를 질렀다。 배가 깊은 물에 나와서 사매를 누여놓고 노질을 시작한 뒤 사공은 서림이를 보고

「멀리 버티들 나가시우」

하고 물어서

「그렇소」

서림이가 대답하니

대답을 전승으로하고 순갑이는 덕쇠가 꽁저놓던것을 넘싯이 넘겨본다。

(蔡萬植氏의 短篇「停車場近處」의 一節)

人物들의 談話는 勿論이려니와 作者의 文章에도、날려、답북、홍정、꽁저、울려、장을대는、수작、품、허탕을 치고、말번새、전승等 모다 그人物、그事件、그處所를 얼마나 잘 潤色시키는 말들인가。

여섯사람이 청석골서 떠나던날 임진나루 못밋어 동자원(桐子院)와서 자고 이튿날 식전 나루가에 왔을때 강건너의 배가 좀처럼 오지 아니하야 사장에들 앉어서 한동안 늘어지게 쉬였다。기다리기 진력이 날지경에 배가 겨우 건너와서 타기까지하였으나 사공이 행인 더 오기를 바라고 배를 떠우지 아니하여 서림이가

「여보 고만 갑시다」

하고 재촉하니 사공은 못 들은체 하고 있었다。

「우리 여섯이 선가를 특별 후이 줄테니 어서 떠우」

사공이 서림이를 흘깃 돌아보며

「얼마나 줄나구 특별이 준다우」

하고 물었다。

「내가 선가 선셈하지」

저히 飜譯해놓지 못할것들이다。

表現이란 뜻만으로 全部는 아니다。言語와 文字로 뜻만을 傳達시키는것은 言語와 文字의 善利用法이 아니다。言語마다 文字마다 意以外에 感情과 體格과 身元이 있다。뜻以外에 그 言語、文字가 發散하는 體臭、氛圍氣、그것을 善利用할 必要가 있는것이다。

순갑이는 돈 한푼 날려이 없는 덕쇠가 가개앞에서 무엇을 담북 홍정해가지고 꿍저놓고 하는것을 먼빛으로 발서 보았다。그는 그것이 궁금도 하거니와 어떻게 울려서 막걸리잔이라도 빼앗어 먹으려고 속으로 은근이 장을 대는 판이다。

「자네 수생겼는가부네？」

순갑이는 위선 이렇게 수작을 붙인다。

「어―이 순갑인가？ 어디 갔다 와？」

덕쇠는 순갑이가 금전판으로 품을 팔려고 첫새벽에 나왔다가 허탕을 치고 돌아오는줄 번연히 알면서 짐짓 모른체하고 묻는것이다。

그것도 하로아침에——실로 하로아침에― 부자가 되어바린 자기와 그리고 여전히 궁하고 초라한 친구를 대놓고 보게되니 더욱 신이나고 그래서 말번새도 그렇게 으젓해지는것이다。

「나？ 머 그저 헛걸음 허러 왔었지」

경우엔、우윗

「燭불이요」
「珊瑚송이로다」
「焰硝廳굴둑이요」
「虎頭閣大廳이라」

式으로 强調해버리는것이 文意까지 深刻해지는、一石二鳥의 妙法일것이다。

8 對象과 用語의 調和

책이라고는「책」보다「冊」字가 더 책 같다。冊字는 視覺的으로 形象이 調和시켜
주는 때문이다。또 視覺뿐이 아니다。鄭芝溶氏의「비」의

벌서 유리창에는 날벌레때처럼 매달리고 미끄러지고 엉키고 또그르 궁글고 흠이 지고한다。

한 一節을 보라。그 미끄러운 유리 우에 둥그런 비ㅅ물방울의 서물거리는 形容으로、描寫로、연달아 나오는 물소리같은 ㄹ音들의 聲響調和는 얼마나 効果的인 表現인가。뜻은 飜譯할수 있되、聲響美、聲響的인 表現効果는 世界 어느말을 가져와도 도

고 아이들처럼 孤獨하기 爲하여 남의 體溫에 끼인채로 한참이나 앉아있어야 하겠고 남의 눈어진 진 소매에 가리운대로 잠착해야하겠다。 (「비」의 一節)

이 原始的인、「처럼」「같이」를 아조 떼어버리지 않는다。 다못 삼가는것만은 事實이다。 同氏의 「綠陰愛誦詩」란 글에 다음과 같은 一節이 있다。

어디로 돌려보아야 蒼蒼한 綠陰이라 綠陰을 푸른 밭으로 비길지면 柘榴꽃은 켜들은 붉은 燭불이요 綠陰을 바다에 견줄지면 柘榴꽃은 집숙히 새로 돋은 珊瑚송이로다。

「燭불이요」와 「珊瑚송이로다」는 「같이」가 强調된것이다。 이런 「같이」「처럼」「듯이」를 飛躍하는 法은 이미 春香傳 같은데도 있어는 왔다。

白酒는 黃人面이요 黃金은 黑人心이라 방자놈 마음이 焰硝廳 굴뚝이요、虎頭閣大廳이라 주마하는 말에 비워가 동하여……

「焰硝廳굴둑이요」와 「虎頭閣大廳이라」에는 「같이」가 보히지는 않으나 뜻으로 보아 몇「같이」가 緊縮된 말이다。

「같이」「처럼」「듯이」를 絕對로 避할것은 없겠지만 濫用을 해서는 絕對 안된다。舊式이라기보다 賤俗해지기 때문이다。 避할수 없이 「같이」「처럼」「듯이」가 나오는

코는 질병 같고、입은 미여기 같고、머리털은 도야지털 같고、키는 장승만하고 소리는 이리
소리 같고……

(薔花紅蓮傳의 一節)

한곳을 偶然히 바라보니 완연한 그림속에 어떠한 一美人이 春興을 못이기여 白玉같은 고
흔樣子 半粉黛를 다스리고 皓齒丹唇 고은얼골 三色桃花未開峯이 하로밤 細雨中 반만피인 形
狀이라 靑山같은 두눈섭을 八字春色 다스리고 黑雲같은 검은머리 반달같은 臥龍梳로 솰솰빗
겨 전반같이 넓게 땋아……
백릉보선 두발길로 소소굴러 높이차니 爛漫한 桃花송이 狂風에 落葉처로(처럼) 綠樹溪邊
上下流에 아조 풀풀 훗날리니 衣裳은 飄渺하고 玉壁이 琤瑽이라 飛去飛來하는 양이 天上仙
官 鸞鳥타고 玉京으로 向하는듯、洛浦의 巫山神女 구름타고 陽臺上에 나리는듯 綠髮雲鬟 풀
리어서 珊瑚簪 옥비녀가 花叢中에 번듯빠져 꽃과같이 떨어진다。

(春香傳의 一部)

같이、처럼、듯이들이 얼마나 猛烈히 活動했는가。普遍性이 있다는것은 도저히 無
視할수 없다는 存在다。一字 一韻을 凡然히 아니하는 鄭芝溶氏 같은이도

驢馬처럼 떨떨거리고 오는 힌 뻐쓰를 잡아탔다。유리쪽마다 빗방울이 매달렸다。오늘에
한해서 나는 한사코 빗방울에 걸린다。
뻐쓰는 후두룩 떨었다。빗방울은 다시 날러와 붙는다。나는 헤어보고 손가락으로 부벼보

비는 시름없이 나리어 장독들도 버들잎도 묵묵히 젖을뿐、나는 손 끝에 뛰어오는 몇방울 비ㅅ물에 어름 같은 차거움을 느끼며 따스한 방안으로 드러오고 말었다。

(어떤 學生의 作文)

여기「가을비」를 두고 지은 글이 두篇이 있다。우리는 다 읽어 보았다。그런데 어느글이 더 우리에게 가을비다운 가을비 맛을 傳해 주는가?

아모래도 나종읫 글이다。먼젓 글은「가을비」에 關한 槪念과 知識뿐이다。가을비를 눈 앞에 보고 느끼어짐을 쓴것이 아니요 머리속에 든 知識에서 썼다。가을비는 쓸쓸하다고 군데군데 말했으나 쓸쓸하다는 말이 한마디도 없는 나종읫 글보다 훨신 덜 쓸쓸하다。

7 같이·처럼·듯이에 對하야

누구에게나 修辭意識이 생기는 첫瞬間에 따라나서는것이 이「같이」「처럼」「듯이」들이다。가장 原始的이요 普遍的인것이다。두루편

不得已하야 許氏를 장가드니 그容貌를 議論할진대 두볼은 한자이 넘고 눈은 퉁방울 같고

떠한 情緒가 일어나느냐 즉 눈 덮인 벌판에 對한 感覺이 어떠하냐」 그 感覺되는바를 적을것이다。

가 을 비 (A)

가을이라 하면 누구나 달을 말하고 丹楓과 버레를 말하나 비를 말하는 이는 적다。詩人들까지 그랬다。 달과 丹楓이나 버레소리에는 드러차게 읊었어도 가을비 소리를 읊은 詩人은 적다。

나는 詩人이라면 달보다 丹楓보다 버레소리보다 이 쓸쓸한 가을 비 소리를 읊으리라。 얼마나 가을비 소리는 쓸쓸한 소리인가。 얼마나 가을다운 소리인가。 가을은 쓸쓸한 時節이다。 가을비 소리가 더욱 그렇다。

(어떤 學生의 作文)

가 을 비 (B)

장독들이 비를 맞고 섰다。 그것들이 어찌 시원해 보이는지 지나다 말고 뒤ㅅ마루에 앉어 바라보았다。

비ㅅ발은 고르지 않다。 어떤것은 실 같이 가늘고 어떤것은 구슬 같이 무거운것이 떨어져 깨어진다。 이런 무거운 비ㅅ발에 맞어 떨어짐인가、 어디서 버들잎 하나가 날러와 장독 허리에 사뿐 붙는다。 버들잎은 「나비인가」 하리만치 노랗게 단풍이 들었다。 벌서 落葉이였다。

리 속에 記憶해 놓은 概念、知識만으로는

「검은 옷은 검으니라」

「눈 온 벌판은 히니라」

밖에 더 쓰지 못할것이다。

무론「눈온 벌판은 히니라」하는것도 글자로 썼으니 글은 글이다。그러나 맛이 없는 글이다。精神이 들지 않은 글이다。主觀이 들지 안은 즉 그글을 쓴 사람의 感情과 아모런 交涉이 없이 나온 글이다。「눈 온 벌판은 히니라」이 말은 누구나 할수 있다。

金某도 할수 있고 李某、朴某、누구나 다 할수 있는 말이다。눈이 힌줄은 누구나 다 아는 知識이기 때문에。

概念이나 知識으로만 글을 써서는 안된다。눈이 히다거나 불이 뜨겁다는 概念、知識은 다 내어버려도 좋다。

눈이 한벌판 가득히 덮였으니 보기에 어떠한가。힐것은 무론이다。눈이 히다 검다가 問題가 아니다。힌 눈이 그렇게 온 벌판을 덮어놓았으니 보기에 어떠하냐。어

새까맣게 먹칠을 해놓았다。 先生님은 그 새까만 저고리를 보시고 성이 나시어

「왜 저고리빛이 이렇게 두드러진데나 구석진데나 할것없이 한빛으로 새까맣기만 하냐?」

물으시니 그 學生이 선뜻 對答하기를

「先生님 딱하십니다。 冬服빛이 새까맣니 새까맣게 그리는수 밖에 있읍니까?」

하였다。 先生님은 어이가 없어 껄껄 웃으시고

「새까맣니까 새까맣게 칠을 했다? 그럼 눈온 벌판을 그려라 하면 白紙 그대로 내놓겠구나?」

하시어 班이 들석하고 웃은 일이 있다。

「눈온 벌판을 그려라 하면 白紙 그대로 내놓겠구나?」

한번 생각할 價値가 있는 말이다。

누구나 눈이 흰줄을 안다。 눈이 히다는것은 눈에 對한 概念이다。 눈이란 흰것이라고 아는것은 우리의 知識이다。 우리가 概念에서만、즉 知識에서만 눈이 온 벌판을 그린다면 그야말로 흰종이를 그대로 놓고 보는수밖에 없다。 글도 그렇다。 우리가 머

그러나 勿論 아모런 題目도 떠오르지는 안는다。

그렇다면 아모것도 생각말기로하자。그저 限量없이 넓은 草綠色벌판、地平線、아모리 變化하야 보았댓자 結局 稚劣한 曲藝의域을 버서나지 않는 구름、이런것을 건너다본다。

地球表面積의 百分의 九十九가 이 恐怖의 草綠色이라 그렇다면 地球야말로 너무나 單調無味한 彩色이다。都會에는 草綠이 드물다。나는 처음 여기 漂着하였때을이 新鮮한 草綠빛에 놀랐고 사랑하였다。그러나 닷새가 못되어서 이 一望無際의 草綠色은 造物主의 沒趣味와 神經의 粗雜性으로 말미암은 無味乾燥한 地球의 餘白인것을 發見하고 다시금 놀라지 않을수 없었다。

어쩔 作定으로 저렇게 퍼러냐。하로 원終日 저 푸른빛은 아모짓도 하지안는다。오직 그 푸른것에 白痴와 같이 滿足하면서 푸른채로 있다。

(李箱의 隨筆「倦怠」의 一部)

얼마나 銳利한 神經들인가 對象의 眞實은 날카로운、觸覺이 아니고는 냄새도 맡지 못한다。그냥 외여둔 知識에서、概念에서 單語羅列이나 流暢하게 해놓은 글엔 이런 前人未發의 新現象이 絶對로 指摘되지 않는다。

나의 中學때 어느圖書時間에서다。先生님이「앞에 앉은 사람을 寫生하라」하시었다。그래서 한學生은 앞에 앉은 學生의 저고리를 그리는데 빛에 濃淡이 없이 아조

마침내 옴두겁이는 그길을 거진 다가서 목책모퉁이에 있는 사절화숲속으로 들어갔다。 단장끝으로 그곳을 헤치고 본즉 사절화떨기 밑에 있는 구멍으로 옴두겁이의 뒷다리는 꿈에 잡았던 손같이 사라지고마는것이었다。 그리고 그 구멍에서는 적은 물줄기가 흘러나리고 있었다。 웬 샘물일가? 하고 단장끝으로 후비며 드려다본즉 그 구멍은 회ㅅ집이 무너앉은 고총(古塚)이었다。 文一이는 단장을 던지고 일어서서 침을 뱉었다。 무덤 구멍에서는 재와같이 썩은 나무쪼각이 쇠동록이 풀린듯한 검붉은 물에 떠 나왔다。

文一이는 옴두겁이의 안내로 의외에 발견한 무덤가에서 생명채이면 형해조차 이미 없어진지 오랜 빈 무덤 속에 드러누었거나 앉어있을 옴두겁이를 생각하며 자기방에 누어있는 자기를 눈앞에 그리어보았다。

옴두겁이는 지금 무덤 속에 들어간채로 오랜동안의 동면을 시작할 작정인지도 모를것이다。 동면이란 꿈을 먹고 사는것이아닐가? 동면기간의 양식이되는 꿈은 그의 생활기인 봄 여름 가을동안에 축적한 생활경험의 재음미일것이다 그러한 재음미로서 낡은 껍질을벗고 새로운 몸으로 새봄을 맞으려는 꿈은 결코 악몽이 안일것이라고 文一은 생각하였다。

(崔明翊氏의 小說「逆說」의 一部)

너무 더웁다。 나무잎들이 다 축 늘어저서 허덕허덕하도록 더웁다。 이렇게 더우니 시내들인들 서늘한 소리를 내어보는 재간도 없으리라。

나는 그 물가에 앉는다。 앉어서 자— 무슨 題目으로 나는 思索해야할것인가 생각해본다。

벌서 유리창에 날벌레떼처럼 매달리고 미끄러지고 엉키고 또그르 궁글고 홈이 지고한다。매우 簡易한 風景이다。

그러나 빗방울은 觀察을 細密히 하게 하는것이 아닐가。내가 오늘 悠悠히 나를 고눌수 없으니 滿幅의 風景을 앞에 펼칠수 없는 탓이기도하다。

빗방울을 시름없이 드려다보는 겨를에 나의 體重이 허한히 가벼야옵고 슬퍼지는것이다。서명 누가 나의 쭉지를 핀으로 창살에 꼭 꽂아둘지라도 그대로 견될것이러라。

(鄭芝溶氏의「비」의 一部)

다시 집으로 들어오려던 文一이는 현관문밖에 큰 옴두겁이 한놈이 명상에 취한듯이 앉어 있는것을 보았다。곰테안경을 눈알속에 낀듯한 옴두겁이의 눈을 바라보다가 단장을 집어들고 옴두겁이의 명상을 건드리었다。놀낸 옴두겁이는 뛰염 뛰염 뛰여서 文一이가 거닐던 그 좁은 길에 들어섰다。몇번 뛰고는 충심자기병자같이 헐떡 거리며 다리를 떨고 앉는다。

이길을 걷는것은 자기 혼자뿐이 아니였다고 속으로 웃으며 文一이는 쉬고있는 옴두겁이를 재촉하듯이 건드리였다。부들부들 떨고있는 옴두겁이의 불기짝도 가을바람에 여워어서 초라하게 파리한 뒷다리를 겨우 뻗아 뛰는것도 그나마 힘없는 앞발은 몸을 가누지 못하고 끄끄라지는것이다。그꼴을 보는 文一이는 어렸적에 경험한 잔인성을 손에 잡은 단장에 힘주어 느끼였으나 뛰기를 단념하고 기어가는 옴두겁이를 따라갔다。적으나 얼마든지 완중스럽게 볼수있는 옴두겁이의 기는 발을 볼때 등곬을 기어가는 징그러운 이를 감촉하였다。

이것은 感覺이다。어떻게 爛漫하다는 摘發이다。

밝든、어둡든、차든、더웁든、슬프든、즐겁든、「어떻게意識」이 活動하지 않고는 그眞味、眞境은 表現되지 않는다。「어떻게?」를 알려면 感覺해야 된다。視覺、聽覺、嗅覺、味覺、觸覺、五官神經이 斥候兵과 같은 敏活、精密한 觀察이 없이는 不可能한것이다。그러므로 銳利한 感覺은 반듯이 銳利한 觀察을 先行條件으로한다。그리고 感覺의 表現은 언제든지 神經質的이다。그러므로 間接的인 뜻의소리인 言語보다도 直接的인 擬音、擬態의 소리를 많이 使用하는것도 注意할 點이다。이擬音語、擬態語에 對해서는 第二講에서 「擬音語、擬態語와 文章」을 叅考하라。

은행이며 대추며 저육이며 정육이며 호도며 버섯도 세가지 종류라며、그외에 몇가지며 어찌 어찌 調合된것인지 알수없으나、산산하고도 丁寧하고 날새고도 굳은 開城的婦德의 손씨가 문히어나온 점이 어찌 珍味가 아닐수 있겠느냐。허나 기름불열에서 새빩안 김생의肝을 야념을 베픈다는것은、그것이 더욱 검은 밤에 하이한 손으로 料理된다는 것이 아직도 진저리 나는 怪談으로 여김을 받지 아니함은 어쩐 사정이뇨。瓶안에 든「品」이 별안간 興奮함도 대개 이러한 肝을 보아 그리함인지도 모른다。

(鄭芝溶氏의「愁誰語」의 一部)

6 感覺과 文章味

文章을 맛나게 하는것은 허다 美詞麗句가 아니다。날카로운 感覺으로 對象에서 무엇이고 新發見 新摘發해내는것이 있어야한다。

바람이 몹시 차다。

이것은 說明이다。

바람이 칼날처럼 뺨을 저민다。

이것은 感覺이다。어떻게 차다는 摘發이다。

소리가 몹시 컸다。

이것은 說明이다。

소리가 꽝 터지자 귀가 한참이나 멍멍했다。

이것은 感覺이다。소리가 어떻게 컸다는 摘發이다。

石榴꽃이 이쁘게 폈다。

이것은 說明이다。

石榴꽃이 불덩이처럼 이글이글한것이 그늘진 마당을 밝히고 있었다。

름답구나!」만 써가지고는、讀者는 아모 아름다움도 느끼지 못한다。讀者에게도 그런心理를 이르키기 爲해서는 그風景의 아름다운 所以를、즉 天、雲、山、川、樹、石等 風景의 材料를 風景대로 調合해서 文章으로 表現해 주어야 讀者도 비로소 作者와 同一한 經驗을 그文章에서 얻고 한가지로「아름답구나!」心理에 이를수 있는것이다。

이렇게 題材의 現象을 文章으로 再現시킴이 描寫다。

描寫의 要點으로는、

一、客觀的일것、언제든지 冷靜한 觀察을 거쳐야할것이니까

二、整然할것、時間上으로、空間上으로 順序가 있어야 全幅의 印象이 鮮明해질 것이니까

三、寫眞機와는 달러야할것、對象의 要點과 特色을 가려 거두는 反面에 不必要한 것은 버려야한다。

하였다。더욱이 아버지의 얼굴에서! 자기아버지에게서 저러한 동경에 사모친 황홀한 눈을 보게 되는것은 의외라고 할밖에 없었다。

혹시 아버지가 돌아앉아서 돈을 헤일때에 저러한 눈으로 돈을 보았을는지는 모를것이다。

(崔明翊氏의 短篇「無性格者」의 一部)

髣髴以上들이다。寫眞이 이처럼 싱싱할수 없다。

글은 들려주고 알려주고 보혀주고、이세가지를 한다。들려주는것은 韻文의 일이요 알려주고 보혀주고하는것이 散文의 일인데 알리는것보다 보혀주는것은 몇倍의 具體的인 傳達이다。누구에게 있어서나 視覺처럼 빠르고 直接的인 感覺은 없기 때문이다。

描寫란 그린다는、워낙 繪畵用語다。어떤 物相이나 어떤 事態를 그림그리듯 그대로 그려냄을 가리킴이다。歷史나 學術처럼 條理를 끄러나가는것은 記述이지 描寫는 아니다。實景、實況을 보혀 讀者로하여금 그境地에 스사로 들고、氛圍氣까지 스사로 맛보게 하기 爲한 表現이 이 描寫다。

아름다운 風景을 보고「아름답구나!」하는것은 自己의 心理다。自己의 心理인「아금을 샀다。 이때부터 나는「이쩐짜이」가 된것이다。

(李善熙氏「計算書」의 一節)

포푸라나무밑에 염소가 한마리 매어 있읍니다。 舊式으로 수염이 났읍니다。 나는 그앞에 가서 그聰明한 瞳孔을 드려다봅니다。 세루로이드로 만든 精巧한 구슬을 오브라-드로 싼것같이 맑고 透明하고 깨끗하고 아름답읍니다。 桃色눈자위가 움직이면서 내 三停과 五岳이 고르지 못한 貧相을 없수녀기는中입니다。

(李箱의 紀行文中 一節)

그때——심한 구토를 한후부터 한방울 물도 먹지 못하고 혓바닥을 추기는것만으로도 심한 구역을 하게된 만수노인은 물을 보기라도하겠다고 하였다。 丁一이는 요를 포겨서 병상을 돋우고 아버지가 바라보기 편한곳에 큰 물그릇을 놓아드렸다。 그러나 그물그릇을 바라보기에 피곤한 병인은 어디나 눈가는곳에는 물이 보이기를 원하였다。 그래서 큰어항을 병실에가득 느러놓고 물을 채와놓았다。 병인은 이어항에서 저어항으로 서느러운 감각을 시선으로 핥듯이 둘러보다가 그도 만족지못하여 시원이 흐르는 물이보고싶다고 하였다。 丁一이는 아버지가 보기편한곳에 큰물그릇을 놓고 대접으로 물을 떠서는 적은 폭포같이 드리워쏟고 또떠서는 드리워쏟기를 계속하였다。 만수노인은 껌어케 탄 혀를 벌린 입밖에 내놓고 황홀한 눈으로 드리우는 물줄기를 바라보고있었다。 그눈을 볼때 丁一이는 것잡을 사이도없이 자기눈에 눈물이 솟아 오름을 참을수가 없었다。 丁一이는 일즉이 그러한 눈을 본기억이 없다고 생각

「리상—」

나까가와는 머리를 돌린다。이마엔 구슬땀이 봉울봉울 맺히었고、얼굴이 빨갛게 되어 영실이를 보자 시언하다는듯이 펀셋트를 내주고 머리를 설렁설렁 흔들어 땀을 떨구면서 물러났다。수갑 낀 손에 쥐어지는 이 빈셋트! 매끈하고도 듬직한 감을 주며 무엇이나 찝고싶어지는 이 감촉、손에 기운이 버쩍 나고 흩어진 마음이 보짝 모힌다。

눈감고라도 이 펀셋트만 쥐면 어떠한 기계라도 능란히 섬길수가 있는것이다。

（姜敬愛氏의 短篇「어둠」의 一部）

「이쩐짜이(일전짜리)」

——이것은 우리가 어느 시골정거장을 지나다가 지은 이름이다。그쩍에 차를 기다리던 손님이 우리석건, 도합사오인밖에 안되었는데 조고마한 대합실 밖알벽에 아침햇빛이 또아리를 틀고 있고 그옆에는 사과장수 늙은할미가 파일함지박을、앞에 놓고 우들 우들 떨고 앉었다。

그 사과 중에 맨 꼭대기에 놓인 사과 한알이 가장 적고、한편모사리가 찌브러지고 뺨앓고 보삭한 얼굴을 반짝 처들고 우리를 말끄럼히 처다본다。

「허— 저 쪼꼬만 애기능금이 재없이 당신모습을 닮었구려」

우리는 즐겁게 웃었다。그리고 노파 앞으로 닥아서며 흥정을 부쳤다。

「일전으 냅세」

노파의 히망대로 일전한푼을 주고 그 적고 귀엽고 가엽고 꼼꼼하고 영리해 보이는 애기능다。 뒤로 쫓아 들어온 그는 뜰 한가운데에 서서 덧문을 첩첩이 닫은 大廳을 멀거니 바라보고섰다가 自己書齋로 쓰던 아래방으로 들어가서 몬지 앉은 椅。우에 엎드러지듯이 벌덕 두러누었다。

(藤想涉氏의 小說「標本室의靑개고리」에서)

의사는 영실이를 힐긋 보자 눈이 힛득 올라가고 푸른 입술에 비웃음을 삐죽히 흘린다。 영실이는 이것을 보자 미안한 마음이 훌랑 다라나고 어디선지 악이 바짝 치달아온다。 그래서 열른 세면기 앞으로 와서 부타시로 손을 닦기 시작하였다。 따끔 부더치는 부타시를 따라 휭휭 돌던 머리가 딱 멈추어지고 맘이 꽁꽁 얼어 붙는것 같았다。

「아구! 아구!」

환자는 외마디 소리를 냅다 지르고 다리를 함부로, 내젔는다。

간호부들은 머리와 다리를 꼭 누르니 환자는 더 죽는소리를 내었다。 힐긋 돌아보니 의사는 방금 칼로 피부를 갈라놓았고、 흐르는 피속에 지방이 히끗히끗 나타났으며、 혈관을 찝은 ᄀ고히투(止血鉗子)가 두어개 꽂히어 영실의 눈을 꼭 찌르는듯 하였다。 눈송이 같은 까제가 나까가와의 손에서 의사의 피묻은 손에 쥐어있는 빈셋트로 옮아와서 수술처에 들어가자마자 빨갛게 피덩이가 된다。

영실이는 손을 다 씻고나서 나까가와의 곁으로 갔다。

「미안하게 됐오」

和의 美를 가져야하고 謙遜을 잃지 않어야 妙境이다。구지 漢字美에 끌려어야만할 것도 아니요 너머 題字치례만 하다가 本文을 遜色케해서도 損이다。

5 描寫와 文章力

文章에 가장 날카로운 힘을 줄수 있는것은 描寫다。

……犯罪者의 陋名을 쓰고 妻子까지 잃은 이내신세일망정 十餘年이나 情을 드리고 살면 四個月 前의 내집조차 나를 背反하고 고리에 쇠를 비스듬이 차고 있는것을 볼제 그는 그대로 매달려서 울고싶었다。

伯父는 숨이 찰듯이 써근써근하며 쫓아와서

「열대 에 있다」

하며 자기 손으로 열고 들어갔으나 어느때까지 우두커니 섰었다。

一個月 以上이나 손이 가지 않은 마당은 이사ㅅ짐을 나른뒤 모양으로 새끼부스러기 조희조각들이 늘비한 사이에 初夏의 雜草가 수채 앞이며 담밑에 푸릇푸릇하였다。그의 叔父도 亦是 이런줄이야 몰랐다는듯이 깜짝 놀라며 한번 휙 돌아보고 나서 신을 신은채 퇴마루에올라 섰다。몬지가 뽀야게 앉은 퇴 우에는 고양이 발자곡이 여기 저기 山菊花송이 같이 박혀 있

에서 그글 全體를 代名한것이니 文題일수밖에 없다。

文題는 그글의 이름이다。 사람의 이름은 行列字에 依支하지만 글의 이름은 그글自體의 內容을 떠나서는 아모런 標準도 없을것이다。

文題는 그글의 內容을 完全히 吟味하여 가지고 가장 要領있는 짧은 말로 그글을代表시키면 고만이다。

文題를 定하는데는 적어도 다음과 같은 몇가지의 用意가 必要하다。

첫재 동뜨지 않을것이니 어대까지 本文의 內容에만 率直할것이요。

둘재 魅力이 있을것이니 本文보다 큰글자로 씨여지는 文題가 얼른 讀者의 마음을 끌어야 자줄구러한 本文까지 읽혀질것이다。

셋재 새것일것이니 사람의 이름도 흔이 있는 「정히」니 「복동」이니하면 새로 듣는맛이 없듯、글에서도 그럴것이다。 될수있는대로 남이 이미 붙혀놓은 이름은 피하고새것을 지어 文題만 들어도 새로운 맛이 나게 할것이다。

처음엔 대체로 文題에 過慾들이다。 宏壯히、巨大한 題目을 즐긴다。 들떠놓고 「人生」이라 「가을」이라 하는套로 天下事를 혼자 써낼듯이 덤빈다。 文題는 內容과 調

二、過分한 表現慾에서의 脫線이다。

形容과 奇想에 끌리다가 主脈에서 멀어나가면 그글의 머출 자리를 노치고만다。

三、終結感에의 野心이 너머 强한 때문도 있다。

끝을 맺는다고해서 演壇에서 주먹을 치듯、拍手喝采를 期待하는式으로 無理한 深刻味를 내려서는 안된다。

四、終結感에의 野心이 너머 弱한 때문도 있다。

이것은 反對로 너머 끝이 虛해지고만다。

아모튼 도든 글의 結辭는 多少의 點睛作用이 있어야 할것이다。一篇의 글을 形式으로만 맺을뿐 아니라 內容으로도 完成하는 最後의 一線이 되는 同時에 뻔적! 하고 그글全體에 生氣를 끼얹는 異彩、神韻을 지녀어야 妙를 얻은 結辭法이라 할것이다。

4 命題에 對하야

文題가 없어「失題」니「無題」니 하는 글도 있지만「失題」「無題」亦 文題의 位置

그러고 文章에 自信이 적을수록 句節을 얼른, 짧게 끊는것이 좋다。 대개 첫句節을 길게 끌어가지고 나려오다 얼클어놓는것이 첫솜씨들의 通弊다。

3 結辭에 對하야

글의 最後一行은 舞臺를 닫는 幕과 같다。 題意가 아직 充分히 드러나기 前에 끊어지는 글은 演行中에 幕이 닫긴 演劇이요 終點을 얻지 못하고 支離彷徨하는 글은 演劇은 다 했는데 幕이 안닫기는 醜態다。

結辭를 제대로 못하는 몇가지 原因을 찾는다면、

一、題意에의 分明한 認識과 統一不足이다。

平壤까지 갈것을 分明히 作定하고 나섰으면 거침없이 平壤까지 가는 車票를 살것이요、平壤行을 샀으면 平壤이 終點될것은 自明한 事實이다。「京城에서 平壤까지」、或은「平壤에서 釜山까지」이렇게 끝이 뚝 떠러져야 될것이니、于先 題意를 分明히 認識해서 文脈의 經路와 限界線을 分明히 가지고 그곬으로만 몰아나가야할것이다。

이글에서는「나」가 없어도 亦是「나」로 시작된 글이다。

그런데 이「나」에 拘束을 받아서는 안된다。벌서 拘束을 느낄만한 程度면 이런 ABC式講義가 必要치 않을것이다。

다음엔「언제 어디서」로 시작하는것도 손쉬운 方法의 하나이다。

어제 S病院 傳染病室에서 본 일이다。

A라는 少女、七八歲밖에 안된 귀여운 少女가……

(朱耀燮氏의「미운看護婦」의 書頭)

메칠전에 어느乞人 하나를 보고 아래와같은 생각을 하였다。

獨逸 厭世哲學者 쇼펜하웨르는……

(卞榮魯氏의「施善에對하여」의 書頭)

萬一 文題가 名詞인 경우에 그名詞로부터 시작되는 글도 많이 있다。

갓은 朝鮮色을 가장 잘 代表하는 것이다。朝鮮을 처음 본 사람들의……

(李如星氏의「갓」의 書頭)

머리가 있어 女子를 아름답게 하는것은 마치 孔雀새가 玲瓏한 꼬리를 가진것과 갈다한가…

(金璐俊氏의「머리」의 書頭)

나는 梧桐에 對하여 퍽 愛着心이 强하다。 내가 樹木中에 가장 사랑하는것이 솔나무와 梧桐이나 松、梧桐 두가지 中에서 다시 더 사랑할것을 고른다면 솔이라 하겠으나 나는 사랑하는 이 兩者中에서 差別을 세우고싶지 아니하다。 대체 兩者에게는 兩者 特有의 美點이 있어 서로 이것으로 저것을 대신 할수 없는 까닭이다。

내가 梧桐을 사랑하게 된 原因이 무엇인가 하면……

(春園의 隨筆「梧桐」의 書頭)

나는 그믐달을 사랑한다。 그믐달은 너무 요염하여 감히 손을……

(羅稻香의「그믐달」의 書頭)

나는 남들처럼「개」라고 일컷는 畜類에 對하여 好意나 同情을 갖지 못한다。 그러나……

(朴泰遠氏「畜犬無用의辯」의 書頭)

그러나「나」라고 꼭 박아야「나」로 시작할수 있는것은 아니다。

워낙 性味가 게을러서 門밖에 나가기를 질겨하지 안는데다가 近年에는 몹시 치위를 타기 때문에……

(梁柱東氏의「爐邊雜記」의 書頭)

첫한마디、 그것을 잘놓고 못놓는것이 그글의 順逆、吉凶을 左右하는수가 많다。

너머 덤비지 말것이다。 너머 緊張하지 말것이다。 奇허하려 하지 말고 平凡하려 하면 된다。

書家 교호는、 書布 우에 「무엇」이 깃들기 前에는 彩筆을 들지 않는다 하였다 종이 우에 쓰려는것이 確實히 깃들기 前에는 붓을 들지 말것이다。 쓰려는 要領만 눈에 보힌다고 덥석 쓰기 시작하면 重要한 部分이 첫 몇줄에서 더 없어져버린다。 龍頭蛇尾가 된다。 能히 文題부터 써놓을수 있도록 글의 全景을 빈 종이 우에 느끼고 그리고 첫머리를 찾을것이다。 마음 속에 그글의 全景을 느끼기 前에 붓을 들면 머리가 안 나오고 中間부터 불거지기 쉽다。

小說以外엣 글은 흔히 一人稱이라。 그러므로 무슨 所感이든 말하는 主人은 「나」다。 이 一人稱名詞 「나」를 첫말로 쓰는것도 平易한 한 書頭法이 되리라 생각한다。 實例로 보더라도 「나」에서 시작한 글이 相當히 많고 또 말이 順坦하게 풀려나려간다。

要點은 自己가 觀察하고 느끼게 달린것이다。그렇니까 더욱 要點은 自己가 넉넉히 느껴낼만한、料理해낼만한、제힘에 만만한것으로 擇하는것이 上策이다。

한알 씨알에서 싹이 트고 가지가 벋고 꽃이 피듯、「귀또리」란 題에서 天下의 가을을 向해 번져나가는 글이라야지、허턱 「가을」이라 大膽하게 題를 붙혀가지고 「귀또리」로 쪼라드는 글은 소담스럽지 못한 法이다。

2 書頭에 對하야

金黃元이가 大同江에서

長城一面溶溶水
大野東頭點點山

을 짓고는 다음句가 나오지 않어 붓을 꺾었다는 말이 있다。첫 한句에서 할말을 다 해버린 까닭이다。

더욱 散文에선 첫머리 몇줄 몇줄이라기보다 第一行의 글 다시 一行이라기보다

崔서방네집 개가 이리로 온다。그것을 金서방네집 개가 發見하고 일어나서 迎接한다。그러나 迎接해본댓자 할일이 없다。良久에 그들은 헤어진다。

설레설레 길을 걸어본다。밤낮 다니던길、그길에는 아무것도 떨어진것이 없다。村民들은 한여름 보리와 조를 먹는다。반찬은 날된장 풋고추다。그러니 그들의 부엌에조차 남는것이 없겠기늘 하물며 길가에 무엇이 묘히 떨어저있을수 있으랴。

길을 걸어본댓자 所得이 없다。낮잠이나 자자。그리하여 개들은 天賦의 守衛術을 忘却하고 낮잠에 耽溺하여버리지 않을수 없을만큼 墮落하고말았다。

슬픈일이다。짖을줄 모르는 벙어리개、직힐줄 모르는 겔름뱅이개、이 바보개들은 伏날 개장국을 끓여 먹기 爲하여 村民의 犧牲이 된다。그러나 불상한 개들은 陰曆도 모르니 伏날은 몇날이나 남었나 杳然 알길이 없다。

(李箱의「倦怠」의 一部)

얼마나 平凡한 題材인가? 그러나 얼마나 재미 있고 슬프기까지한 글인가!

題材가 재미 있어야 재미 있고、題材가 슬퍼야 슬플수 있는것은 新聞記事뿐이다。新聞의 文章이 아니라 사람의、個人、個性의 文章이란 題材가 반듯이 슬퍼야 슬프고 題材가 반듯이 즐거워야 즐겁고、題材가 반듯이 宏壯해야 宏壯한글이 되는것은 아니다。아모리 瑣少、平凡한것이라도 얼마든지 훌륭한 글이 된다。

脅하면 十里나 달아나면서 나를 돌아다보고 짖는다。

그렇것만 내가 아무 그런 危險한짓을 하지 않고 지나가면 千里나 먼데서 온 外人、더구나 顔面이 이처럼 蒼白하고 蓬髮이 鵲巢를 이룬 奇異한 風貌를 처다보면서도 짖지 안는다。참 이상하다。어쨌서 여기 개들은 나를 보고 짖지를 않을가!! 世上에도 稀貴한 謙遜한 겁쟁이 개들도 다 많다。

이 겁쟁이개들은 이런 나를 보고도 짖지를 않으니 그럼 大體 무엇을 보아야 짖으랴?

그들은 짖을 일이 없다。旅人은 이곳에 오지 안는다。오지 않을뿐만 아니라 國道沿邊에 있지 않은 이村落을 그들은 지나갈 일도 없다。가끔 이웃마을의 金서방이 온다。그러나 그는 여기 崔서방과 똑같은 服裝과 皮膚色과 사투리를 가졌으니 개들이 짖어 무엇하랴。이 貧村에는 盜賊이 없다。人情있는 盜賊이면 여기 너무나 貧寒한 새악씨들을 爲하야 흠친바비녀나 반지를 가만히 놓고 가지 않으면 안되리라。盜賊에게는 이마을은 盜賊의 盜心을 盜賊맞기 쉬운 危險한 地帶리라。

그러니 實로 개들이 무엇을 보고 짖으랴。개들은 너무나 오랜동안 ― 아마 그出生當時부터 ― 짖는 버릇을 抛棄한채 지내왔다。몇代를 두고 짖지 않은 이곳 犬族들은 드디어 짖는다는 本能을 喪失하고만것이리라。인제는 돌이나 나무토막으로 얻어맞아서 견딜수 없을만큼 아파야 겨우 짖는다。그러나 그와 같은 本能은 人間에게도 있으니 特히 개의 特徵으로 처들것은 못되리라。

개들은 大槪 제가 길리우고있는 집 門간에가앉어서 밤이면밤잠 낮이면 낮잠을잔다。왜? 그들은 守衛할 아무 對像도 없으니까다。

글이 될만한 材料는 꿈에 비기여 現實에는 無盡藏이다。

現實、人生과 自然、그속에서 題材를 찾는데는 먼저 自己의 態度다。厭世的인 憂鬱한 눈을 가진 사람에게는 暗澹한 題材만 띄일것이요 夢想的인 樂天의 눈을 가진 사람에게는 明朗한 題材만 띄일것이다。自己의 哲學的인 地盤이 確乎 不動하게 닦아진 後에는 自己의 人生觀이나 自然觀에서 주저할것이 없을것이나 아직 그以前에 있는 사람으로는、題材를 明、暗의 兩極端으로 치우쳐서 取해서는 않된다。슬픔도 너머 크면 우름이 나오지 않는다。기쁨도 너머 크면 말이 막힌다。深刻한것일수록 첫솜씨엔 不適當하다。

題材는 珍奇해야만 쓰지 않는다。뉴쓰材料와는 다르다。아모리 平凡한데서라도 自己의 觸覺이 感得해내게 달린것이。

낮닭우는소리가 무던히閑暇롭다。어제도 울던 낮닭이 오늘도 또 울었다는外에 아무 興味도 없다。들어도 그만 안들어도 그만이다。다만 偶然히 귀에 들려왔으니까 그저 들었달뿐이다。닭은 그래도 새벽、낮으로 울기나 한다。그러나 이洞里의 개들은 짖지를 안는다。그러면 모두 벙어리개들인가? 아니다。그證據로는 이 洞里사람 아닌 내가 들팔매질을 하면서 威

1 題材에 對하야

붓을 들기는 쉽다。 그러나 「무엇을 쓰나?」에서 漠然해진다。

어느 英文學者는 「무엇을 쓸가파」는 題目에서 「쓸것이 생각나지 않으면 꿈 꾼것을 적으라」 하였다。 지난 밤에 꾼것이든지 메칠 전에 꾼것이든지 아모른 自己記憶속에 남어있는것을 생각해가며 적어보라 하였다。 무론 꿈은 아모리 똑똑한것이라도 現實에 비기면 흐리다。 記憶만이 흐릴뿐아니라 事件도 대체로 허황하다。 그것을 先後를 가려서 남이 알아보도록 적기는 現實에서 體驗한 일을 적기보다 훨신 어려울것이다。

그러나 「무엇을 쓰나」 하고 漠然해하는이에게는 분명히 도음이 되는 말이다。「꿈을 적어라」 하는 말을 고지식하게 그대로 꿈을 적어보는것도 좋으나 그보다도、 흐리멍덩한 꿈속에서 쓸것을 찾노라고 애를 쓰다가는 필경 「記憶이 똑똑한 일이 얼마든지 있는데 하필 생각나지 않는 꿈에서리오」 하고 스사로 材料를 實現에 돌아와 찾는 그 깨다름을 주는데 이 말의 本意가 있는가 한다。

第六講 題材、書頭、結辭 其他

1、題材에 對하야
2、書頭에 對하야
3、結辭에 對하야
4、命題에 對하야
5、描寫와 文章力
6、感覺과 文章味
7、「같이」「처럼」「듯이」에 對하야
8、對象과 用語의 調和
9、띄이기와 符號 用法

번 따지고 내여놓는것이라야 隻句斷章이라도 비로소「自己의 表現」이라 내셀수 있을것이다。

써 놓는것이기 때문이다。 백번이라도 고치되 끝까지 꾸기지 말고 지녀나가야 할것은 이 「처음의 생각」과 「처음의 新鮮」이다。

이 「처음읫것」들을 이즈러트릴 염려가 없게 하기 爲해서는、

1、最初 執筆時의 생각과 氣分을 自己 自身에게 鮮明히 記憶시킬것。

2、중얼거리며 고치지 말것。不知中에 작고 소리를 내며 읽어보기가 쉬운데、그렇게 하다가는 뜻에만 날카롭지 못하고 音調에 끌리어 槪念的인 修辭에 빠지기 쉽다。

3、앉은자리에서 작고 고치지 말것。글은 실처럼 急할수록 옥친다。피곤해지는 머리로는 「新鮮」을 살려나가지 못한다。여러날만에、남의 글처럼 낯설어진 때에 고치는것이 理想的이다。

六、이 表現에 滿足할수 있나? 없나?

나중에는 文章이 問題가 아니다。文章에선 이 우읫 다섯가지 條件에 다 패쓰하였더라도、「내가 表現하려는것이 이것인가?」「이것으로 내 自身이 滿足한가?」한

골목이 왁자―하게 떠들며 간다。

다음、(나)에 있어서도、「익은 능금빛처럼」에 「익은」과 「빛」、「지금 막악」에 「지금」、「누구에게나 퍽」에 「누구에게나」等은 다 없어도 좋을 말들이다。

(나) 이쪽으로 오는 경우 (第二稿)

힌 돌기둥의 교문을 나온 푸른 水兵服의 두처녀、얼굴이 모다 능금처럼 이글이글하다。마악 운동을 하다 나오는듯 이마에들 땀을 씻으며 그저 숨찬 어조로 웃음반、말반으로 떠들며온다。짧은 스카트 밑에 쭉 쭉 뻗어나오는 곧은 다리들、퍽 힘차고도 경쾌해 보인다。

五、처음잇것이 있나? 없나?

여러번 고치었다。글은 勿論 나어졌다。그러나 글만 작고 고처나가다가는 글보다 貴한 것을 잃어버리는 수가 있다。「처음잇것」이란 처음잇 글이 아니다。「처음의 생각」과 「처음의 新鮮」을 가리킴이다。글 만드는데만 끌려나오다가 「처음의 생각」과 「처음의 싱싱」함을 이즈러트렸다면 그것은 도리혀 失敗다。小學生들의 글이 文法的으로는 서투러도 차라리 率直한 힘은、오직 「처음의 생각」대로、「新鮮」채로 하다。 지금 마악 운동을하다 나온듯、 이마에들 땀을 씻으며 그저 숨찬 어조로 웃음 반、 말 반 떠들며 온다。 짧은 스카트 밑에 쭉 쭉 뻗어 나오는 곧은 다리들、 누구에게나 퍽 힘차고도 경쾌해 보인다。

四、 될수 있는대로 주리자

있어도 괜찮을 말을 두는 寬大보다、 없어도 좋을 말을 그여히 찾아내어 없애는 神經質이 文章에 있어선 美德이 된다。

먼저 (가)에 있어 읽어보면 「지금마악」에 「지금」「책보를 들지 않은 다른 팔로들은」에 「다른」、「그팔로 땀들을」에 「그팔로」、「귀까지 새빨간 꽃송이로」에 「새빨간」、「골목이 온통 왁자-」에 「온통」等 다 없어도 좋을 말들이다。 이 없어도 좋을 말들을 다 뽑아버려 보라 雜草를 뽑은 꽃이랑처럼 행결 맑은 기운이 풍길것이다。

(가) 저쪽으로 사라지는 경우 (第二稿)

흰 돌기둥의 교문을 나선 푸른 水兵服의 두처녀、 짧은 스카트 밑에 쭉 곧은 다리들、 퍽 씩씩하게 걸어간다。 마악 운동을 하다 나선듯、 책보를 들지 않은 팔로들은 그저 뻗었다 굽혔다 해보면서、 땀들을 씻음인지 이마를 문지르기도 한다。 귀까지 꽃송이처럼 피여가지고 돌아서 가는 모양이 讀者의 머리속에 떠오른다。 그런데 「이마에들 땀을 씻는다。 얼굴들은」에서부터 全部는 앞으로 보는 說明이다。 여기에 이글의 大手術을 免치 못할 運命이 있다。

그러면 어떻게 手術할것인가? 前半을 標準하여 두女學生이 뒷모양으로 사라지게 할것인가? 後半을 標準하여 前面으로 向해 오게 할것인가? 두가지로 다 한번 고쳐보자。

(가) 저쪽으로 사라지는 경우 (第一稿)

흰 돌기둥의 교문을 나선 푸른 水兵服의 두처녀、짧은 스카트 밑에 쭉 곧은 다리들、퍽 씩씩하게 걸어간다。 지금 마악 운동을 하다 나선듯、책보들 들지 않은 다른 팔로들은 그저 폈였다 굽였다 해보면서、그 팔로 땀들을 씻음인지 이마들 문지르기도 한다。 귀까지 새빨간 꽃송이처럼 피어가지고 골목이 온통 와자ㅣ하게 떠들며 간다。

(나) 이쪽으로 오는 경우 (第一稿)

흰 돌기둥의 교문을 나온 푸른 水兵服의 두처녀、얼굴이 모다 익은 능금빛처럼 이글이글

印象이 鮮明치 못하다。亂視를 이르키는데가 있다。교문을「나온」이 아니라「나선」이요 얼굴을 먼저 말한것이 아니라「쪽 곧은 두다리」를 말했다。確實히 뒤로 보는 印象이다 저ㅣ쪽으로 사라져가는 두女學生을 讀者는 머리속에 그리며 나려가는데、갑재기「돌아옴인듯」이란 앞으로 날아나는 印象의 말이 나왔다。亂視가 이러난다。

또「다리들」까지는 두 女學生인데、그以下에는 한女學生은 없어졌다。女學生이 두名인 數를 잊어선 안된다。

> 흰 돌기둥의 교문을 나선 푸른 水兵服의 두처녀、짧은 스카트 밑에 쪽 곧은 다리들、퍽 씩씩하다。지금 마악 운동을 하다 나선듯、이마에들 땀을 씻는다。얼굴들은 상기되여 익은 능금빛 같고 무엇이 그리 즐거운지 웃음을 가뜩 담어 참으로 기쁘고 명랑해들 보인다。

이렇게 하고도 큰 亂視作用이 하나 남는다。또 動作들이 모호하다。「쪽 곧은 다리들」에서는 돌아선 뒷모양이 느껴지고、「씩씩하다」에서는 가만히 머물러 있지 않고 活潑히 動作하는 豫感을 준다。그때 두 女學生이 가볍고도 또박 또박한 걸음으로

二、矛盾과 誤解될 데가 있나 없나 볼것이다

「두처녀」와 「두다리」가 맞지 않는다。 다리가 하나씩 밖에 없는 處女들이 된다。 그렇다고 「네다리」라 하면 너머 算術的이다。 그러니까 둘이니 넷이니 할것이 아니라 그냥 「다리들」하면 될것이요、 또 「교문을 나선」 이란 말은 誤解되기 쉬운 말이다。 下學後의 退校로보다 「卒業」을 더 聯想시키는 말이기 때문이다。

그런데 첫머리의 「교문을 나선」 이 名詞나 動詞를 바꿔 놓는것으로 얼른 고쳐질 性質의 것이 아니다。 「교문을 나선」이란 말에서 「卒業」이란 推想性을 없애기 爲해선 「교문」과 나서는 學生들의 모양 「제복」을 좀더 現實味가 나게 描寫할 必要가 있다。

흰돌기둥의 교문을 나선 푸른水兵服의 두처녀、 짧은 스카트 밑에 쭉 곧은 다리들、 퍽 씩씩하다。 지금 마악 운동을하다 돌아옴인듯、 이마에 땀을 씻는다。 얼굴은 상기되여 익은 능금빛 갈고、 무엇이 그리 즐거운지 웃음을 가득 담어 참으로 기쁘고 명랑해 보인다。

三、印象이 鮮明한가? 不鮮明한가? 亂視作用을 하는데가 있나 없나 보자

程度로는 쓸지언정、決定的으로 指定해 쓰기에는 誇張이요、感情에서가 아니라 단순히 肉體的으로 운동을 해서 이글이글해진 얼굴을 「흥분」으로 부르는것도 誤診이다。「흥분」은 感情편을 더 가리키는 말이다。

그리고 또 無意味한 말、단골말이 있다。「씩씩하고 힘차」는 거이 같은 말이다。그中에 어느 하나는 無意味한 것이요、「참으로 씩씩하고…」「참으로 기쁘고…」에 副詞 「참으로」가、단골이 되었다。어느 하나는 「퍽」으로라도 고치어야 할것이다。「씩씩해 보인다」「명랑해 보인다」의 「보인다」도、「돌아옴인지」「즐거운지」의 토「지」도 단골이 되었다。「얼굴은 흥분하야」「웃음을 가뜩 담은 얼굴은」에 「얼굴은」도 하나는 無意味라기보다 도리혀 同一主語가 두번씩 나오기 때문에 文意를 混亂시킨다。둘中의 하나씩은 고치고 없새고 해야한다。

교문을 나선 제복의 두처녀、짧은 水兵服 밑에 쭉 곧은 두다리、퍽 씩씩하다。지금 마악 운동을하다 돌아옴인듯、이마에 땀을 씻는다。얼굴은 상기되여 익은 능금빛 같고、무엇이 그리 즐거운지 웃음을 가뜩담어 참으로 기쁘고 명랑해 보인다。

認識不足이다。

5 推敲의 實際

어느 한文章을 實際로 推敲하랴면 그 原文章에 따라 推敲됨도 千態萬相일 것이나 最近에 내가 事實 읽어보고 推敲해야 될데를 指摘해준 一聯의 文章을 여기 그대로 引用하려 한다。

> 교문을 나선 제복의 두처녀、 짧은 水兵服 밑에 쭉 곧은 두다리의 각선미、 참으로 씩씩하고 힘차 보인다。 지금 마악 운동을 하다 도라옴인지、 이마에 땀을 씻는다。 얼굴은 홍분하야 익은 능금빛 갈고、 무엇이 그리 즐거운지 웃음을 가뜩 담은 얼굴은 참으로 기쁘고 명랑해 보인다。

一、用語를 보자

于先「각선미」란 달과 「홍분」이란 말이 當치 않다。 俳優나 有閑婦女가 아니요、 아직 水兵服을 입은 中學生에겐 설혹 다리가 곱더라도 「제법 각선미가 나타나는…」

4 推敲의標準

어떻게 고칠것인가? 거기엔 먼저 標準이 있어야 할것이다。이 標準이 確乎하지 못하기 때문에 허턱 아름답게、허턱 굉장하게、허턱 流暢하게 꾸미려든다。허턱 아름답고、허턱 굉장하고、허턱 流暢한 글은、粉과 베니를 허턱 바르는것 같은 도리혀 美를 傷하는 化粧이다。

먼저 든든히 직히고 나갈것은 마음이다。表現하려는 마음이다。人物이든、事件이든、情景이든、무슨 생각이든、먼저 내 마음 속에 드러왔으니까 나타내고 싶은 것이다。「그人物、그事件、그情景、그생각을 품은 내 마음」이 如實히 나타났나? 못 나타났나? 오직 文章의 標準은 그點에 있을것이다。文章을 爲한 文章은 피없는 文章이다。文章 혼자만이 決코 아름다울수 없는것이다。마음이 먼저 아름답게 느낀 것이면、그 마음만 如實히 나타내어보라 그 文章이 어찌 아름답지 않고 견딜것인가?

글을 고친다고 으레 華麗하게、流暢하게、작고 文句만 다듬는것으로 아는것은 큰

치어 나중엔 「環滁皆山也」 다섯字로 滿足하였다는것은 너무나 널리 傳하는 이야기거니와 露西亞의 文豪 떠서떠에프스키도 톨스토이를 부러워 한것은 그의 재주가 아니라、

「그는 얼마나 悠悠하게 原稿를 쓰고 앉았는가!」

하고 稿料에 急하지 않고 얼마든지 推敲할 時間的餘裕가 있었음을 부러워 한것이다。露西亞文章을 가장 아름답게 썼다는 트르게네프는 어느 作品이든지 써서는 곧 發表하는것이 아니라 冊床 속에 넣어두고 석달에 한번씩 내여보고 고치었다는것이요 꼴키ㅡ도 체홉과 톨스토이에게서 무엇보다 文章이 거칠다는 批評을 받고부터는 어찌 推敲를 甚히 했던지 그의 친구가

「그렇게 자꾸 고치구 주리다간 「어떤사람이 낳다、사랑했다、결혼했다、죽었다」 네마더 밖에 안 남지 않겠나?」

했단 말도 있다。아무튼 두번 고친 글은 한번 고친 글보다 낫고、세번 고친 글은 두번 고친 글보다 나은것은 眞理다。古今에 名文章家치고 推敲에 애쓴 逸話가 없는 사람이 없다。

로 定해버린것은 勿論、이로부터 後人들이 글 고치는것을「推敲」라 일커르게 된것이다。

3 推敲의 眞理性

一筆揮之니 文不加點이니 해서 단번에 써냈드러는것을 재주로 여겼으나 그것은 決코 敬意를 表할만한 재주도 아니려니와 또 단번에 쓰는 것으로 敬意를 表할만한 文章이 決코 나올 수도 없는것이다。蘇東坡가「赤壁賦」를 지었을때 친구가와 메칠만에 지었느냐니까 며칠은 무슨 며칠、지금 단번에 지었노라 하였다。그러나 東坡밖으로 나간 뒤에 자리 밑이 불숙한데를 들쳐보니 여러날을 두고 고치고 고치고한 草稿가 한삼태나 쌓였더란 말이 있거니와、고칠수록 좋아지는것은 文章의 眞理다。이 眞理를 버리거나 숨기는것은 어리석다。같은 中國文豪라도 歐陽修같은 이는 推敲를 公非然하게 자랑삼아 하였다。草稿는 반드시 壁우에 붙혀놓고 들어가고 나올때마다 읽어보고 고치었다。그의 名作의 하나인「醉翁亭記」를 草할때、첫머리에서 滁洲의 風光을 描寫하는데 疊疊히 둘린 山을 여러가지로 描寫해보다가 고치고 고

烏宿池邊樹
僧敲月下門

唐時代의 詩人 賈島의 叙景詩다。이詩의 밖알짝 僧敲月下門이 처음에는 僧敲가 아니라 僧推月下門이었다。僧推月下門이 아무리 읊어봐도 마음에 들지 않아 推、밀추字 대신으로 생각해낸것이 敲、두드릴고字였다。그래 僧敲月下門이라 해보면 이번엔 다시 推字에 愛着이 생긴다。「推로 할가? 敲로 할가?」定하지 못한채、하로는 노새를 타고 거리로 나갔다。노새 우에서도「推로 할가? 敲로 할가?」에만 熱中했다가 그만 京尹(府尹같은 벼슬)行次가 오는것에 미처 避하지 못하고 부드쳐버렸다。賈島는 京尹앞에 끌리어나가지 않을수 없게 되었고、또 미처 비켜서지 못한 理由로「推로 할가? 敲로 할가?」를 辯明하지 않을수 없게 되었다。京尹은 이내 破顔一笑하고 다시 잠간 생각한 뒤에

「그건 推보다 敲가 나으리다」

하였다。京尹은 다른사람이 아니라 마침 當代文豪韓退之였다。서로 이름을 알고 그자리에서부터 文友가 되었고、賈島가 僧推月下門을 韓退之의 말대로 僧敲月下門으

을 百퍼센트로 發表하기는 거이 不可能한것이다。 그러기에、이루 칙량할수 없느니 一筆難記니、不可名狀이니 하는 말들이 있어 온다。이 이루 칙량할수 없고、一筆難記요、不可名狀인것을「可及的 心中엣것에 가깝게」表現한것을 名文이라、名書라、하겠는데 名文이나 名書 치고 一筆揮之해서 되는것은 自古로 하나도 없을것이다。무엇이나 圓滿히 된 表現이란 반드시 能爛한 技術을 거치지 않은것이 없을 것이다。무엇에서나 技術이란「가장 効果的인 方法」을 意味한것이다。方法이란 偶然이 아니요 計劃과 努力을 意味한것이다。 임내내기로 天才인 채플린도「黃金狂時代」에서 닭의 몸짓을 내기 爲해 養鷄場에 석달을 다녔다는 말이 있다。一筆에 되는것은 차라리 偶然이다。偶然을 바랄것이 아니라 二筆、三筆에도 안 되면 百千筆에 이르더라도 心中엣것과 가장 가깝게 나타나도록은 改筆을 하는것이 文章法의 原則일것이다。이렇게、가장 効果的인 表現을 爲해 文章을 고쳐나가는것을 推敲라 한다。

2 推敲의 故事

「推敲」라는 術語는 우리 文章人에겐 잊을수 없는 아름다운 로맨쓰를 傳한다。

1 推敲라는것

글은、思想인것이나、感情인것이나 自己마음속엣것을 꺼내어 남에게 傳達하려는 데 目的이 있다。圓滿히 傳達하였으면 目的을 成就한것이요 그렇지 못하면 失敗한 것이다。그런데 글은 心中엣것을 그대로 表現하기에 아주 理想的인 道具냐 하면 決코 그렇지 못하다。

五百年 都邑地를 匹馬로 돌아드니
山川은 依舊하되 人傑은 간데 없네
어즈버 太平烟月이 꿈이런가 하노라

이것은 高麗의 遺臣、吉再의 노래다。나라 이미 亡하고、섬기던 임군 가신길 알길 없고、圃隱 같은 忠臣은 善竹橋의 이슬이 된뒤、그나라、그임군、그忠臣의 같은 遺臣으로서 廢都된 松嶽一境의 山川만 바라보는 吉再의 所懷가 이 석줄 文章에 남김없이 다 들어났으리라고는 믿을수 없다。아무리 名文、名畵、名談이라도 心中엣것

第五講 推敲의 理論과 實際

1、推敲라는것
2、推敲의 故事
3、推敲의 眞理性
4、推敲의 標準
5、推敲의 實際

나와서는 능청스러워지고、능청스러워선 오히려 品位는커녕 賤해지고만다。

五、藝術的이어야한다。隨筆은 普通記錄文章은 아니다。무슨 事物을 正確하게만 記錄해서 事物 그自體를 報道、傳達하는데나 그치면 그것은 文藝가 아니다。어대까지 自己의 感情的印象、主觀的인 所懷에서 敍述해야 할것이다。

무슨家、무슨主義者로 安處하는 小乘文學人에게의 頂門一針이다。

이렇게 隨筆은 嚴肅한 計劃이 없이、가볍게 손쉽게 무슨 感想이나、무슨 意見이나、무슨 批評이나 써낼수가 있다。人生을 말하고 文明을 批評하는데서는 적은 論文일수 있고、偶感이나 叙景、抒情에 있어서는 모다 小作品들일수 있다。

끝으로 隨筆의 要點을 들면、

一、한題의 글로 너머 길어서는 안될것이다。고작 길어야 二十字行으로 百行內外라야 할것。

二、想이나 文章이나 自己스타일은 살리면서라도 理論化하거나 難澁해서는 안될것이다。隨筆의 맛은 野菜料理와 같이 輕微하고 淡泊해 香氣를 살리는데 妙味가 있다。

三、陰影的觀察이 必要하다。어떤 보잘것없는 사람의 말 한마디에나、行動 하나에도 다 人生의 陰影이 있다。表面化한 事實에보다 陰影으로 浮動하는것을 闡明해주는데 玄妙味가 있다。

四、品位가 있을것、그러나 謙虛한 境地라야지、超然해서 아는체、善한체、체가

을理가 없다。

「그사람 무엇하는 사람인가?」「아 그有名한 小說家를 몰라、×××를 쓴?」「응 그래! 그런데 어델 다니노?」「××學校 英語先生이지」「올치!」이제야 비로소 알겠다는듯이 首肯한다。

그러나 文人은 이런 世俗的名啣以外에 또 文學的名啣이 必要하다。 普通名啣에도 肩書가 二層三層으로 있다싶이 文學的名啣에도 여러層이 있다。曰「評論家 ×××主義 ×××論者 某某」文人도 이만큼 分業이 되지 않으면 우선 編輯者의 名簿에 오르지 못하는 모양이다。

렛낭메스가 指摘한바와같이 그의 社會的役割을 떠나서 人間을 想像할수 없다는것은 事實이다。即 그는 一定한 目的을 向하야 一定한 社會的 코오스를 밟는 性格者이다。그러나 萬一에 그가 性格者에 끄치지 말고 그性格에서 버서나려고하는 或은 反抗하려고하는 個性을 全然가지고 있지 않다면 우리는 그性格者에게 成功의 月桂冠을 받드리는 同時에 輕蔑의 嘲笑를 보내야 마땅하겠다。

眞實한 意味에 있어 個性의 所有者이라면 우리는 그에게 어떠한 렛델을 붙혀야 옳을가。오직「偉大한藝術家」라는 렛델이 있을뿐이다。過去에 있어서 피ㅣ테나 쎅스피어가 그러했고 現代에 있어서 지ㅣ드가 그러하다。

編輯者의 名簿에서 分類된 렛델을 붙히고 得意滿面하야 橫行하는 親舊들은 ￥25.00의 딱지를 붙히고 다니는 시골떠기와 마찬가지로 定價標人間이다。

을 後悔치 않어도 多幸하다고 하였다。 그러나 다시 한때를 지어 브로마이드 말려들어가듯 吸收되는 이들이 작고 뒤를 잇는다。

나는 휘황히 밝은 불빛과 고요한 한구석이 그립은것이다。향그러운 紅茶 한잔으로 입을 축이어야 하겠고、나의 목에를 좀 덥려만 하겠고、여러가지 점으로 젖어있는 나의 오늘 하로를 좀 가시우고、풀려야 견디겠기에 그러나 하로의 삶으로서 그만치 구기어 지는것도 할 수없는 일이다。(後略)

비오는날、몸이 좀 고달픈날、映畵「椿姬」를 구경한、이야기라기 보다、叙景이요 抒情이다。아름답다。典雅、縝密하다。詩境을 散文으로 나타내었다。隨筆의 包容力은 無限하다。

定價標人間

崔載瑞

시골서 가주 올라온 얼치기가 날써가 치우니까 百貨店洋服部에 가서 外套를 사입고 意氣揚揚하여 나온다。뒷장등엔 ¥25.00의 定價標를 붙이고。흔히 보는 光景이다。

허다못해 三四圓짜리 貰房을 얻더래도 名啣이 必要한 世上이니 文壇엔들 名啣이 고맙지 않다。 그러나 女子의 눈물이란 실로 고혼것인줄을 알었다。 男子란 술을 가까히하여 굶을수도 있다。

그러나 女子에 있어서는 그럴수없다。 女子란 눈물로 자라는것인가보다。 男子란 賭博이나 決鬪로 臨機應變할수도 있다。 그러나 女子란 다만 戀愛에서 天才다。

동백꽃이 새로 꽂힐때마다 椿姬는 다시 산다。 그러나 椿姬는 점점 消耗된다。 椿姬는 마침내 一家를 完成한다。

옆에앉은 令孃한분이 정말 눈물을 흘으며놓는다。 견딜수없이 느끼기까지 하는것이다。 現實이란 어느처소에서 물론하고 處置에 困難하도록 좀 어리석은것이기도하고 좀 面暖하기도 한것이다。 그레타·까르보 갈은 사람도 평상시로 말하면 얼굴을 항시 가다듬고 펴고 진득히 구지않어서는 아니될것이다。 먹세는 남보다 골라서 할것이겠고 실상사람이란 자기가 타고나온 悲劇이 있어 남몰래 앓을 병과 갈어서 속에 지녀두는것이요 대개는 扮裝으로 나서는것임에 틀림없다。

어찌하였던 내가 이 映畵館에서 벗어나가게 되고말었다。

얼마쯤 슬픔과 묵에(重量)를 사가지고。

거리에는 비가 이때것 흐느끼고 있는데 어둠과 안개가 길에 기고 있다。

따이야가 날리고 電車가 쨍쨍거리고 서로 결눈보고 비켜스고 오르고 나리고 사라지고 나타나는것이 모다 映畵와같이 流暢하기는하나 映畵처럼 곱지않다。 나는 아조 熱해졌다。

검은 커어텐으로 싼 어둠속에서 蒼白한 感傷이 아직도 떨고 있겠으나、 나는 먼저 나온것

위하여 남의 體溫에 끼인대로 참한이 앉아있어야 하겠고 남의 늘어진 긴소매에 가리운대로 잠착하야 하겠다。

비방울마다 都市가 불을 켰다。 나는 心機一轉하였다。 銀幕에는 봄빛이 한창 어울리였다。 湖水에 물이 넘치고 금잔디에 속닢이 모다 자라고 꽃이 피고 사람의 마음을 꼬일듯한 흙냄새에 가여운 椿姬도 코를 대고 말는것이다。 미칠듯한 기쁨과 希望에 椿姬는 희살대며 날뛰고 한다。

마을앞 古木 은행나무에 꿀벌떼가 두룹박 처럼 끌어나와 잉낭거리는 것이다。 마을사람들이 뛰어나와 이마을 지킴 은행나무를 둘러싸고 벌떼소리를 해가며 질서없는 合唱으로 뛰고 노는것이다。 탬보린에 하다못해 무슨 기명남스래기에 고끄랑나발따위를 들고나와 두들기며 불며 노는것이다。 椿姬는 하얀 칠칠 끌리는 긴옷에 검정띠를 띠고 쟁반을 치며 뛰는것이다。 동네큰개도 나와 은행나무 아래등에 앞발을 걸고 벌떼를 접어삼킬듯이 컹컹 짖어댄다。

그러나 銀幕에도 잠작이 비도오고한다。 椿姬가 점점슬퍼지고 어두어지지 아니치못해진다。 椿姬가 콩콩기침을 할적에 觀客席에도 가벼운 기침이 流行한다。 節候의탓으로 혹은 多感한 靑春士女들의 肺尖에 붉고 더운피가 부지중몰리는것이 아닐가。 무릇나는것일지도 모른다。

椿姬는 점점 지친다。 그러나 흰나비처럼 파다거리며 흰동백꽃에 恍惚히 의지하련다。 대체로 多少 古風스러운 슬픈이야기라야만 실컷 슬프다。

흰동백꽃이 아조시들무렵, 椿姬는 점점斷念한다。그러나 椿姬의눈물은 점점 깊고 洗鍊된다。 銀幕에 나리는 비는 실로 고흔것이였다。 젖어질수없는비에 나의 슬픔은 촉촉할대로 젖는

비 (前半略)

鄭芝溶

오떼스를 벗어나왔다。

레인코오트 단추를 꼭꼭 잠그고 깃을 세워 멱아리까지 싸고 소프트로 누르고 박쥐우산알로 바짝 들어서서 그리고 될수있는대로 가리어 드디는것이다。

버섯이 피어오르듯 후줄그레 늘어선 都市에서 진흙이 조금도 긴치아니하며니와 내가 찬비에 젖어서야 쓰겠는가。

、眼鏡이 흐리운다。 나는 레인코오트 안에서 옴츠렸다。 나의 扁桃線을 아조 注意하여야만하겠기에 무슨 정황에 포올·베르레엔의 슬픈詩「거리에 나리는 비」를 읊조릴수 없다。

비도 치워 우는듯하여 나의 體熱을 산산히 뺏앗길적에 나는 아무렇지도 않은것같이 날신하여 지기에 결국 아무렇지도 않다고 하였다。

驢馬처럼 떨떨거리고 오는 흰 떼스를 잡어탔다。

유리쪽마다 비방울이 매달렸다。

오늘에 한해서 나는 한사코 비방울에 걸련다。

떼스는 후루룩 떨였다。

비방울은 다시 날러와 붙는다。 나는 헤여보고 손가락으로 부벼보고 아이들처럼 孤獨하기나 末章에 나오면 그때 우리 實力으로서는 中章은 누구든지 前記 「馬牛而襟裾」를 부르면 其他는 그만 斷念하고 마는 所謂 「獨章」을 주는수 밖에 없었다。 그래서 우리는 各히 僻字가 있는 詩句를 찾노라고 秘密히 異書를 求하여다가는 工夫를 하였다。 濂洛、杜詩、唐詩選같은 것은 共通의 知識인지라 所用이 없기 때문에 나는 그때 서울로 「劍南詩鈔」를 注文하여다가 혼자만 보고 종종 「獨章」을 하였다。 그 放翁集 첫머리에 「和陳魯山」 第一首에 「灰寒而木枯」이라는 而字 中章을 發見하였을 때 나는 얼마나 狂喜하였는지! 그러나 而字末章이면 아무도 開口를 하지 못하였다。 지금 같으면 「佩文韻府」의 而字條라도 찾아 보았으련마는 그때는 아무도 韻府는 보지도 못하였다。 오늘 偶然히 「芝峰類說」을 읽다가 卷十四唱和條에 蘇老泉과 王荊公의 而字唱和詩 「談詩究乎而」「風作鱗之而」 三句가 있음을 보고 다시금 옛날을 回憶하였다。 明年 여름에 가면 그 몇兄弟분이 또 「招遥章」으로 挑戰할터이니 而字末章은 내가 獨章을 해야하겠다。

글이야기다。 書齋로 찾아온 글벗과 더브러 눕거니 기대거니 하고 漢籍을 뒤적거리며 하는 이야기 같다。 먼저 自己가、또 自己身邊사람들이 질기어야 할것이 隨筆이다。 大衆은 隨筆의 讀者가 아니다。 여기 隨筆이 書齋文學인 孤高한 一面이 있다。

하였다。 내맘에는 「旣望」을 「진작부터 船遊를 希望하였던바」의 뜻으로 解釋하였더니 十六이 「旣望」이라함은 그後 妹夫되는 이에게 들은 破天荒의 新知識이다。 孟子를 읽다가 「伯夷辟紂、居北海之濱」에 이르러 「辟」이 「避」와 通하는줄을 모르고 「백이벽주」라 高聲大讀하던 것도 그때이다。

이런 程度로서 낮에 재미 있게 諸書를 涉獵하다가는 밤이면 洞中의 「多士」들과 함게 모여서 글을 읽다가 혹은 燭刻時를 짓고 或은 射韻을 하여가면서 밤가는줄을 몰랐다。 場所는 나의 妹夫되는이의 뜰 앞에 있는 書樓에서다。 나의 妹夫는 四兄弟가 모두 漢學에 能하여 詩나 文으로 一邑에 이름을 떨치는 「文翰家」였다。 따라서 그書樓도 諧謔味있게 左에 扁하되 「多樂樓」 右에 扁하되 「靜坐亭」이라 하였다。 坐中에는 洞內의 諸士가 나를 合하여 무릇十餘人。 우에 말한 而字이야기는 이會席의 一課目인 「射韻」과 聯絡된다。 射韻이란것은 아는 이는 알려니와 古人 詩句를 많이 외이기 爲하여 案出한 노름이다。 任意의 字를 떠서 그字를첫字로만 詩句를 외이고 그다음 다른 字를 떠서 五言이면 第三字、七言이면 第四字에 그字가 있는 句를 외이고 또 그 다음 字를 떠서 그字가 맨밑에 있는 句를 외여 이렇게 돌아가면서많이 외이는 사람을 壯元으로 하는데 普通 두편으르 갈라 勝負를 決한다。 그런데 우리는 그때 이 노름의 이름이 「射韻」인줄은 모르고 당초에 누가 初章、中章、終章의 義를 取하여 「初中終」이라 하였던것이며 訛傳하여 「초둔장」이 되고 또 누가 잊었던 글을 찾는 노름이라 하여 「招遁章」이라 名譯한것이다。 그런데 이「招遁章」노름이 시작되면 普通 人、之、不、爲、天 같은 글字는 古詩에 많이 나옴으로 누구나 能히 한句씩을 부르지마는 若夫 「而」字가 中章에

辭를 읊으며 故園에 돌아와 즐기는 漢文을 獨習하였었다。나의 村에는「書堂」이 있었으나 訓長되는이가 글자대로 初學訓長이라 屬文은 어림도 없는터이였다。아이들이 배우는「聯珠詩」인가 하는冊에

前軍夜戰洮河北、已報生擒吐谷渾

이란 句가 있었는데、該先生이 匈奴名「吐谷渾」를 알 理가 없는지라「이미 生擒을 報하여 谷渾을 배알였다」새기므로 그義를 물은즉「谷渾은 地名인데 敵國이 그것을 먹었다가 도로 배알였다」고 窮한끝에 玄妙한 對答을 하던것을 지금도 記憶한다。이야말로 笑話에 나오는 대로「遂餓而死」를「드더니까 아 하고 죽였다」하는 式의 先生이고 보니 아무리 初學일망정 孟子와 水滸와 放翁集과 太平廣記를 보면 나로서는 그에게 배울 생각이 나지 않기 때문에 書堂에는 가더래도 글은 獨習하기로 하였다。

그러면 나의 그때 漢文實力은 어떠한가。지금도 그러하거니와 애초부터 獨學無師인데다가 모를데를 만나면 例의「讀書不求甚解」를 標語로 내세우는판이니 文理는 多少 낫다하더라도 워낙 荒唐한 知識에 걸렁한 解釋이 많었다。그때 보았던「笑林廣記」란 책에 某村學究가「赤壁賦」를 읽는데 賦字를 賊字로 誤認하여「前赤壁賊!」하니까 마침 盜賊이 앞壁에 숨었다가 大驚하여 뒷壁으로 避한즉 이옥고「後赤壁賊!」하는지라 盜賊氏ㅣ 失色逃走하면서「此家에 不用畜狗」라고 感嘆하였다는 笑話가 있던것이 생각나거니와 나도 그 赤壁賦를 읽는데 劈頭에 가로되、

「壬戌之秋七月에 旣望이러니 蘇子ㅣ 與客으로……」

다』하는 嚴肅한 主義標榜下에 본체도 않고 지나가는것보다는 分銅이나마 주는 편이 낫지 않을가 하는것이다。

人生은 主義와 理論으로만 사는것이 아니다。論說보다 오히려 찌름이 빠르다。隨筆은 論文과 다름없이 늘 批評精神이 따르고 있는것이다。

多樂樓夜話

梁柱東

가을과 讀書。이 두가지를 생각할때 얼른 聯想에 떠오르는것은「歐陽子 方夜讀書」를 冒頭로한「秋聲賦」와 例의「新涼入郊墟、燈火稍可親」이란 句가 있는 退之의 勸學篇이다。編輯先生이 나에게 이題目을 줌도 생각건대 때가 燈火를 親할만한 季節에 가까웠기 때문이겠다。韓愈가 아들에게 준 그詩가온대 나려가다가「사람이 學問이 없으면 馬牛而襟裾」란 句가 있다。왜 안짝은 記憶하지 못하고 밖알짝만 記憶하느냐 하면 밖알짝에는「而字」가 있기 때문이다。而字를 包含한 이 一句가 나로 하여금 二十餘年前 옛날 가을밤의 讀書를 聯想하게한다。열두살 때에 新學問을 뜻하고 멀리 西京에 笈을 負하였던 나는 一年後에 淵明의 歸去來

諷刺的으로 다루어보려는、自己에의 野心이다。自己를 시켜 돈에게 復讐다。悲壯한 復讐가 아니라「한번 그래보는」程度다。樂觀이다。그러나 人生의 嚴肅한 一面의 表現이다。

施善에 對하야

卞榮魯

메칠 전에 어느 乞人 하나를 보고 아래와 같은 생각을 하였다。

獨逸의 厭世哲學者 쇼펜하웨르는『施善이란 乞人으로 하여금 그 貧窮狀態에서 벗어나게 하는것이 아니고、도리어 그 貧窮狀態를 延長하여 주는것이다』라고 指摘하였다。確實히 一理가 있는 聰明한 말이다。

乞人을 根本的으로 그 乞食狀態에서 救하지 않고 自己에게 苦痛을 주지 않는 限度 안에서 分錢隻厘를 給與하는것은 乞人生活을 延長하여줌만 아니라、비록 乞人에겔망정 容恕할 수 없는 人間的 侮辱일것이다。

理論 一方으로는 어디까지 그러하나 그乞人을 根本的으로 救濟할만한 方便이 없는 이 不完全한 社會制度가 完全化할 때까지는 ―完全化한다는것은 一個의 妄想일른지는 모르나― 姑息的이고 不徹底하나마 路傍에서 飢寒으로 우는 乞人에게『乞人狀態를 延長하는것이니

가、丈夫의 一言을 千金 주어 바꿀줄 아는가?

×

그에겐 지금 空腹도 疲勞도 없다。 舖道를 울리는 그의 낡은 구두는 凱旋將軍의 말굽보다 우렁차다。

S商店의 門을 두드린다。 아모 대답이 없다。

고연놈들! 벌서 문을 닫다니…… 받을것도 안 받고 벌서 문을 닫었어、고연놈들!

「문、열우」

하고 또 門을 두드린다。

「누구십니까?」

한참만에야 門이 열렸다。

「내요 돈 받으소、아까 왔드래는걸、어ㅣ마침、친구에게 붙들려서……하하、친구에게 붙들리면 어쩔수가 없거던……」

「그렇습죠! 하하」

「즙쇼」때에 比해 그의 音聲은 간지러울 程度로 보드랍다。

「어ㅣ한데、사람이란 준대는날은 줘야지! 그렇지 않소、어ㅣ헌데、모두 얼마드라……」

S商店의 심을 마치고 다시 凱旋將軍의 말굽소리를 내며、그는 다음 商店을 찾어가는것이다。

그라 하였으나 아마 自己임에 틀림 없을것이다。 三人稱을 만든것은 自己를 좀더

문간을 들어서자

「오늘은 꼭 받아가야겠다고 다섯사람이나 기다리다 갔소」 한다。

이전 누굴 숙맥으로 아나、말안하면 모를줄 아나봐 댓구를하고도싶다。그러나、부엌을 바라보자마자、그의 배가 와락 고파진 이때、그에겐 그말을 할만한 餘力이 없다。

그는 공문이를 퇴ㅅ마루에 내던졌다。그리고、맥 풀린 손으로 신발끈을 끌르랴한 이때다。바로 이때다。

×

바로 이때、

「참 아까、五十圓 가져왔읍디다—」 한다。

귀야、믿어라— 이어인 하늘音聲이냐?

「무어? 五十圓을 가져와? 五十圓을—」

이런때 아니 휘둥그래지면、그의 눈이 아니다。

자—奇蹟이다— 奇蹟을 믿어라、이게 奇蹟이 아니고 무엇이냐? 그래도 奇蹟이 없다는 놈에겐 子子孫孫 殃禍가 나려야한다。오—고마우신 奇蹟의 五十圓—

×

열한時가 다뭐냐? 새로 한時아냐、세時라도 좋다。

五十圓아— 가자、監禁된 淸白高潔을 救하러、五十圓아、十字軍의 行軍을 어서 떠나자—

어느놈이고、올놈은 오라、그래、너의들의 받을게 얼마냐? 주마한 그믐날이다。주다뿐일 아니할 程度로 傲慢하다。 三十錢 軍資는 그에게 이만한 傲慢을 가질 權利를 준것이다。 차한잔을 앞에 놓고、 活動畵報나 들치면、 세時間을 있어도、 여섯時間을 있어도 堂堂한 이집의 손님이다。 그는 우선、 거미줄같은「니코친」網 속에 無數한 삶은 문어대가리를 보았다。 그는 그들을 睥睨하며 가장 점잖게 座를 定해본다。 一厘에 投賣되는「샤리아핀」의「볼가의뱃노래」는 그情趣가 過度로 哀愁的이다。

×

그는「커피」한잔을 命하였다。 얼마 아니해 卓우에 놓여진다。

「오ㅣ거룩하신 커피ㅣㅅ잔」하고 그의 祈禱는 시작된다。 어서 閻羅大王이 되사、 이하로를 올가가 주소서하는 哀願이다。 어쨋든、 그의 軍資가 乏盡키 前에 그는 이날하로를 鏖殺해야 할 嚴訓下에 있다。

×

겨울밤이 열時半이면、 밤도 어지간이 깊었다。 그는 이沙漠에서 세「오아시스」를 찾노라、 三十四의 駱駝를 다잃은 隊商의 身勢다。 그는 지금 가진것을 다버린 가장 聖潔한 處地에 있다。

「지금까지야、 설마 기다리랴?」

「지금 또야 오랴?」

비로소 安堵의 城이 心臟을 두른다。 거리의 찬바람이 휘ㅣ지날때、 그는 意味모를 뜨거운 두줄을 뺨에 느꼈다。

누가、 그의 왼볼을 치면、 그는 眞心으로 그의 바른볼을 提供했으리라。

하늘은 善惡人의 집웅을 擇치 않고 雨露를 나려준다。게까지는 고마운 일이다。그러나 債의 横務를 가리지 않고、「그믐」을 함께 보내심은 그恒惠가 지나쳐、원망의 눈물이 흐른다。마침내「빗쟁이」들에게「즙쇼」날이 오는날、그에겐、주어야할「그믐날」이 오고말았다。

×

이때、기다리는 五十圓이 나 여깄소 하면야 근심이 무에랴? 그러나、스므아흐렛날이나、그믐이 돼도 들어와야할 五十圓은 어느골목에서 길을 잘못들었는지 終乃 찾아 들줄을 모른다。그에겐、「勿論주지! 그믐날 집으로 오소」한 記憶이 반갑지못한 聰明德에 아직도 새파랗다。

×

「집으로 오소」해놓았는지라。「빗쟁이」들이 多幸일허까지는 달겨들지 않는다。平穩한 하로 속에 일이 끝났다。일이 끝났으니 갈게 아니냐? 제대로 가자면、그믐날도 되고하니 일직암치 집으로 돌아가야 할게다。그러나 千萬에…。이런때 집으로 가는건 맨대가리로 마타리둥지를 받는것과 똑 마찬가지다。

×

그는 오며오며 萬策을 생각해본다。생각해봐야 茶房巡禮밖에 他計가 없다。가장 廉價의 護身避難法이다。그러는 軍資는? 그는 다 떨어진 洋服 주머니에 S・O・S를 打電한다。一金三十錢也有의 報牒! 絕處逢生은 萬古에 빛날 玉句다。

×

그는 茶房門을 연다。「뽀이」의「드럽쇼」소리가 들려왔다。그는 이소리에 對해 帽子를 벗지

것이 없다。情도 그러하고 義도 亦是 그러하나、現實의 어름은 풀린줄을 몰을때 그의「따뗌마」엔 悲哀의 구름이 가린다。

「勿論 주지、그믐날 줄게니 집으로 오소」하였다。

그는 이瞬間 敢히 勿論을「주지」우에 붙힐 程度로「동•끼호테」가 되었다。그러나、이「勿論」이 全然 零에서 出發한 勿論은 아니다。그도 四年前에 五十圓하나를 어느친구에게 꿔준일이 있다。딱한 事情을 듣고나서、「무슨 方途로라도 그믐께쯤은 갚아드리리다」하는 씀이었다。이것이 그에게、「勿論」을 빨게한것이다。그러나、그에게서 빗을 얻고 그빗을 四年이나 못 갚였다면、그친구의 實力도 짐작할만하다。이런때의 問題는 實力이지、誠意有無가 아니다。「들어올」可能性一에「들어못올」確實性九쯤 된다。

×

이런것을 믿다니……果然 어리석지 아니한가? 그도 算術試驗에 七十點을 맞어본 秀才다。그만 聰明으로 이「믿음」의「어리석음」을 모를 理가 없다。말하자면、그는 이「어리석음」을 自取한데 不過하다。

이런때 떠나려오는「젊으래기」를 안 잡는됐자、별道理가 없기 때문이다。

×

何如튼、그는「그믐」이란 眼疾患者의 파리채로 빗쟁이들을 쫒아버렸다。이마를 만져보니 식은땀이 축축하다。

×

질거울것이다。內容은 알되、다시 읽어도 질거운것은 筆者의 유모러스한 才辯에 있다。웃어우나 얼른 잊혀지지 않는것 무슨 글이나 그런글은 좋은 글이다。

그 믐 날

金 尙 鎔

年末이 되니、「외상값」이 마마 돋듯한다。고슴도치는 제가 좋와서 외를 진다。그러나 그는 心性이 元來 지기를 좋와해서 빚을 진것은 아니다。구지 潔癖을 지켜보고도 싶어하는 그다。그러나、癖도 運이 있어야 지키는것——한데 運이란 元來 八字所關이라 맘대로 못하는게다。그도 어쩌다 빚질 運을 타고 났을뿐이다。

×

「이달은 섯달입니다、이달엔 끊어줍쇼」한다。

言則是也다。正月서 열두달이 갔으니 섯달도 됐을게다。섯달에 淸帳하는 法쯤이야、근들 모를理가 있겠느냐?

또한「줍쇼、줍쇼」하는 친구들도 꼭 좋아서 이런 귀치않은 소리를 외며 다닐것은 아니다。그들도 받을것은 받어야 저도 살고、남에게 줄것도 줄게 아닌가? 듣고보면、그들에게 더 눈물겨운 事情이 있을적도 많다。그러나、손에 分錢이 없을때 이러한 理解性은 水泡밖에 될

만해도 遊戲갈이 생각되지 않는다。 하늘은 왜 저렇게 어제도 오늘도 來日도 푸르냐、 山은 번뫈은 왜저렇게 어제도 오늘도 來日도 푸르냐는、 造物主에게 對한 呾呪의 悲鳴이 아니고 무엇이랴。

아이들은 짖을줄조차 모르는 개들과 놀수는 없다。 그렇다고 머이 찾느라고 눈이 벍언 닭들과 놀수도 없다。 아버지도 어머니도 너무나 바쁘다。 언니 오빠조차 바쁘다。 亦是 아이들은 아이들끼리 노는수밖에 없다。 그런데 大體 무엇을 가지고 어떻게 놀아야하나 그들에게는 작난감 하나가 없는 그들에게는 영영 염두가 나서지를 않는것이다。 그들은 이렇듯 不幸하다。

그짓도 五分이다。 그以上 더길게 이짓을 하자면 그들은 疲勞할것이다。 純眞한 그들이 무슨까닭에 疲勞해야 되나? 그들은 爲先 슴거워서 그짓은 그만둔다。

그들은 도로 나란이 앉는다。 앉어서 소리가 없다。 무엇을 하나。 무슨種類의 遊戲인지 遊戲는 遊戲인 모양인데——이 倦怠의 왜小人間들은 또 무슨 奇想天外의 遊戲를 發明했다。

五分後에 그들은 비키면서 하나식 둘식 이러선다。 제各各 大便을 한무데미식 누어놓았다。 아—이것도 亦是 그들의 遊戲였다。 束手無策의 그들의 最後의 創作遊戲였다。 그러나 그中 한아이가 영 이러나지를 않는다。 그는 大便이 나오지 않는다。 그럼 그는、이번 遊戲의 못난 落伍者에 틀림없다。 分明히 다른 아이들 눈에 嘲笑의빛이 보인다。 아—造物主여。 이들을 爲하여風景과 玩具를 주소서。

웃엇다。 그러나 웃업지만 않고 슬프다。 그리고 또 즐겁게 읽히였다。 다시 읽어도 그러나 그들은 女兒가 아니면 男兒요 男兒가 아니면 女兒인、結局에는 귀여운 五六歲乃至七八歲의『아이들』임에는 틀림이 없다。이 아이들이 여기 길 한복판을 選擇하야 遊戲하고있다。

돌맹이를 주어온다。여기는 사금파리도 벽돌조각도 없다。이빠진 그릇을 여기사람들은 내버리지 않는다。

그리고는 풀을 뜯어온다。풀ㅣ 이처럼 平凡한것이 또 있을가。그들에게 있어서는 草綠빛의 物件이란 어면것이고간에 다시 없이 심심한것이다。그러나 하는수 없다。穀食을 뜯는것도 禁制니까 풀밖에 없다。

돌멩이로 풀을 지찟는다。푸르스레한 물이 돌에 染色된다。그러면 그돌과 그풀은 땡개치고 또 다른풀과 다른돌멩이를 가저다가 똑같은짓을 反復한다。한 十分동안이나 아모말 없이 잠작고 이렇게 놀아본다。

十分만이면 倦怠가 온다。풀도 승겁고 돌도 승겁다。그러면 그外에 무엇이 있나? 없다。

그들은 一齊히 이러선다。秩序도 없고 衝動의 材料도 없다。다만 그저 앉었기 싫으니까 이번에는 이러서 보았을뿐이다。

이러서서 두팔을 높이 하눌을 向하여 처든다。그리고 悲鳴에 가까운 소리를 질러본다。그리더니 그냥 그자리에서들 겅충겅충 뛴다。그리면서 그 悲鳴을 兼친다。

나는 이光景을 보고 그만 눈물이 났다。여북하면 저렇게 놀가。이들은 놀줄조차 모른다。어버이들은 너무 가난해서 이들 귀여운 애기들에게 작난감을 사다 줄수가 없었던것이다。

이 하눌을 向하여 두팔을 뻐치고 그리고 소리를 질르면서 뛰는 一들의 遊戲가 내눈엔 암즉 살수가 있는 嚴肅한 事實에 우리가 한번 想倒하여 보면 얼마나 많이 이窓側의 座席이 이 危急한 欲望에 營養을 提供하고 있는가를 容易하게 알수가 있다。이러하여 우리가 假令 다라나는 電車에 몸을 실른다는것은 우리가 어떠한 目的地를 志向하고 있는 口實밑에 달아나는 街路에 있어 救濟하기 어려운 이欲望의 充足을 피함을 意味하는것이다。많은 사람 사람의 무리 殷盛한 商店의『쇼ㅣ·윈도ㅣ』—우리가 흔이 거리의 童話에 가슴에 幻影을 여러가지로 推理하는 機會를 여기서 가짐이 무엇이 나쁘랴? 都市의 街路는 그만큼、充分、豐富하다。달아나는 窓은 무엇보다도 그것을 또 잘 보여준다。

窓에 對한 建築家的 定義가 아니다。生活者로서 人生觀으로서、自己流로서、窓의 定義를 吟味闡明하였다。가장 平凡한 對象에 學的術語를 끌어 理論하는데、脫俗淸奇한 風味가 있다。隨筆의 좋은 境地의 一域이다。

倦 怠 (一 部)

李 箱

길복판에서 六七人의 아이들이 놀고있다。赤髮銅膚의 半裸群이다。그들의 混濁한 眼色、흘린 곳물、둘른 베두렝이、벗은 우둥만을 가지고는 그들의 性別조차 거이 分간할수 없다。

아니다 적어도 나에겐 그것이 이世界의 生活에 直接으로 通하고 있는 하나의 變化無雙한 窓으로서 더욱 意味가 있는듯싶다。그러므로 우리는 恒常 汽車를 탈 때면 眺望이 좋은 窓을 選擇하려는 것이다。그러므로 依하여 우리는 흔히 하나의 風土學、하나의 社會學에 參與하는 機會를 잃지는 않으려는것이다。旅行者가 잘 利用하는 遊覽自動車라는것이 요새는 서울의 거리에도 徐徐히 操縱되고 있는것을 나는 가끔 길우에서 보지만 그것을 볼때 나는 이것이 興味에 찬 外來者의 큰 눈瞳子로서 밖에는 느끼어지지 않는다。모르는 땅의 交通과風俗이 이러한 달아나는 車窓에 依하여 얻을수 없다면 旅行者의 克明한 努力은 遲鈍한 다리와 발에 언제까지던지 支拂되어야 할것이다。

여기 假令 飛行機가 떴다 하자、여기 假令 어데서 불이 났다하자、그러면 그때에 우리는 가장 가까운 窓에 부산하게 몰린다。그때 우리가 紳士體面에 서로 머리를부닥침이 좀 昌皮하다 하더래도 關할바이랴! 밀고 헤쳐서까지 우리는 眺望이 便한 窓側의 觀察者가 되려하는것이다。점잔스럽게 窓과는 먼 곳에 앉어 世間에 區區한 動態에 無關心을 標榜하고 있는 人士가 決코 없지 않으나 알고 보면 그 인들 別數가 없는것이다。飛行機의『프로페라』에 그의調和는 宗全히 破壞되어 있는것이다。

우리로 하여금 恒常 窓側의 座席에 있게하는 感情을 사람은 하나의 헛된 好奇心이라고 斷定하여버릴지도 모른다。그러나 사람의 보려하는 참을수없는 衝動은 이를 헛된 好奇心으로만 指摘하기에는 너무도 深刻한것 같다。참으로 사람이란 自己 혼자만으로는 到底히 살수가 없는것이고 그보다는 다른 사람의 生活에 依하여 또는 다른 사람 生活을 봄으로 依하여 오것도 없다。 우리는 그사람의 눈에 魅力을 느낌과 같이 집집의 窓과 窓에 限없는 蠱惑을 느낀다。 우리를 이와같이 索引하여 놓으려 하지 않는 窓側에 우리가 앉아 閑暇히 보는것은 그러므로 하나의 헛된 演劇에 比較될 性質의것은 아니다。 우리가 여기서 볼수 있는것은 너무나 많은것——即 그것은 自然과 人生의 無盡藏한 豐溢이다。 或은 境遇에 依하여서는 世界自體일수도 있는것 같다。 窓밑에 窓이 있을뿐 아니라、 窓옆에 窓이 있고 窓우에 또 窓은 있어— 눈은 눈을 通하여 窓은 窓에 依하여 이제 원 世上이 하나의 完全한 透明體임을 볼때가 일즉이 諸君에게는 없었던가?

우리는 언제든지 될수록이면 窓옆에 머물러 있으려한다。 사람의 보려하는 欲望은 너무나 크다。 이리하여 사람으로 부터 보려하는 欲望을 拒絶하는것 같이 큰 刑罰은 없다。 그러므로 그를 通하여 世態를 엿볼수 있는 唯一한 機會를 주는 窓을 사람으로부터 빼앗는 監獄은 참으로 잘도 討究된 結果로서의 暗黑한 建物이라 할수 있다。

그러나 우리는 우리가 窓을 通하여 보려는것이 果然 무엇일가를 알지 못한다。 그럼에도不拘하고 우리는 그것보기를 무서워하면서까지 그것을 보려는 好奇心에 드디어 服從하고야만다。 그러므로 우리는 窓을 限없이 그리워하면서도 同時에 이窓에 나타날터인것에 對한 가벼운 恐怖를 갖는것이다。 門은 어떠한 惡魔를 우리에게 紹介할지 事實·알수 없는 까닭이다。

나라와 나라 사이에 고을과 고을 사이에 道路 山川을 뚫고 우리와 우리에 屬한것을 運搬하기 爲하여 晝夜로 다름질치는 汽車 或은 알기도 하고 或은 모르기도한 繁華한 거리와 거리에 疾驅하는 電車、 自動車——그것은 單之 目的地에 감으로서만 意味가 있는것일가?

에 부드치든 正當한 見解에 빨려야 할것이요 正當한 見解에선 한거름 나아가 觀察에서나、表現에서나 獨特한 自己스타일을 가져야 할것이다。

窓

金 晉 燮

窓을 解放의 道에 있어서 暫時 생각하여 본다。이것은 即 내生活의 倦怠에 못이겨 窓側에 氣運없이 몸을 기대였을 때 한갈레 두갈레 내머리로부터 호르려면 思想의 가난한 묶음이다。哲學者『게오르크·짐멜』은 一個 花甁의 손잡이로부터 놀랄만치 魅力있는 하나의 世界觀을 導出하였다。이것은 적어도 하나의 有名한 事實임을 잃지 않는다。이例에 따라 나는 여기 한個의 窓을 觀察의 對象으로 삼으려한다。그러나 이것이 果然 하나의 버젓한 世界觀이 될지 또는 하나의『名色水泡哲學』에 歸하고 말지는 保證의 限이 아니다。그 어떠한것에 이『窓側의 思想』이 屬하게 되든 勿論 이것은 그 나뿌지 않은 企圖에도 不拘하고 아직은 오히려 하나의 未熟한 素描에 그칠 따름이다。

窓은 우리에게 光明을 가져오는 者이다。窓이란 흔히 우리의 太陽임을 意味한다。

사람은 눈이 그 窓이고 집은 그 窓이 눈이다。오직 사람과 家屋에 멈칠뿐이랴 仔細히 點檢하면 모든 物體는 그 어떠한것으로 依하여서든지 반드시 그 通路를 가지고 있음은 두말할

10 隨筆

▲自然、人事、萬般에 斷片的인 感想、所懷、意見을 輕微、素朴하게 叙述하는 글이다。

隨筆이란 隨意隨題의 글이다。論條를 밝히고 形式을 채릴것 없이 偶然欲書格으로、한 感想、한所懷、한意見이 문득 솟아오를때、說明으로 되든、描寫로 되든、가장 率直한대로 表現하는 글이다。率直하기 때문에 論文보다 오히려 찌름이 빠르고 날카롭고、形式에 잡히지 않기 때문에 아름다운 詩境이나 가벼운 警句、유모어가 赤裸하게 나타나버린다。그래서 어떤사람은、隨筆을、講義나 演說이 아니라 座談과 같은 글이라、혹은 定食이나 會席料理가 아니라 一品料理와 같은 글이라하였다。近理한 比喩이거니와 端的이요 踈野해서 筆者의 面目이 첫마디부터 드러나는 글이 이 隨筆이다。그사람의 自然觀、人生觀、그사람의 習性、趣味、그사람의 知識과 理想、이런 모든「그사람의것」이 直接 材料가 되여 나오기 때문이다。누구에게 있어서나 隨筆은 自己의 心的裸體다。그러니까 隨筆을 쓰려면 먼저「自己의 豊富」가 있어야 하고「自己의 美」가 있어야 할것이다。世事萬般에 通曉해서 어떤事物

하는 眞正한 進路가 허지는것이다。 내ㅣ 일즉 智異山의 風雲속에 길을 잃어 密林을 헤치고 蹊谷을 더위잡어 길없는 길을 더듬어내려올새 荒凉한 古木속에서 樵夫에게 찍힌 독기자욱을 보고 눈에 번쩍 띄어 먼저 다녀간 그님의 자최를 기껍노라 恭敬하였었다。 사람은 自己의 힘차는 努力을 끊임없는 값으로 치르면서 그리고 앞서 지나간 先驅者의 끼친 터를 찾을때에만 바야흐로 참으로 非常偉貴한 人世의 敎訓과 價値를 얻는것이다。 讀書의 秘訣이 그 여기에 있을것이다。 그러나 무릇 讀書는 그때와 사람이 따로 있지 않으니 現代人은 모다 一生을 일하고 讀書함을 要한다。

(安民世의 「讀書開進論」)

雄渾豪放한 文章이다。 理順論正함은 勿論、 內容以上 讀者를 壓倒衝擊하는 힘이 있다。 懸河의 辯을 듣는듯하다。 一種 嚴然美다。 이것은 文體의 힘만은 아니요 筆者의 氣慨요 威儀라하겠다。 大衆과 大勢를 相對로하는 글이란 演說이나 마찬가지로 于先 人氣를 끌고 못 끄는것이 效果에 있어 差異가 클것이다。

치면서 넌즛이 萬里의 뜻을 품은것은 가을의 情感이다。 그러하매 옛사람이 가을밤 壁上에 長劍을걸고 홀로兵書를 읽었다고하니 가을의 肅殺한 기운이 無限征進의 意圖를 충동일제 그機와境이 알맞게 意圖를 펼수 없는것이 人世의 常事인 故로 결련 長劍에서 그意圖가 식지 않고 읽어가는 兵書에서는 더욱 天下의 뜻이 굽넘어 나아가는것이니 讀書의 意義와 靈感이 여기있는것이다。 그러나 반듯이 가을이 아니니 언제나 讀書는 自我인 人生을 客觀의 境에서 새로 發見하는것이오 古人의 자최에서 조을고있던 停頓되였던 偉大한 나를 고쳐 認識하는것이며 하필 男子만의 일이 아니니 男性이건 女性이건 누구나 讀書에서 새로운 智見과 生新한 天地를 開拓하여 가는것이다。 兵書ㅣ 오로지 讀書子의 經綸에 投合할바 아니니 무릇 社會百家의 書와 科學諸門의 述을 각각 그趣味와 功用에 따라 自在하게 選擇할것이다。 (中略)

◇

古人들은 흔히 盲目으로 追從하고 直譯으로 降參하는者 많더니 今人들은 혹 海外의 左翼이란 先驅者의 言論에 盲目으로 追從하는者 많어 그境遇와 歷史와 現實의 情勢란者가 갈으되 다른 眞境秘義를 미처 모르는者 적지 않은터이다。 古人의 그러함이 반듯이 程朱의罪ㅣ아님과 마찬가지어서 今人의 그러함도 역시 海外의 左翼先驅者의 허물이 아닐것이다。 무릇 批判的이 아닌곳에 程朱가 朝鮮을 그思想的植民地로 잡어 一世의 儒冠한 者로 全域을 들어 崇外의 祭物로 내주려고 하였으니 그患의 莫甚한者이였였다。 批判的이 아닌곳에 現代의 讀書思索하는者로 意外의 過誤를指導者로서 犯할수 있는것이니 讀書와 그에서 나오는 實踐이 워낙 쉬운바 아니다。 나의處地를 밝혀 알고 거기서 남의 지난 자최를 찾을때에 비로소 남이 갖지 못

日아침 洞察하고 辨別하고 編輯한다。

따라서 新聞批評이 設或 雜誌나 單行本가운데서 發見된대도 그것은 無妨하다。 그것이 今日의 精神과 今日의 才智로써 今日의 作品을 批評한것이라면 所載形式의 如何를 무를것 없이 新聞批評이다。 그것은 新鮮한 形態下에 今日의 思想을 表現하고 官學主義의 모든 外觀을 避하여가면서 讀者에게 智識을 迅速하고 愉快하게 줄수있는 모든手段을 使用하여 쓴 批評이다。 現代人은 발서「싸롱」에서 新刊評論을 하지 않는다。 新聞은「싸롱」의 代身인 同時에 今日의 書籍──二十四時間乃至十二時間의 書籍이다。

(崔載瑞氏의「批評의形態와機能」의 一部)

新聞批評의 價値를 力說하였다。 이 力說을 爲해선、官學的、즉 學問式批評이 今日 文學에 알맞지 않는點、自然發生的인 口頭批評이 結局 新聞批評에 이르는 點을 밝혀 論理의 成立을 確乎不動하게 하였다。

讀書開進論

黃菊丹楓이 어느듯 무르녹아 달밝고 서리찬밤 울어예는 기러기도 오늘내일에 볼것이다。
讀書하기 좋은 季節이다。 하늘높고 바람 急한적에 胡馬가 기리 소리쳐 丈夫의 팔이 부르르 떨과 賞歎을 準備하고 있는 敏捷하고 巧妙한 自然發生的인 口頭批評이다。 그러나 이같은 批評은 學者의 古典批評에 比하면 퍽 困難한것이다。 쥬우벨이 말한것과 같이「古代人 되기보다는 近代人 되기가 훨신 어렵다。」우리가 古代의 旣成事實의 世界가운데서 사는것보다는 自己네의 時代를 그 運動에서 그 直接的이고 흩어지기 쉬운 存在에서 느끼고 맛보는것이 더욱 困難하기 때문이다。

以上에 우리는 口頭批評의 機能을 보아왔다。 나는 形態에 對하여 좀더 考察을 넓히고져 한다。 口頭批評은 勿論 말로써하는 批評이지만、 이것은 그本質이고、 本質이 언제면지 本質대로만 있는것은 아니다。 萬一 그렇다면 그것은 文學價値의 大部分을 잃을수밖에는 없을것이다。 웨 그러냐하면 純粹한 口頭批評은 글을 쓰지 않을것이고、 글을 쓰지 않는 以上 그는 文學世界에 參加할수 없으며、 또 그自身도 參加치 않으려고 할것이다。 그렇기 때문에 絕對的理想的인 口頭批評이라는것은 實際로 存在치 않는다。 그는 大概 그의 談話를 手記 書簡 日記「노―트」等에 記錄하여 두기 마련이다。 이리하여 批評史上에 빛나는 許多한「隨想錄」과「日記」는 생겨난것이다。

그러나 現代에 있어 口頭批評의記錄으로서 다른 모든 形態를 吸收하여버린 偉大한 批評이 있다。 그것은 卽 우리가 오늘날 보는 新聞批評이다。 新聞批評은 얼른 생각하기에 職業的批評의 典型같이 보이나 그러나 그本質에 있어선 亦是 民衆의 口頭批評이다。 웨 그러냐하면 新聞批評家 卽 저어나리스트는 쌍트·뻬―브가 말한것과같이「公衆의書記」이기 때문이다。 다만 이書記는 사람이 口述하는것을 期待하지않고 自進하여、 世上사람들이 생각하고있는바를 每

者는 天을 怨치 않는다 하였으니 한번더 自身을 反省해볼 必要가 없을가。

○

艱難과 逆境은 언제나 있는것이다。艱難과 逆境은 사람의 修養에 따라 能히 輕減되는수도 있고 또 이것이 因緣으로 좋은 結果를 맺게할수도 있는것이니 艱難과 逆境은 人生의 試金石인 同時에 暴風雨後에 晴天이 있는바와 같이 順境과 好運이 展開될것이다。人生의 燦然한 페이지는 한번도 失敗없이 危險없이 運좋게 지났다는것보다도 百番 쓰러지되 굽이지 않고 일어서는 곳에 있을것이다。

(「新東亞」의 卷頭言)

「人生」이란 巨大한 問題를 가졌으되、조곰도 덤비지 않고、眞理란 쉽고 가까운데 있다는듯한 自信을 가지고 도련 도련、親切히 이야기하듯 썼다。動物과 人生의 다른點、自然에의 慾心이 너머 많은것、失敗없는 成功이 없다는것、모다 한번 反省하고 굳센 새 信念을 품게하는 힘이 있다。

今日의 文學을 批評함에 있어 官學的批評은 알맞지 않는다。學者의 批評과같이 너무도 敎養이 많고、너무도 博學하고、너무도 過去에 束縛을 받는 批評은 새로운 作品 앞에선 몸이무겁고 거북한것이 事實이다。이때에 必要한것은、늘 새로운 藝術作品에 共鳴하기 위하여 驚愕

은 먹고 마시고 生殖하는것 以外에 眞을 찾고 善을 찾고 美를 찾게 되는것이 이것이 禽獸와 다른點이요 이것이 사람의 사람다운點이라 할것이다。다시 말하면 禽獸는 本能的으로 衝動的으로 行動하고 現在 滿足에 餘念이 없지마는 사람은 過去와 現在와 未來의 모든經驗을 아울러 생각하야 보다 낫고 보다 좋은 生活을 營爲하려고 애쓰는것이 다르다는것이다。

○

時間的으로 보아서나 空間的으로 보아서 사람은 至極히 微弱하고 보잘것 없는 物件이다。그러나 사람은 偉大한 靈能이 있어서 高潔한 理想을 憧憬하고 遠大한 目的을 向하여 애쓰고 나가는 絕大無限의 生命 그物件이다。

○

사람은 언제 죽을른지 모른다。이따나 來日 죽을것 같이 準備치 않으면 안될것이요、仰天俯地하여 부끄러울것이 없는 바른 生活을 하도록 늘 警戒하고 지나지 않으면 안될것이니 이러한 緊張味가 있는 生活이야말로 眞實된 生活이라 할것이다。

○

사람은 大自然에 對하여 너무 注文이 많고 自慢이 많은것 같다。自己때문에만 世上이 생겼고 自己때문에만 森羅萬象이 가추어 있는줄 아는이가 많다。조금만 自己맘에 맞지 않고맘대로 되지 아니하면 不平을 말하고 失望하고 悲觀을 하고 厭世를 하여 自殺하는데까지 이르게 된다。이 얼마나 慾心많은 自己中心의 思想인가。마치 航海하는者가 風雨와 波浪없이 大海를 건느고저 하는바와 같은것이다。古語에도 己를 아는 者는 人을 怨치 않고 命을 아는

必要가 있다。「내가 아름답다고 본것을 남에게도 아름답게 보이자는 心情이 그 얼마나 높고 아름다운것이랴」하여 果然 읽는사람에게 感情的으로 먼저 衝動을 준다。 나무나 꽃을 꺾는 것이 나쁘다는것쯤은 常識이다。 케케 묵은 常識만 重言複言하면 값히 마음속에 울릴리 없다。 더구나 一草一木을 아끼는것은 思想이기보다 感情임에 더 아름다운 일이니、 思想편으로보다 情操편로 鼓吹시킴이 敎化的意義도 더욱 클것이다。「마치 모든 道德과 節制에서 一時 解放된것같이 보이는 例」를 말한것、 혜임스江의 實例를 든것은、 모다 이 論說의 훌륭한 補强材料들이다。

人生

人生七十古來稀라는 말도 있거니와 人生은 果然 짧은 것이다。 짧은데다가 언제 죽을른지도 모르는 不可思議의 人生이다。 짧은 이人生을 어찌하면 좀더 意義있고 價値있게 살다가 죽을수 있을가。 별수있나 되는대로 살다 죽지 하는것이 一種의 弄談으로 되는것은 容或無怪나 眞正한 뜻으로써 使用되여서는 안될줄 안다。 醉生夢死의 生活、 이에서 더 空虛하고 寂寞하고 恨되는 生活이 어디 있으랴。

○

禽獸의 生活은 먹고 마시고 生殖하는것 以外에 다른것이 없을것이다。 그러나 사람의 生活

山野에 다니는 者에게는 이러한 精神을 發揮할 絕好한 機會가 있는것이다。 내가 아름답다고 본것을 남들에게도 아름답게 보이자는 心情이 그 얼마나 높고 아름다운것이랴。 이러한 心情이야말로 文化民族의 標가 되는것이다。

二

春節以來로 하이킹하는 靑年들이 많아지는것은 다만 健康을 爲해서뿐 아니라 精神의 修養上으로도 기뻐할 일이어니와 아직 이러한 生活에 關한 訓鍊이 不足하기 때문에 淸遊를 淸遊로 하지 아니하고 亂雜無禮한 노리와 같이 생각하여서 마치 모든 道德과 節制에서 一時 解放된것같이 보이는 例가 있음은 遺憾된일이다。 山野에서 自然을 接할때에도 마땅히 愛와敬으로써 할것이니 一草一木、一石一禽에 對해서 愛敬의 情을 느낄때에 비로소 우리는 自然의 美를 느끼고 自然의 말을 들을수 있는것이다。 亂雜한 姿勢를 짓고 無節制한 放歌、放言을하면서 自然을 對하는것은 劇場에서 舞臺에 注意하지 아니하고 같은 觀衆의 靜肅을 考慮치아니하는 者와 꼭 같은것이다。

하물며 꽃과 나무가지를 꺾고 돌을 굴리며 汚穢物을 處置하지 아니하는等 亂行에 이르러서는 진실로 嘲笑할 일이오、社會의 羞恥라고 아니할수 없다。 런돈의 테임스江에는 종이쪼각 하나 뜨는 일이 없다고 하지 아니하느냐。

(朝鮮日報 昭和十二年四月三十日 社說의 一部)

論題가 「一草一木에의 愛」다。 퍽 情緒的이다。 읽는 사람의 感情에부터 刺戟을 줄를 促함。

甲戌 七月 九日 朝鮮 文藝家 一同
(七十八氏姓名略)

論理 井然하다。 먼저 自己들은 綴字法統一과의 關係가 누구보다도 至重함을 밝힌 것은、 첫재、이런 聲明을 쓰는것이 부질없은 일이 아니란것、 둘재、 이런 問題에 關하야는 어느層엣 사람들보다 見解가 正確하리란것을 믿게 하였다。 또 「한글統一案」을 支持함에 萬人의 共認을 얻기爲해 常識的인 理由를 들었고、 뿐만 아니라 言文統一이란 文人、 學者들의 일만이 아님을 大乘的見地에서 說破하였다。 끝으로 朝鮮語學會의 學者諸氏에게도 兩兩相照하여 偏曲됨이 없도록 부탁한것은、 態度의 公明뿐 아니라、 聲明의 目的이 究極엔 綴字法 그것에 있음을 보히는것이다。

一草一木에의 愛

一

登山路에 길ㅅ가에 쓸어진 꽃한포기를 세우고 뿌리를 묻어주는 心情은 누구나에게 있고 싶은 精神이다。 더구나 北漢、 道峯等과 같이 大都市에 隣接한 山野나 金剛山같은 公園的인

그러함에도 不拘하고、近者의 報道에 依하여 巷間一部로부터 畸怪한 理論으로 이에 對한 反對運動을 이르켜 公然한 攪亂을 꾀한다 함을 들은 우리 文藝家들은 이에 默過할수 없음을 깨달은것이다。

그 所謂 反對運動의 主人公들은 일직 學界에서 들어본적 없는 夜間叢生의「學者」들인만큼、그들의 그일이 비록 微力 無勢한것임은 毋論이라 할지나、或 期約못할 愚衆이 있어、그것으로 因하여 迷路에서 彷徨하게 된다 하면、이 言文統一에 對한 擧族的 運動이 蹉跎 不進할 嫌이 있을가 그 萬一을 戒嚴하지 않을수도 없는바다。

그러나、또한 同時에 일에는 매양 조그마한 衝動이 있을적마다 罪過를 남에게만 轉嫁하지 말고 그것을 反求諸己하여 自身의 至公 無缺을 힘쓸것인만큼 이에 際하여 言文統一의 重責을 지고있는 朝鮮語學會의 學者 諸氏도 語音의 法理와 日用의 實際를 兩兩相照하여 偏曲과 硬塞이라고는 秋毫도 없도록 再三考究하지 않으면 안될것이다。

如何間 民衆의 公眼 앞에 邪正이 自判될 일인지라、이것은「號訴」도 아니요、「喚起」도 아니요、다만 우리 文藝家들은 文字 使用의 第一人者的 責務上、이때와 같은 三則의 聲明을 發하여 大衆의 앞에 우리의 見地를 闡明하는바다。

聲明 三則

一、우리 文藝家 一同은 朝鮮語學會의「한글統一案」을 準用하기로 함。

二、「한글 統一案」을 阻害하는 他派의 反對運動은 一切 排擊함。

三、이에 際하여 朝鮮語學會의 統一案이 完璧을 이루기까지 進一步의 研究 發表가 있기

한글綴字法 是非에 對한 聲明書

대개 朝鮮文 綴字法에 對한 關心은 다만 語文 硏究家뿐 아니라 朝鮮民族 全體의 마땅히 가질바 일이다。

그러나 그中에서도 日日 千言으로 글쓰는것이 天與의 職務인 우리 文藝家들의 이에 對한 關心은 어느 누구의 그것보다 더 切實하고 더 緊迫하고 더 直接的인바 있음은 自他가 共認할것이다。

그러므로、우리는 우리 言文의 記寫法이 不規則 無整頓함에 가장 큰 苦痛을 받아왔고 또 받고 있으며、이것이 歸一統全되기를 누구보다도 希求하고 渴望한것이다。

보라! 世宗 聖王의 朝鮮民族에 끼친 이 至大 至貴한 寶物이 半千載의 日月을 經하는 동안 慕華輩의 毒牙的 譏謗은 얼마나 받았으며、詭辯者의 誤導的 戕害는 얼마나 입었던가。그리하여、李朝 五百年間 士大夫層의 自己에 對한 沒覺、等棄、淺視、侮蔑의 結果는 畢竟이 至重한 言文 發展에까지 莫大한 阻礙와 障礙를 주고야 만것이다。

그러다가、故 周時經 先覺의 血誠으로 始終한 畢生의 硏究를 一劃期로 하여 眩亂에 들고 蕪雜에 빠진 우리 言文記寫法은 步一步 光明의 境으로 救出되어 온것이 事實이요、마침내 斯界의 權威들로써 組織된 朝鮮語學會로부터 去年 十月에 「한글 마춤법 통일안」을 發表한 後、周年이 차기 前에 벌서 都市와 村郭이 이에 對한 熱心한 學習과 아울러 漸次로 統一을 向하여 促步하고 있음도 明確한 現象이다。

人十色、아니 萬人萬色으로 意見과 意見의 衝突을 免치 못한다。모ー든、자즐구러한 意見을 默殺하고 大衆을 指導할만한 最善의 意見이란、어느社會、어느時代에 있어나 永遠히 必要한것이다。그런데 누구나 社會에、世界에 自己의 最善의 意見을 發表할 權利가 있다。權利뿐 아니라 自己意見이면 어서 發表하고싶은 衝動을 本能的으로 가졌다。文化萬般에、時事一切에 어느 한 問題를 가지고 自己의 意見을 陳述하고、主張하고、共鳴을 일으켜서 民衆이 感情的으로、意志的으로 自己를 따르게 하는것이 論說이다。論說文은 혼자 질기려 쓰는 글은 아니다。언제든지 民衆을 讀者로 한다。大勢를 刺戟해 輿論의 先鋒이 될것을 理想으로 한다。그러므로 論說文은、

一、公明正大할것、

二、熱意가 있어、먼저 感情的으로 움직여놓을것、

三、確乎한 實例를 들어 疑心을 살 餘地 없이 信任을 받아야할것、

四、論理整然하여 空理空論이 없고 重言複言이 없을것、

五、嚴然美가 있을것들이다。

는 네가 생전에 좋아하던 미루꾸와 과자와 사이다와 포도주를 가지고 네 무덤 앞에 와서 너
를 부르니 아아 鳳根아、아비의 정성을 받아라。

눈물이 없이 읽을수 없다。입에서 나오는 말이 아니라 새빨안 마음으로、靈魂으
로 하는말 이다。이미 드를줄을 모르는 사람에게 하는 말은 입보다 靈魂으로 하는
말이라야 옳을것이다。

9 論說文

▲宗敎、藝術、政治、經濟、敎育、科學等 人類一切文化에서 一定한 問
題를 가지고 自己의 意見을 主張、陳述、宣傳、勸誘하는 글이다。

魏나라 文帝는「文章은 經國之大業이라」하였고、런던타임쓰의 어느主筆은「내가
한번 붓을 들면 內閣을 三日內에 너머트릴수도 있고 새로 세울수도 있다」고 壯談
하였다。다 論說文章의 힘을 말함이다。

직게 보아 한社會、크게 보아 한國家、더 나아간 全人類、大體로는 同一한 生活과
運命에 살되、個人個人의 感情、意見은 모다 同一한것이 아니다。어떤 일에서나 十

을 믿으매 내 아들로 태어났을 때보다 나은 곳에 간줄은 믿는다마는 내가 사십평생에 가장 사랑하면 사람이오 벗이면 너를 여히매 내 슬픔은 쉬일 길이 없다。 네가 내무릎 우에 있는동안 나는 네게 좋은것을 하나도 못하여 주고 도로혀 좋지못한 꼴만 보였다。 내 어찌 네마음을 늘 기쁘게 못하였던고? 내 어찌 네눈에 거룩하고 높고 깨끗하고 자비로운 사람이 되지못하였던고? 네가 하나님을 믿고 부처님을 믿고 착한사람은 어찌하여 착하며 악한사람은 어찌하여 악한가를 묻고、사람이 죽으면 어찌되는가를 물을때에 네게 옳은길로 대답할 지혜를 갖지 못하였던고? 그많은 병을 앓고 그많은 매를 맞고 그많은 비위에 거스림을 받게 하였던고? 그러나 사랑하는 아들아 나는 너를 바른 길로 인도하지 못하였건마는 너는 죽음의 방편으로 내게 바른길을 지시하였다。 네가 가는것을 보고 나는 내 지금까지의 잘못된 생각을 버리고 고작 높은 바른 길을 찾기를 결심하였다。 나는 천만번 나고 죽어 지옥 아귀의 고생을 하더라도 고작높은 바른 길을 찾아 잘못사는 무리들을 건지리라는 큰원을 세웠다。 사랑하는 아들아。 나는 너를 만날것을 믿는다。 너와 함께 고작 높은 길을 닦아 괴로움에 허머기는 모든 잔무리를 건지는 일을 함께 할 날이 있을것을 믿는다。 그러므로 나는 내 슬픔을 죽인다。 아아。 너도 네 슬픔을 죽여라。

네 마음에 박힌 모든 임장을 다 불살라버리고 고작 높은 길을 닦기를 힘써라。 네 태어날 곳을 찾거든 돈 많은 집이나 세력 많은 집을 찾지 말고 어진마음을 가지고 어진 일을 하기를 힘쓰는 집을 찾아라。

사랑하는 내 아들아 鳳根아。 네가 일곱해 동안 아비라고 부르면 좋지못한 아비 나는 오

式辭를 혼자 차지한것이 아니니

四、支離하게 길지 말아야할것이요、

워낙이 形式인것을 內容까지 形式的이어선 會衆의 氣分을 衝動시키지 못한 것이니

五、情分에 切實해 聽衆에게 深刻한 印象을 주는 內容이라야 할것이다。

鳳兒祭文

李 光 洙

사랑하는 아들 鳳根아? 네가 지난해 二月二十二日午後六時、이世上을 떠난지 바로 한해가 되었다。 네가 숨을 끊은날 아비 나는 네 무덤에 와서 네넋을 부른다。 네 몸이 이미 썩었으니 그몸에 네 넋이 없음을 알건마는 네 간곳을 모르니 네 무덤에서밖에 어디서 부르랴。

너는 이제 어디 가있느냥。 다른 별에 가서 하늘사람으로 태어났느냥。 이세상에서 다른집의 아들로 태어났느냥。

아직도 갈곳을 찾지못하여 헤매느냥。 네얼굴이 맑고 아름다웠고 네마음이 밝고 어질었고 네 이세상에 있는 동안 보는 사람들의 귀여함을 받았으니 네 필시 전생에 좋은 뿌리를 심은줄

時代를 先行하므로써 恒時 孤獨하던 故友를 爲해 熱辯의 慰勞와 그의 藝術의 眞價를 闡明擁護하는 美德의 追悼文이다。 追悼文은 반드시 울려야만 하지 않는다。

8 式辭文

▲慶吊間 各種 儀式場所에서 朗讀하는 文章이다。

慶事스러운 일이거나 不幸한 일이거나 붓을 들어야 하리만치 親近한 사람이라면 구태여 式辭로 아니라도 이미 當事者와 함게 즐거웠고 함게 슬펐을것이다。 구태여 文章을 꾸미는 意義는 儀式을 爲해서요 또 會叅者一同에게 읽어 들리어 氣分을 高調시킴에 있다 하겠다。 儀式을 爲해서니까 먼저

一、鄭重해야 할것이요、

會叅者一同에게 읽어들리기 爲해서니까

二、朗讀調로 써야 할것이요、

公衆의 앞에 公開하는 글이라

三、私的인 內容에 치우치지 말것이오、

茶房N 藤椅子에 기대앉어 흐릿한 담배煙氣 저편에 半나마 醉해서 朦朧한 箱의 얼굴에서 나는 언제고 『現代의悲劇』을 느끼고 소름쳤다。 若干의 諧謔과 揶揄와 毒說이 서껴서 더듬더듬 떨어져 나오는 그의 雜談 속에는 오늘의 文明의 깨어진 『메캐니슴』이 엉크려있었다。 巴里에서 文化擁護를 위한 作家大會가 있었을때 내가 만난 作家나 詩人 가운데서 가장 興奮한것도 箱이였다。

箱이 우는것을 나는 본일이 없다。 그는 世俗에 反抗하는 한 惡한(?) 精靈이였다。 惡魔더러 울줄을 모른다고해서 비웃지마러라。 그는 울다울다 못해서 인제는 淚腺이 말러버려서 더울지 못하는것이다。 箱이 所屬한 二十世紀의 惡魔의 種族들은 그러므로 繁榮하는 僞善의 文明에 向해서 메마른 찬 웃음을 吐할뿐이다。

흐르고 어지럽고 겨으른 詩壇의 낡은 風流에 極度의 憎惡를 품고 破壞와 否定에서 始作한 그의 詩는 드디어 時代의 깊은 傷處에 부대쳐서 慘憺한 呻吟소리를 吐했다。 그도 또한 世紀의 暗夜 속에서 불타다가 꺼지고만 한줄기 尖銳한 良心이였다。 그는 그러한 不安動搖 속에서 『動하는精神』을 再建하려고 해서 새出發을 計劃한것이다。 이 尨大한 設計의 於口에서 그는 그만 不幸히 자빠졌다。 箱의 죽엄은 한個人의 生理의 悲劇이 아니다。 縮刷된 한時代의 悲劇이다。 詩壇과 또 내 友情의 列席 가운데 채워질수 없는 永久한 空席을 하나 맨드러놓고 箱은 사라졌다。 箱을 잃고 나는 오늘 詩壇이 갑자기 半世紀 뒤를 물러선것을 느낀다。 내 空虛를 表現하기에는 슬픔을 그런 字典속의 모ㅡ든 形容詞가 모도다 오히려 奢侈하다。 『故李箱』ㅡ 내 希望과 期待 위에 否定의 烙印을 사정없이 찍어놓은 세 억울한 象形文字야! (後半略)

花密藏難見

枝高聽轉新 (杜 甫)

뻐꾹이 어데서 저다지 슬프고 맑은 소리를 울어 보내는것일가。 뻐꾹이 우는 철이 길지 못하여 내가 서령 세상에서 다시 三十生涯를 뒤푸리한다 할지라도 뻐꾹이 슬픈소리로 헤일수밖에 없지 아니하랴! 아아 애닯은지고! 故人은 德의 소리와 香氣를 끼치고 기려 갔도다。

조곰도 엄살이 없이 淡々嫋々하게 故友의 德儀를 追慕하므로써 平素에 그 벗을 爲하지 못했던것을 마음 아퍼하였다。

故李箱의 追憶

金 起 林

箱은 필시 죽엄에게 진것은 아니리라。 箱은 제肉體의 마지막 쪼각까지라도 손수 갈아서 없애고 살아진것이리라。 箱은 오늘의 環境과 種族과 無知속에 두기에는 너무나 아까운 天才였다。 箱은 한번도 『잉크』로 詩를 쓴일은 없다。 箱의 詩에는 언제던지 箱의 피가 淋漓하다。 그는 스스로 제 血管을 짜서 『時代의 血書』를 쓴것이다。 그는 現代라는 커―다란 破船에서 떨어져 漂浪하던 너무나 悽慘한 船體쪼각이었다。

스사로 惡人인것을 느끼고 말할만것은 그것은 善人의 일이기 때문에!

(사람의 일이란 하잘것 없는것임으로 우리는 사랑하고 사랑 받는 그 누구를 항시 求하지않을수 없다。그 연고는 仁愛와 親切을 除去하여버리면 무릇 喜悅이 人生에서 除去되고 말음이다 ——시세로』

이 論破로 써 내自身을 裝飾하기에 躊躇치 아니하겟다。이 裝飾에서도 내가 除去된다」대체 나는 어느 헌누덕이를 끌타입으란 말이냐!

『그의 德이 友誼를 낳고 또한 지탕하는도다。그리하야 德이 없으면 友誼가 決코 있을수 없으니 友人을 和合시키고 또한 保存하는 밧자는 德인저! 德인저!——세네카』

故人이 세상에 젊어 있을때 그의 德을 그에게 들리지 못하였거니 이제 이것을 힌조이쪽에 옮기어 쓰기도 슬픈일이 안널수 없다。

故人의 訃音을 들었던 人士들을 만날때마다 나는 故人의 兄弟나 近親이 받어야 할만한 吊慰의 말슴을 들었던것이다。

그의 德을 조금도 닮지 못하였고 友誼에 忠實치 못하였음에도 故人의 知友가 그를 아까워할때에 내가 그와 함께 記憶된줄을 생각하니 두려운 일이다。한편으로는 盜賊도 놓는 누렵수 있으나 오직 善人에게만 許諾되었던 友誼에 내가 十年을 包容되었음을 깨달었을 적에 나는 한일이 없이 자랑스럽다。나의 半生이 모르는 동안에 보람이 있었던것이로구나!

짙은 꽃에 숨어 보이지 않더니
가지 높으매 소리 홀연 새로워다。

平生에 정든 친구를 잃코 보면다시 새로운 友情의 기쁨을 얻는다는것은 진정 어려운 노릇에 틀림 없다。

男女間의 愛情이란 意外에 速히 불붙는것이요 常規를 벗는 경우에는 그야말로 電光石火의 보람을 내일수도 있는 노릇이나 友情이란 그렇게 섭사리 익어질수야 있으랴? 적어도 十年은 가진 曲折을 겪은 후라야 서로 사랑한다기보다도 서로 尊敬할만한데까지 갈수 있는것이 아니랴。

友情이란 대체 어떻게 일우어지는것인지 알수가 없다。 그러나 友情이란 戀情도 아니요 同好者끼리 즐길수 있는 趣味에서 반듯이 오는것도 아니요 또는 同志라고 반듯이 親舊가 될수 있는것도 아니요 서령 政見이 달을지라도 극진한 벗이 될수 있는것이 아니었던가。 더군다나 氣質이나 利害로 友情이 설수 없는것은 너무도 밝은 事實이다。

그러한것으로 밀우어 보면 친구는 안해와 恰似하다。 夫婦愛와 友情이란 나이가 일러서 비롯하야 나살이 든 뒤에야 둥그러지는것이 아닌가?

『善人과 善人의 사이가 아니면 友誼가 있을수 없다——시세로』

내가 어찌 敢히 善人의 짝이 될수 있었으랴。

『惡人도 때로는 嗜好를 가치할수 있고 好惡를 가치할수 있고 恐畏를 가치할수 있는것을 보아오는바이나 그러나 善人과 善人 사이에 友誼라고 일카르는바는 惡人과 惡人 사이에서는 朋黨이다——시세로』

내가 스사로 惡人인것을 告白할수도 없다。

야 할것이요

죽엄이 슬픈것은 남어있는 사람들의 永訣하는 情意에서요、이미 죽은 그이로는 마땅히 돌아갈데로 돌아간것이라 슬픔이라거나 괴로옴이란 全혀 無意味한것이다。獄에나 가친 사람에게처럼 悽慘히 생각한다든지、불상해만 녀진다든지하는 同情心은 禮가 아니라

三、슬픔은 오직 쓰는 사람으로뿐、亡人을 爲해서는 冥福을 빌기를 잊어서는 안될것이다。

짜르나 기나 한사람의 一生을 回顧하는 內容이라

四、悽慨味가 있어야 한다。

逝 往 錄 (前半略)

鄭 芝 溶

사나이가 三十이 훨석 넘어서 만일 娶配를 한달것이면 다시 새로운 幸福을 期待하기가 매우 어려울것이리라。친구를 잃은것과 안해를 여인다는것을 한갈로 비길것은 아니로되 三十

7 追悼文

▲故人을 追憶하는 人生、죽엄、別離에 對한 一種感想文이요 式辭文이다。

追悼文은 人生에 對한、죽엄에 對한、永訣에 對한 感想과 禮式의 글이다。그러므로 感想文과 式辭文의 要領을 參酌하면 고만일것이나、感想과 儀禮의 對象이 人生이요、人生에도 이미 死亡하여 우리와 모든것으로 絶緣하고 간 人生以上의 人生이라 너미나 嚴肅함에 唐惶하기 쉽고、悲歎에 치우쳐 分別을 그릇하기 쉬운 글이 이글이며 또한、感情에 너머 餘裕를 가져도 套式에만 빠져 眞情에 설필 念慮도 없지 않은 것이 이 追悼文이다。

죽엄이란 누구나 服從하지 않을수 없는 偉大、神秘한 事態이다。이 偉大、神秘한 事態에 들은 先人에게라

一、敬虔해야 할것이요

사람이 一生을 가졋다 함은 크나 적으나 그의 남긴 業蹟에 意義가 있을것이라

二、亡人의 살았을 때의 新鮮한 一面貌를 보혀주어 그의 德風과 功蹟을 讚頌해

이外에 더욱 注意할것은 感覺이다。感覺이 날카로워야 平凡한데서도 맛있게, 印象的이게 느낄수 있다。李箱의「成川紀行」의 一節이 平凡한事實이나 얼마나 아름답게 써졌는가? 그리고 路程과 日程이 長遠한데서는 形式을 日記風으로 取함이 좋은方法의 하나이다。또 當日로 다녀오는 조고만 遠足記 같은데서는 다음과 같은 몇가지에 關心하는것이 要領을 잃지 않는 方法일것이다。

1、날씨
2、가는 모양
3、가는 곳과 나
4、想像한것과 實地
5、새로 보고 들은것
6、가장 印象 깊은것
7、거기서 솟은 무슨 追憶과 希望
8、이날 全體의 느낌等

蘭谷農場의 放牧들이 있다는데다。

다시 車는 山峽을 끼고 돈다 일즉이 보지 못하던 天下의 絕景이다。 한山을 지나면 한물이 흐르고 한물이 구비치면 한窟이 나온다。 캄캄한 窟속이 지리한가하면 어느듯 明朗한 푸른 山이 仙女의 치마폭인듯 주름잡아 감돌아들고 물이 인제 다했는가 하면 千길이나 되는 다리 아래엔 살진 여울이 용솟음 치니 돌은 뛰어 솟고 물은 부서져 눈(雪)을 뿜는양 白龍이 어우러 싸우는듯、끊어진 언덕을 휩쓸어 어마어마한 큰소리를 지르고 내를 이루어달아난다。 아이들은 拍掌하고、나는 淸興에 醉하였다。 反復無常 이렇게 三防幽峽에 다으니 山이 감돌기 스므번、물여울이 咆哮하기 열아홉번、턴넬의 어둠이 열네번、天下의 奇勝을 한곳에 몰아 놓았다。 만일 十五夜 月光을 타고 이곳을 지난다면 달이 부서지고 金이 용솟음치는 偉觀奇景을 한가지 더 볼수 있을것이다。

(朴鍾和氏의 「京元線紀行」에서)

前者엔 莘荑花에 對한 學術的 見解가 있고、後者엔 三防古戰場에 關한 歷史的懷古가 있다。 讀者에게 가리킴과 일깨워짐이 있다。 그러나 모다 趣味 範圍內에서기 때문에 좋다。 紀行文에 나오는 學問이나 歷史는 趣味와 懷古程度에서 意味가 있지 무슨 講義를 하듯 考證과 主張을 일삼아서는 紀行文이 아니라 學問이다。 紀行文에서는 興趣로 驕하되、知識으로 驕할것은 아니다。

福溪서 점심을 먹는 동안 汽車는 저 有名한 劍拂浪을 향하여간다。 폭 폭폭、푸푸푸 車는 죽을 힘을 다하여 올라가기 시작한다。 그러나 그것은 사람의 걸음만도 못한것이였다。 大自然과 文明、自然앞에 蠢動하고 있는 조그마한 사람의힘、그것은 마치 어린애의 작난과 같다。 푸 푸 푸 힛김빠진소리만 저절로 터저나온다。 만일 이것이 動物이라면 全身엔 함빡 땀으로 물초를 하였을것이다。 七顚八倒 그 기어올라가는 꼴이 마음에 마치 知覺을 가진 動物을 타고가는양 안타까운 錯覺을 가끔 가끔 느끼며 홀로 가만한 苦笑를 날려버렸다。

劍拂浪、갈을 씻어 물결에 후리친다 三防古戰場과 그럴듯 무슨 因緣이 있는것 같은 이름이다。

車가 가지 아니하니 『征馬不前人不語!』 幻想은 별안간 이글귀를 불러일으켰다。 三防幽峽으로 쪼낀 善宗(弓裔가 草木에 묻혀 僧으로 있을때 이름)이 주름잡힌 이마쌀과 醜해진 애꾸눈을 부릅뜨며 어이없는 기막힘을 直面하여 厲聲一喝 叛臣 王建을 목롱이 터저타하고 호령하다가 날르는 毒矢에 외눈을 마저 맞고 馬上에서 떠러저 蹉跎하는 꼴이 보인다。

十萬大兵이 물결에 휩쌓인듯、阿鼻叫喚、갈길을 잃고 三防幽峽에 生地獄을 벌린 모양이 눈앞에 뵈인다。「分水嶺六百三米突」 허연나무에 墨痕이 지르르 흐르게 이렇게 써워있다。 汽車는 지금 朝鮮의 背梁을 넘고 있는것이다。

洗浦驛을 지나니 이곳은 牧場地帶、緬羊을 기르고 말을 치기에 適合한 곳이다。 어즈러이 피인 野花、싱싱하게 푸른 雜草、空氣는 깨끗하고 물은 맑다。 이가운데 말은 살지고 羊은 기름지다。 그림같은 放牧의 情景이 또한 塵世의것이 아닌것같다。 李王職의 말을 치는 牧場과

莘荑花落杏花開라는 漢詩가 있거니와 두가지 꽃이 一時에 滿開한것은 자미 있다。 莘荑花를 俗名에 『개나리』라고 하니 『나리』는 百合의 俗名이오 『개나리』는 假百合의 俗語이라 이로써 歐語 『캐나리』의 歸化語로 생각하는 이가 있는것은 잘못일것이다。 百合과 莘荑가 一은 球根植物이오 一은 灌木이지마는 꽃이 同科에 屬한 故로 이러한 名稱을 지은것이다。 그러나 『개나리』를 莘荑로 쓰는것은 잘못이니 連翹花가 그 참인것이다。

(安在鴻氏의 紀行文 「春風千里」에서)

일즉이 江原道는 山川이 무무하여 그山河의 精氣를 받고 태여난 사람들은 鈍濁하낭으로들 였다。 春香傳 비두 八道山川타령에도 이러한 意味로 써워진듯 記憶된다。 그러나 나는 이번에 이山河를 對하고 그 그른 觀察임을 알었다。 옛날엔 交通이 不便하면 山峽地帶라 아무리 山河의 靈氣 鍾集하더라도 文化의中心地인 서울과 出入이 잦지 못하였음에 民智의 發達이 다른곳에 比하여 떠러졌던것이요 결코 山川의 罪는 아닌것이다。 땅은 넓고 사람은 희소하니 大門만 나서면 산이요 밭이다。 平野가 없으니 禾穀을 심을 생의도 안한다。 쌀밥을 아니 먹으니 반찬도 그리 필요치않다。 감자를 심고 콩을 걷우어 감자밥에 山菜를 씹으니 소곰 한가지면 그만이다。 가끔가다 노루를 잡고 사슴을 쏘니 고기에도 그리 주리지 않는다。 日出而耕하고 鑿井而飮하니 帝力이 何有於我哉다。 이것이 옛날 그들의 淳厚寬大한 長者風의生活이다。 물론 지금이야 어디 이것을 꿈에나 생각하랴。 汽車가 달리고 輕便車가 굴르고 自動車가 쫓이니 쓰고 신 어지러운 세상풍결이 도리여 이 天民의 子孫들을 괴롭힌것이다。

(李光洙氏의「金剛山紀行」의 一部)

淸風이 白雲을 몰아
귀ㅅ가으로 지나더라

興趣와 驚異가 突發的으로 나오는 글이 紀行文이다。이미 안지 오랜 古蹟도 當해 놓면 感懷가 새삼스럽고、어렷것 가여오르던 山이라도 한거름을 더 오름으로 말미아마 全혀 다른 眼界가 展開되는수가 있다。그런 突發的으로 激해지는 感懷、興趣、驚異를 散文으로만 敍述하기엔 너머나 느려질뿐 아니라 感激、그대로를 傳할수가 없으니 뜻보다、情의 表現인 韻文을 利用하게 되는것이다。그리고 方位를 爲해서나 實景을 爲해서나 그림을 그려 글속에 끼는것도 一趣가 있는 솜씨다。

그러나 노래나、그림에 相當한 實力이 없어 本文에 遜色이 될만한 程度면 차라리 斷念하는것이 賢明하다。

五、考證을 일삼지 말것이다

日淸戰의 名所로서 吾人의 印象이 얕지 아니한 成歡驛의 附近에서는 벌서 嫩綠을 바라보는 數株의 垂楊을 보았다。俗謠에 나오는 天安三巨里 능수버들을 생각하게 한다。芙江에 오니 荒凉한 村落에 杏花가 滿發하였고 苹菓花는 더욱 한창이다。

눈이 海拔六千十四尺四寸에 不過하지마는 첫재는 이峯이 萬二千峯中에 最高峯인것과、둘재、이峯이 바루 東海가에 선것 두가지理由로 甚히 높은感覺을 줄뿐더러 그러도 峨峨하면 內金剛의 諸峯이 저아래 二千尺 乃至 三四千尺밑에 模型地圖모양으로 보이고、東으로는 滄海가 距離는 四十里는 넘겠지마는 뛰면 빠질듯이 바루 발아래 들어와 보이는것만 해도 그 光景의 雄壯함을 보려든 하물며 四方에 이峯높이를 當한者 없으므로 眼界가 無限히 넓어 直徑數百里의 一圓을 一眸에 俯瞰하니 그雄大하고 壯快하고 崇高한 맛은 實로 비길데가 없읍니다。

毘盧峯 올라서니
　世上萬事 웃우워라
山海萬里를
　一眸에 넣었으니
그마위 萬國都城이
　蟻垤에나 比하리오

金剛山 萬二千峯
　발아래로 굽어보고
滄海의 푸른 물에
　하늘 닿은곳 찾노라니

創世頌을 부르더라

天地를 創造하신지
　千萬年가 萬萬年가
蜉蝣같은 人生으로
　못뵈옴이 恨일러니
이제나 咫尺에 뫼서
　옛 모양을 뵈오니라

진실로 大自然이
　莊嚴도 한저이오
萬丈峯 섰는 밑에
　萬頃波를 좋단말가
風雲의 不測한 變幻이야
　일러 무삼하리오

참말 毘盧峯頭에 서서 四面을 돌아보면 大自然의 雄大、崇嚴한 모양에 歎服하지 아니할수 없읍니다。峯의 高는 겨우 六千九尺에 不過하니 내가 五尺六寸에서 이마 두치를 減하면 내

雲 우에 몰어나더니 문득 멀리 東쪽에 深碧한 東海의 破片이 번뜻번뜻 보입니다。그러다가 永郞峯머리로 杲杲한 七月의 太陽이 번쩍 보이자 雲霧의 슬어짐이 더욱 速하여 그러기始作한지 不過 四五分後에 天地는 그 물로 씻은듯한 赤裸裸한 모양을 들어내었읍니다。아아 그 壯快함이야 무엇에 비기겠읍니까。마치 鴻濛中에서 새로 天地를 지어내는것 같읍니다。

「나는 天地創造를 目擊하였다」

또는

「나는 新天地의 除幕式을 보았다」

하고 웨쳤읍니다。이 맘은 오직 지내본 사람이야 알것이외다。黑暗한 鴻濛中에 난데없는 一條光線이 비최어 거기 새로운 峯頭가 들어날 때 우리가 가지는 感情이 創造의 기쁨이 아니면 무엇입니까。

「나는 創造의 기쁨에 參與하였다」

하고싶읍니다。

鴻濛이 剖判하니
　하늘이오 땅이로다
滄海와 萬二千峯
　新生의 빛 마시올제
사람이 소리를 높여

一五四

며다니는 船人의 進路의 標的이 됩니다。

배바위야 네 德이 크다
萬丈峯頭에 말없이 앉아있어
滄海에 가는 배의
標的이 되다 하니
아마도 聖人의 功이
이러한가 하노라

萬二千峯이
奇로 써 다툴적에
毘盧야 네가 홀로
凡으로 높단말가
배바위 이고 앉었으니
더욱 기뻐 하노라

이옥고 두시가 되니 문득 바람의 方向이 變하며 雲霧가 걷기 始作하여 東에 번쩍 日月出峯이 나서고 西에 번쩍 永郞峯의 雄渾한 모양이 나오며 다시 九龍淵 골자기의 峯頭들이 白

길로 몸을 西편으로 기우리고 다시 數十步를 가면 뭉투룩한 峯頭에 이르니 이것이 金剛萬二千峯의 最高峯인 毘盧峯頭외다。亦是 雲霧가 四塞하여 峯頭의 바위돌밖에 아무것도 보이지 아니합니다。그바위돌中에 中央에 있는 큰 바위는 배바위라는데 배바위라함은 그모양이 배와 갈다는 말이 아니라、東海에 다니는 배들이 그바위를 標準으로 方向을 찾는다는 뜻이라고 案內者가 說明을 합니다。이 바위 때문에 해마다 여러 千名의 生命이 살아난다고 그러므로 船人들은 이 멀리서 바위를 向하고 祭를 지낸다고 합니다。

이 案內者의 말이 참이라 하면 果然 이 바위는 거룩한 바위외다。

바위는 아주 平凡하게 생겼읍니다。이 奇矯한 山嶺에 어떻게 平凡한 바위가 있나 하리만큼 平凡한 둥그러운 바위외다。平凡말이 났으니 말이지 毘盧峯頭 自身이 極히 平凡합니다。밑에서 생각하기에는 毘盧峯이라 하면 雪白色의 劍戟같은 바위가 하늘을 찌르고 섰을것 같이 생각되더니 올라와 본즉 아주 平平하고 흙있고 풀있는 一片의 平地에 不過합니다。그리고 거기 놓인 바위도 그모양으로 아무 奇巧함이 없이 平凡한 바위외다。그러나 平凡한 이峯이야말로 萬二千中에 最高峯이오 平凡한 이 바위야말로 해마다 數千의 生命을 살리는 偉大한 德을 가진 바위외다。偉大는 平凡이외다。나는 이에서 平凡의 德을 배웁니다。平凡한 저바위가 平凡한 峯頭에 앉어 開闢以來 몇千萬年에 말없이 있건마는 萬人이 우러러보고 生命의 救主로 이는것을 생각하면 絕世의 偉人을 對하는듯합니다。더구나 그이름이 文人詩客이 지은 空想的遊戲的 이름이 아니오 純朴한 船人들이 精誠으로 지은「배바위」인것이 더욱 좋읍니다。아마 이 바위는 文人 詩客의 興味를 끌만하지 못하리라마는 여러 十里밖 萬頃蒼波로 죽어버릴가 그런생각을 하여봅니다。壁못에 걸린다 해어진 내 저고리를 쳐다봅니다。西道千里를 나를 따라 여기 와 있읍니다그려!

(故李箱의「成川紀行」의一部)

紀行文은 나그내의 글이다。글의 背景은 모다 山설고 물설은 客地다。空然히 旅愁만을 하소연할것은 아니로되、그래도 客地에 나와 며칠이 지나면、더욱 一行이 없이 혼자라면、길손으로서의 哀愁가 없을수 없다。이 哀愁란 紀行文만이 가질수 있는 美의 하나이다。그리고 他關다운 눈에 설은 風情이·全幅으로 풍겨져야 한다。그러자면 奇異한것을 어느點으로는 描寫해야 한다。「하도롱빛 편지」며「八峰山」이며「空氣는 水晶처럼 맑아서」며「石油燈盞」이며 모다 地方色、地方情調의 點綴들이다。

四、그림이나 노래를 넣어도 좋다。

우리는 점심을 먹고 이럭저럭 한시간이나 넘어 기다렸으나 인해 雲霧가 걷지를 아니합니다。나는 새로 두시가 되면 雲霧가 걷으리라고 斷言하고 그러나 雲霧中의 毘盧峯도 또한 一見이리라 하여 다시 올라 가기를 시작했읍니다。東으로 山嶺을 밟아 줄타는 광대 모양으로 數十步를 올라가면 山이 뚝 끊어져 발아래 千仞絶壁이 있고 거기서 北으로 꺾여 城壘같은

리와도 갈아집니다。나는 눈까지 감고 가만이 또 仔細이 들어봅니다。

그리고 備忘錄을 끄내어 머룻빛 잉크로 山村의 詩情을 起草합니다。

그저께 新聞을 찢어버린

때묻은 흰나비

鳳仙花는 아름다운 愛人의 귀처럼 생기고

귀에 보이는 지난날의 記事

얼마 있으면 목이 마릅니다。자릿물——深海처럼 가라앉은 冷水를 마십니다。石英質鑛石내음새가 나면서 肺腑에 寒暖計같은 길을 느낍니다。나는 白紙 우에 그 싸늘한 曲線을 그리다면 그럴수도 있을것 같습니다。

靑石얹은 집웅에 별빛이 나려쪼이면 한겨울에 장독 터지는것같은 소리가 납니다。벌레소리가 요란합니다。가을이 이런時間에 葉書한장에 적을만큼씩 오는 까닭입니다。이런때 참 무슨才操로 光陰을 헤아리겠읍니까? 脈膊소리가 이房안을 房채 時計를 만들어 버리고 長針과 短針의 나사못이 돌아가느라고 兩짝눈이 번갈라 간줄간줄합니다。코로 機械기름내음새가 드나듭니다。石油燈盞 밑에서 조름이 오는 氣分입니다。

『파라마운트』會社商標처럼 생긴 都會少女가 나오는 꿈을 조금 꿉니다。그러다가 어느사이에 都會에 남겨두고 온 가난한 食口들을 꿈에 봅니다。그들은 捕虜들의 寫眞처럼 나란이 늘어섭니다。그리고 내게 걱정을 시킵니다。그러면 그만 잠이 깨어버립니다。

三、客窓感과 地方色이 나와야한다。

香氣로운 MJB의 味覺을 잊어버린지도 二十餘日이나 됩니다。이곳에는 新聞도 잘 아니오고 遞傳夫는 이따금『하도롱』빛 消息을 갖어옵니다。거기는 누에 고치와 옥수수의 事緣이 적혀있습니다。마을사람들은 멀리 떨어져 사는 일가때문에 愁心이 생겼나봅니다。나도 都會에 남기고 온 일이 걱정이 됩니다。

건너편 八紫山에는 노루와 묏도야지가 있답니다。그리고 祈雨祭 지내면 개골창까지 나려와 가재를 잡어먹는『곰』을 본 사람도 있읍니다。動物園에서밖에 볼수 없는 짐승들을 사로잡아다가 動物園에 갖다 가둔것이 아니라、動物園에 있는 짐승들을 이런 山에다 내어놓아준것만 같은 錯覺을 자꾸만 느낍니다。밤이 되면、달도 없는 금음漆夜에 八紫山도 사람이 寢所로 드러가듯이 어둠 속으로 아조 없어져버립니다。

그러나 空氣는 水晶처럼 맑아서 별빛만으로라도 넉넉히 좋와하는『누가福音』도 읽을수 있을것 같읍니다。그리고 또 참 별이 都會에서보다 갑절이나 더 많이 나옵니다。하도 조용한것이 처음으로 별들의 運行하는 기척이 들리는것도 같읍니다。

客主집 房에는 石油燈盞을 켜놓읍니다。그 都會地의 夕刊과 같은 그윽한 내음새가 少年時代의 꿈을 불읍니다。鄭兄! 그런 石油燈盞밑에서 밤이 이슥하도록『호까』—煙草匣紙—붙이던 생각이 납니다。벼쨍이가 한마리 燈盞에 올라앉어서 슬퍼하는것처럼 고개를 숙이고 都會의 女車掌이 車票찍는 소리같은 그 聲樂을 가만이 듣습니다。그러면 그것이 또 理髮所가위소

싶기도 했다。

十數分을 지나니 눈앞에 沙漠의 山이 보인다。『알렉산드리아』에서 『카이로』로 오기까지는 山하나 없고 또 『카이로』에서 여기 오기까지도 山하나 없었다。그 廣濶한 大나일平野는 肥沃해서 草木과 耕作물이 많었건마는 여기부터는 그야말로 沙漠의 荒地로 變해진다。

終點에 내리니 눈앞에 泰山같이 솟은것이 있다。그것이 곧 『피라믿』이다。어렸적부터 寫眞에서 보던 그대로의 模貌이나、色은 내 想像과는 판이 다르다。나는 『피라믿』라면 이때까지 검푸른것이거니 생각했더랬는데 와서 보니 그러하지 않고 검은色이란 하나도 없이 全體로 黃白色이다。赤道에 가까워지는 熱帶地方인만큼 太陽光線의 直射로 若干의 연한 赤褐。色의 氣味가 보이는것 같으나 정작 곁에 와 보니 그야말로 白色의 바위와 그 사이에 섞인 힌 모래와 흙뿐이다。

(鄭寅燮氏의 「埃及의 旅行」의 一部)

모다 이분들의 路程이 눈에 선ㅣ하다。讀者가 따라다니는것 같다。路程이 나타나는것은 于先 讀者에게 親切해 좋다。그렇게 親切한 筆者면 좋은 구경거리를 決코 빼놓지 않고 보혀줄것 같이 믿어지는것이다。그러나 이 路程에 關한 親切이 지나쳐서 旅行案內所、旅館組合같은데서 주는 案內記나 說明文처럼 되면 안된다

맨발 이야기가 났으니 말이지 이곳 일군들같이 맨발의 가죽이 튼튼한 사람들은 드물것 갈다。 뜨거웁게 太陽빛이 쪼이는 鋪道우로 몇十里 몇百里를 그대로 或은 구루마를 끄을고 或은 말과 駱駝를 몰고 간다。 女人들은 먼길 갈때는 大略 구루마 우에 그검은옷과 수전에 쌓여서 실려간다。 마침 그때 적은 나귀가 五六女人과 아이들을 실고 가는것을 보고 그놈도 때 苦役일것 같다。 朝鮮같으면 결을 지내가는 나를 보고 鄭氏라고、놀림을 할 친구도 있을만도한데 이곳은 漢字를 使用하지 않는것은 勿論、그들의 옛 象形文字도 쓰지 않고 오직 국수를 이리저리 휘저서 논듯한『아라비아』文字를 쓰는 곳이라 나는 조곰도 내 姓때문에 놀림을 받을 念慮는 없다。 이렇게 생각은 해보았으나 亦是 들던 慣習이 推想되어 그놈 당나귀들의 苦役이 퍽도 可憐해 보이고 또 호올로 속으로 웃어보기도 했다。

이러한 생각에 잠기고 있는 동안에 화살같이 달아나던 電車는 한참 가서 大 나일江을 건느게 된다。 그 가에 草木도 相當히 茂盛하고 돛단 배도 여러개 떠 있다。 江邊에 椰子樹를 훑겨보며 누른 물결 우로 帆船을 멀리 굽어보는 風景、그리고 다른 한편으로는 都市의 回回教 大寺院의 尖塔을 水平線으로 쳐다보는 興趣란 여기가 아니면 到底히 볼수 없는것이다。

두번이나 電車를 바꾸어 타니 一等 新作路가 버젓이 깔려 있고 左右 길가에는 이름 모를 街路樹가 끝없이 遠해 있다。 그 잎사귀는 마치 아카시아 잎사귀 같이 보이는데 그보담은 훨신 玲瓏하다。 勿論 침두 없이 아담스럽고 깨끗해 보이는데 眞紅빛 꽃이 그사이에 피어있다。 얼마나 귀여운 並木들이냐! 그리고 車道와 步道 사이에는 花草 栽培를 始作한 모양이다。 나는 電車에서 뛰어내려서 駱駝에 짐 실고가는 土人들과 발을 마추어 그 길우로 걸어보고

것이다。

二、路程이 보혀저야 한다。

京城驛에서 車를 타고 三十五分도 못 걸리어 新村·水色을 지나서 陵谷驛에 나리였다。한가로운 鄕村의 小驛이다。羊腸같이 꾸불꾸불한 野路를 걸어 한 五里쯤 가면 權都元帥의 記功祠가 있다。넓은 들에는 벼가 한창 무성하여자란다。野路를 한참 걸어 조그마한 山언덕을 넘으면 茅屋六七家가 산밑에 그림같이 點綴하고、그중에 丹靑이 頹落한 기와집이 있으니 그 집이 記功祠다。

(柳光烈氏의「幸州城戰跡」의 一節)

昭和十一年 九月 二十六日——

아침에는 豫定대로『기제』의『피라민』과『스핑스』를 찾으려고 아홉시쯤 되어서 埃及의 首都『카이로市』埃及博物館 近傍에 있는 旅館『호텔·비에노이즈』를 떠났다。

『샤리아·쿠브리』네거리에서 電車를 타고 한참 郊外로 나간다。다음에 나일江의 支流를 따라 江邊으로 電車가 달아나는데 거기는 집채만큼한 이름 모를 亞弗利加 大陸의 古木들이 가지에서 그 異常한 뿌리를 내려서 땅에 기동이 되고 그 속은 적은 房안 같이 되어 보인다。羊떼는 그 가에 몰려있고 또 가난한 埃及女人들이 襤褸를 입은 양으로 그늘에 앉어 있는데 大概 맨발이 많다。

一、떠나는 즐거움이 나와야 한다。

大鵬으로 하여금 北冥에 나르게하라。그러나 나는 오히려 이와 꼭 같은 말을 사람들에게 주고싶다。

曠野와 大海가 어찌 武人에게만 許諾된 곳이겠느냐。글은 床머리에서 쓰는 法이로되、생각은 오히려 大自然 속에서 얻는 法이니、短笻에 몸을 맡겨 塵區를 벗어나매 奔放한 생각이 마치 天馬와 같다。

넘기는 책장으로 因하여 眼瞼에 좀이 먹더니 이제 長風 한번에 씻은듯이 맑아지고 琉璃보다 더 透明하여 可히 먼뎃것을 볼수 있는것이 얼마나 愉快하냐。

自然의 神光이 눈앞에 번쩍이고 歷史의 垂示가 발끝에 채힌것을 分明히 느끼면서、우리漢拏山 巡禮者 五十三人은 七月二十四日 午前七時五十分 京城驛을 떠나 木浦로 向하였다。

車中은 談笑로 떠나갈듯하다。그러나 이것은 그대로 大自然 앞에 받히는 歸鄕曲이요 法悅로 가득찬 交響樂이다。이만하면 豁然히 트이는것을 三尺案頭에 所見이 그렇게도 좁으랴면가。이만하면 닫지 못하도록 열리는입이 그다지도무겁게 沈默했던가。

(李殷相氏의 「耽羅紀行」의 書頭)

얼마나 질거히 떠났는가? 雀躍이 아니라 深呼吸을 하듯 깊숙한 큰 질거움이다。긴 紀行文의 書頭답다。이렇게 그自身이 기꺼해야 讀者는 期待를 가지고 읽게되는 어린아들을 업고 십오일 종로서로 찾어와 사랑하는 남편이 다시 자기집으로 도라오도록 설유하여달라고 애원을하고 있었다。

어느 新聞의 社會面記事다。「…탕진하려면 이야기ㅡ」에까지는 輪廓만 쓴것이다。바쁜 사람은 거기까지만 읽어도 大體는 알수 있게 되었다。

三、迅速해야 할것이다。이것은 新聞記事의 生命이다。

6 紀 行 文

▲旅日記、旅行記이나、自然이든、人事든、눈에 선 風情에서 얻는 感想을 쓰는 글이다。

旅行처럼 新鮮하고 旅行처럼 多情多感한 生活은 없다。보고 듣는 모든것이 새것들이다。새것들이니 好奇心이 일어나고 好奇心이 있이 보니 무슨 感想이고 떠오른다。이 客地에서 얻은 感想을 쓰는것이 紀行文이다。

客地에서 얻은 感想、그러니까 于先 어데로고 떠나야 한다。가만히 自己 處所에 앉아서는 쓸수 없는 글이다。멀든、가깝든、처음이든、여러번채든、어데로고 떠나야 客地일것이니、紀行文에는

一、客觀的이여야 할것。自己의 主觀感情은 秋毫만치라도 넣어 않된다。

二、對象에겐 冷靜하면서도 讀者에겐 親切해야 할것。自己의 記事가 明快히 읽히도록 할것이다。같은 토를 重複해서 어수선스럽게 하지 말것이요、記事가 좀 길어질듯한것이면 첫머리엔 大體 輪廓만 쓰고 다음에 자세히 써야 바쁜 사람은 輪廓만 알고 고만두고、더잘 알고싶은 사람만 아래까지 보게 하는것도 훌륭한 親切일것이다。

紅燈街에

넋을잃은蕩子

그안해가 警察에 說諭願

편모슬하에 고히 자라던 농촌청년이 우연한 기회에 알게된 네온의 환락경(歡樂境)에 빠진 남어지 귀여운 처자를 돌보지않고 편모의 재산조차 탕진하려면 이야기——충남××군 ××면 ××리에 사는 김××(金××)는 지난 일헷날 이래 부내인사정(仁寺町)××번지××여관에 투숙하면서 카페、요리집등의 환락에 취한 남어지 어머니명의로 있는 토지전부를 구천원에 저당하여 가지고 그돈으로 시내 일류 카페 요리집등으로 도라다니며 하로밤에 이백원 삼백원식 무궤도적으로 산재를하고 있음을 안 그의 처 주씨(朱氏)는 생각다못해 세살짜리

四、무엇을

五、어떻게 했다(혹은 됐다)

이 다섯가지가 鐵則이다。그러나 이것만으로 正確하다 할수 없는것은 우엣 新聞記事를 보고 알수 있다。「누가、어데서、언제、호랑이를 잡았다」는 다섯가지는 다 들어났으되 讀者는 勿論、그記事를 쓴 自身도 얼마 뒤에 읽어보면 決코 滿足하지 못할 記事이다。그러니까「누가、어데서、언제、무엇을、어떻게 했다」의 五條를 밝히였더라도、그五條中에서 가장 主眼點이 되는것、要領이 되는것에 置重해 써야할것이다。事件의 內容을 따라 다섯가지中 어느것이나 다 要領이 될수 있는것이다。호랑이를 잡았다는 事件만으로도、만일 어린아이가 잡았다면、「一」에 置重해야 할것이요、鍾路네거리서 잡았다면「二」에、白晝에 잡았다면「三」에、호랑이라도 호랑이 그것이 굉장히 큰것이면「四」에、서로 싸와서 사람도 거이 죽을번하다가 잡았다면「五」에 各其 그點에 置重해 써야 할것이다。

이 記事文을 新聞記事만으로 論한다면 다음의 몇가지 要點을 더 添付해야 될것이다。

군 안수면 장평리(豐山郡安水面長坪里)이××(李××)씨와 동군 안산면 파발리(同郡安山面把撥里) 김××(金××)양씨로 그렇게 큰범은 근래에 보기 드믄 범이라 한다。

어느新聞 地方面記事의 하나다。얼마나 승거운가? 「大虎」라 하였으니 누구나 첫재、얼마나 큰 범인가?에 궁금할것이요、「捕殺」이라 하였으니 둘재 어떻게 잡았나? 총으로 잡았나? 몽둥이로 잡았나? 사람은 물리지 않았나? 그點에 興味가 있을것이요 白晝다 하였으니、어디서 어떻게 나타난 범인가에 好奇心이 일어날것이다。그런데 이 記事는 讀者에게 이 첫재되고、둘재되고、셋재되는 기중 重要한 事實들은 빼여놓고 잡은 사람들의 住所、姓名만 戶籍謄本처럼 캐어놓았다。勿論、住所、姓名도 必要하지만 가장 뉴-쓰價値가 있는것、記錄、報告할 要點을 漏落했기 때문에 住所、姓名만 쓸데없는것처럼 두드러지는것이다。

記事文은

一、누가(혹은 무엇이)

二、어디서

三、언제

이 다른 글에 讓步해서는 안될 生命이다。

5 記事文

▲어떤 事件을 誇張 없이、裝飾 없이、漏落 없이、分明正確하게 記錄하는 글이다。

自己의 體驗、혹은 見聞한 事實을 漏落이 없이 正確하게 記錄해야될 境遇는 職業的인 新聞記者에 限한것이 아니라 누구에게나 있을수 있다。自己가 처음 體驗한일을 日記에 記錄할 必要도 있고 처음 見聞하는바를、편지에、紀行文에 혹은 研究報告文中에 記錄해야될 境遇도 있다。이 事實、事件의 記錄文을 代表하는것은 新聞記事로서 于先 新聞記事에서 한가지 例를 들기로 하자。

咸南北青에서

大虎捕殺

(북청) 지난 달 三十一일 오후 三시경에 북청군 하거서면 하신흥리 웅동(北青郡下車西面下新興里熊洞)이란 곳에서 백주에 큰 범 한마리를 잡았다한다。잡은 사람으로 말하면 풍산

百合花 薔薇花 너들 둘러 피었고
잘자라 꽃속의 處女
아름다운 天使들 너들 保護하리니

오빠! 나는 함렡에 나오는 處女 오폐리아의 죽엄을 제일 사랑해요 나도 죽을라면、아니 억지로라도 봄에、그러고 벚꽃이 쌓인 못우에 꽃으로 엮은 冠을 쓰고、머리는 풀어 헤치고 또 하얀 옷을 입고、못속에 비최는 저 꽃을 찾어 뛰어 들어가겠어요。不幸히 그렇게 되지못한다면 오빠는 죽은 내몸을 꽃으로 엮어 잔잔한 이 물속에 넣어주세요。오빠!

미친 女人처럼 새벽에 지자로 달려 갔던 그 女人은 巡査와 마을사람들을 다리고 왔다。노피 떠오른 太陽은 못가에 고요히 나려 앉었던 妖精들과 나의 아름다운 幻想을 깨뜨려 버렸다。陣痛이 심해서 지난밤 잠다못하여 房문을 박차고 뛰어 나와 「진못」속에 빠져 죽은것이라한다。못속의 魔術로써 永遠한 열여덟의 處女로 보이면 그 美의 化身을 巡査와 마을사람들이 건저내어 砂場에 늡혔을때 그것은 地獄에서나 볼수있을 醜物의 象徵이였다。아름다운 꿈을 꾸던 處女는 그가 아니고 나였었다。그의 살결은 해볕에 끄며 질붉은 구리 빛이오、배는 부푸러 더운 물에 쩌내인 도야지와 같은、아이 四十가까운 女人! 주리고 헐벗어 피로운 世波에 시달린 여러 어린것들의 어머니였다 한다。

(張永淑氏의 小品)

오오、아아、모다 自然스럽다。아름답다。슬프든 즐겁든 「아름다움」은 抒情文

같이 지내친, 낯서른 그 女人의 머리털은 비록 흥크러졌었으며 고무신짝은 벗어 손에 들었으나 그가 미친 女人은 아니었음을 조금 후에 또렷이 알게 되었으니 不吉한 豫感이 수춤거리면 나의 걸음발이 이윽고 廣石골 「긴못」앞까지 이르렀을때 전날 같으면 미역감는 兒孩들의 물장구소리와 웃음소리로 薔薇꽃 다발처럼 먼동이 터질 그 골작이는 죽엄처럼 고요하며 아직도 질푸른 하늘아래 「긴못」속에는 하얀옷 입은 한處女의 屍體가 기리 잠들어있으므로였다。

외로이 남은 별 하나 지난 밤 사이에 일어난 죽엄의 秘密을 안다는듯이 밝어오는 하늘에서 歎息처럼 깜박거리고, 못속에 잠자는 그 處女의 緣由를 모르는 兒孩들은 못가에 쓸쓸이 둘러앉어 눈을 부비며 점점 환해오는 못속을 굽어 보며 하품들만 하고 있다。

바람은 부지 말고, 참새는 울지 말고, 太陽은 떠 오르지 말어, 영영 조용하고 희푸른 새벽대로 그냥 있으려므나。그렇잖을진댄 차라리 그處女를 蘇生케 하려므나。죽엄? 아니다 고요한 잠이다。世上의 시끄럼이 들리지 않는 三間 남직할 못 속을 안윽한 안房으로 삼고 누어 꽃같은 꿈을 꾸는 그 處女는 여섯자 두터이의 맑은 물을 이불 삼어 고요한 永遠의 잠속에 들어 있는것이다。빛나는 光彩로 떠오르는 太陽의 光脚이 水面에 反射되어 잠자는 處女의 살결과 한꺼풀 휘어감긴 치마는 흐릿한 무지개 빛으로 물들였으며, 감은 눈과 벌어진 입술은 꽃과 같은 오오 美의 化身。

잘자라 못속의 處女

『그것도 아프기는 아프더라마는 불의를 보고 참기보다는 수월하더라。
팔목의 허물이 나아갈수록 불의의 아픔이 더욱 재오치니
친구여 나는 또 쇠사슬에 매이러 가노라。』
『아아 거룩한 벗이여。
나도 함께 넓음에도 의의 인을 맞어지이다。』

(春園의 小品)

高調된 感情은 波濤와같이 動的인 表現을 要求한다。따라 語調가 律動化하며 나온다。이것은 온전히 韻文의 境地다。그러므로 詩는 抒情文의 最高形式이라 할것이다。

散文에서라도 抒情文은 가장 感情的인 글이다。자칫하면 값싼 感傷에 빠지기 쉬우니 內容이나 形式을 勿論하고 高尙한 風格을 내이기에 格別한 注意가 있어야 할것이다。品格이 없으면 거짓 우룸이요、거짓 넋두리가 됨을 免치 못한다。

池邊의 神話

검푸른 하늘은 엷은 늦잠에 반눈만 뜨고 푸른 새 한마리 돗녑으로 푸르르 날러 갔다。선뜻한 바람결이 뱀같이 나의 치마폭을 스쳤을 때 난데없이 廣石골로부터 달려와 내 옆을 살

러였다。五秒、十秒……。拍手소리는 아마 再請인듯 하였다。

「졸업연주도 이걸로 끝이 났구나―」

나는 내방 책상 우에 걸려있을 어머님 寫眞이 선뜻 눈앞에 떠올랐다。웃으시는 얼굴이다。내 이 卒業을 爲해 남몰을 눈물과 땀을 흘리신 어머니、한學期를 한學年보다 더 지리하게 당해오시던 어머니、오늘 이 저녁을 여섯달을 남겨놓고 그만 돌아가시고 말았다。동무들이 再請에 나가라고。어깨를 흔들었으나 나는 뜨거워지는 눈을 뜰수가 없어 구석자리를 찾아가 쓰러지고 말았다。

直接 슬프다、기쁘다 하지 않고、客觀的으로 그情相을 描寫해서 讀者가 절로 슬퍼지고 절로 기뻐지게 하는、가장 優秀한 手法이다。

三、咏嘆法

義의 人

『친구여
그대의 팔에 웬 허물인고?』
『이것은 쇠사슬 자국、의를 위해 옥에 매였을 때의 쇠사슬 자국。』
『친구여 얼마나 아팠을고 아이 애닯아라』

抒情의 세가지手法

一、直 敍 法

꽃도 좋다。그러나 나는 新綠이 더욱 좋다。밤비 뿌리는 소리에 꽃이 흩어질것을 아까워하지 않는 사람은 無情한 사람일지도 모른다。그러나 나는 꽃을 더 오래보기보다 어서 新綠이 드티운 푸른 그늘 아래를 거닐어보고싶은것이다。비개인 이른아침、흩어진 落花는 울으면서라도 그 금빛같은 太陽과 맑은 微風에 선들거리는 綠葉들을 우러러볼때、그때처럼 내自身까지 싱그럽고 내自身까지 힘차지는 때는 없는것이다。

自己의 感動됨을 讀者에게 直接 呼訴한다。「新綠이 더욱 좋다」하는 感動이 讀者에게서 절로 일어나도록 描寫한것이 아니라 대뜸 自己의 激해진 感情대로「나는 新綠이 더욱 좋다」해버렸다。一般的으로 많이 쓰는 單純한 手法이다。

二、描 寫 法

演奏가 끝나자 나는 꿈을 깨는것같이 全身이 혓전하였다。정신없이 聽衆을 向해 禮를 하고 걸었는지 뛰였는지 모르게 演壇뒷방으로 나오니 귀귀에는 그제야 拍手소리가 와드드 들

때문이다。

이렇게 걸어가다가 다리가 지처지면 나는 그적세야 비로소 길가에 적은 등불이 깜박거리는 술집을 찾어드는것이다。 되도록은 독한 술을 달래서 권하는이 없이 잔을 거듭하노라면대개는 저쪽 「뽁쓰」에 「過去」를 모를 험수룩한 늙은이가 역시 혼자서 술잔을 기우리고 앉었는것이다。 나는 수수꺼끼와 같은 그 老人의 「過去」를 푸는 동안에 밤은 한없이 깊어가고 밖갈에서는 여전히 함박눈이 소리없이 나린다。

이러한 허로밤에 맛보는 보헤미안趣味는 또한 幸福된 一瞬間이기도하다。

(李源朝氏의 小品)

상당히 哀傷이 있다。 甘美하다。 그러나 品이 떠러지지 않았다。 憤怒와 憎惡도 感情이요 情緖이지만、 情緖的이니、 抒情的이니 하면、 甘美한 눈물、 追憶、 憧憬 같은것을 가리키는것으로 理解되는것이 事實이다。 그러나 너머 哀傷이나 空想에 치우치면 品이 떠러진다。

健康感이 조금 勝할 때에는

『오나 나가자 이 生命이 다 닳도록 일하자!』

하는 愉快한 決心과 아울러 一種의 힘의 意識을 얻는다。그리고는 혼자 빙그레 웃는다。오늘 아침에도 그러하였다。

(李光洙氏의「人生의 恩惠와 死와」의 一部)

生을 貪내는 本能에 對한 憐憫과 한쪽으로는 意義있는 生에의 愛慾이 굿세게 불타며 있다。그 불길엔 읽는 사람의 가슴도 뜨거워진다。感染性이 가장 빠른것이 思想보다 情緖일것이다。

눈 오 는 밤

눈오는 밤이면 끝없이 뻗힌 큰길을 것는것이 좋다。街燈은 모다 눈물에 어린 눈동자처럼 흐리고 하늘은 부푸러오른 솜꽃같이 地平線에 드리운 밤길을 幽靈과 같이 혼자서 것는것이 좋다。

이러한 길을 거를때는 누구와 더불어 이야기하는것도 너무 煩雜한 노릇이다。발 밑에서 바사삭 바사삭 눈 다져지는 소리를 드르면서 나는 내 血管이 가을물처럼 맑어지는것을 깨닷는

述하는것이 抒情文이다。

이번 重病을 앓는 동안에 生에 對한 愛着과 死에 對한 恐怖를 除去하기로 많이 힘을 써서 修養하노라 하였거니와 病이 조금 나으려 할 때에는 도로여 生에 對한 愛着이 增加하게 되다。이번 神經痛과 消化不良에서도 그것을 經驗하고 自身의 俗됨을 恨歎하였다。

그러나 燃燈 온지 十餘日이 지난 後로는 神經痛도 좀 減하고 消化力도 약간 恢復되기 시작하여 二十餘日을 經過한 今日에는 燃燈寺 온 後의 衰弱은 恢復되고 相當히 愉快하게 그날 그날을 보내리만큼 되었다。더구나 九月九日을 目前에 둔 晩秋의 晴朗한 天氣와 爽凉한 氣候가 나를 愉快케하는데 많은 힘이 있는것이다。나는 아침에 正方山의 日出을 볼때로부터 가끔 지팽이를 끌고는 암자 모롱이 비탈길로 거닐어 지금 한창 때를 얻은 山菊과 甘菊으로 벗을 삼고 즐거하리만큼 되었다。

『이제는 살아나는가보다』

하는 가없은 意識이 前보다 자조 내마음에 일어나게 된다。한번 더 살아나는것이 果然 좋은 일일가 必要한 일인가 하는것은 둘재 문제로하고라도 좀더 世上에 살아있을듯 하다는 意識은 나에게 一種의 기쁨을 주는 一面에 一種의 무거운 責任感을 느끼게한다。

나는 이 報恩의 念을 基礎로하는 責任感을 가끔 너무 무겁게 感覺하는수가 있다。너무 무겁다는것은 難堪하다는 뜻이다。내病餘에 心力과 體力이 이意識의 壓力을 抵當할수 없다고 意識할 때에 나는 不快와 苦痛을 깨다라 차라리 죽어버렸으면 하는때가 가끔 있다。그러나

花草에라기보다 安貧自適하는 生活에의、人生에의 感想이다。主張하지 않는다。力說하지 않는다。오직 自己로서만 느끼고 感謝하고 즐거워한다。「自己로서만」이 것이 感想文의 本領이다。

4 抒情文

▲自然、人事、어느現象에서나 情的으로 感動됨이 있을때 그 情緒를 主로하고 쓰는 글이다。

사람은 感情의動物이란 말이 있거니와 喜、怒、哀、樂、愛、惡、慾의 七情은 언제든지 우리 마음속에서 타오를수 있는 불이 되어있다。種種樣樣의 人間事物과 變化無窮한 自然現象에 부드칠때마다 이七情中의 어느 한가지는 반듯이 불이 붙는다。對象에 따라 크게 붙고 적게 붙는것만 다를뿐、七情이 모조리 無感覺한 때는 잠든때나 죽었기 前에는 없을것이다。山이 온통 불이 날듯이 기슭 기슭 진달레가 피여 올라간다치자 그것을 보고 산사람인 以上엔 아모런 感情도 안 일어날수 없을것이다。밥이나 옷과 같이 먹고 입을것이 아니로되、우리는 얼마든지 切實하게 興奮한다。七情中의 어느 하나나、어느 한둘이 불붙는 때문이다。그 불붙는것이 情緒다。이 情緒를 敍

이 깊고 愛情이 붙고 기쁨이 크게 된다。

粉壁紗窓에 文房諸具와 書畵骨董등을 備置하는건 黃金만 있으면 될수 있으되 이건 黃金만으로도 될수 없다。 床奴나 園丁을 맡겨둔다면 한權勢요 倨傲는 될지언정 花草를 기르는 그眞意와 妙境은 到底히 이르러 보지 못하고 말것이다。

나는 좁은 방에다 蘭 梅花 水仙 瑞香 數十盆을 들여놓고 해마다 한겨울을 함께 난다。 어떤 親舊는 와 보고「이건 한 植物園이로군」하고 洞內婦人들이 모이고보면「사내양반이란 한가지 誤入은 다 있다。 이집양반은 花草誤入을 하시는군」하고 우리집을 花草ㅅ집이라는 別名을 지어 부르기도 한다。

과연 나는 花草를 좋아하고 花草로나 더불어 一生을 消遣하려는바 날마다 花草를 보고 거두는것이 나의 한日課다。 天癖이다。 훌륭한 溫室을 따로 지어놓고 거두는것보다 이모양으로 狹窄한 冷堗에서 살을 마주 대고 치위를 격는것이 더욱 따뜻하고 정다워진다。

壁 한편우에 걸린「梅花屋」이라는 懸板은 나의 親舊한분이 어디서 秋史의眞蹟을 얻어 摸刻하여 준것이다。 秋史글시란 워낙 凡常치않은데 篆도 隷도 아닌 이梅花屋字는 더구나 이상하게 되었다。 어찌 보면 무슨 物形도같고 된듯만듯한 그것이 그밑에 흩으러져 놓인 筆硯 冊子 花草盆들과는 꼭 調和가 된다。 調和아닌 調和와 整齊아닌 整齊와의 神韻과 香氣가 서로 交流되는 그속에 나는 한자리를 차지하고 앉었다 누었다하며 때로 法書와 微笑를 하고 있다。

(李秉岐氏의 小品)

一三〇

事實인즉 그렇다。그러나 그것을 염려하는 어머니의 心情! 이 崇高한 感情에 同情할줄 모르는 看護婦가 나는 미웠다。그렇게까지도 看護婦는 機械化되였는가?

나는 文明한 機械보다 野蠻인 人生을 더 사랑한다。科學上으로 볼때 죽은 애를 혼자 두는 것이 조곰도 틀릴것이 없다。그러나 어머니로서 볼때에는……며 써서 무엇하랴!『어머니』를 理解하지 못하고 同情할줄 모르는 看護婦! 그의 그 科學的 冷情이 나는 몹시도 미웠다。科學文明이 앞으로 더욱 發達되어 人類가 모다『冷靜한 科學者』가 되어버리는 날이 이른다면…… 나는 그것을 想像만 하기에도 소름이 끼친다。

情! 그것은 人類 最高의 科學을 超越하는 生의 香氣다。

(朱요섭氏의 感想文)

「文明한 機械보다 野蠻인 人生을 더 사랑한다」하고 人間의 機械化를 咀呪하였다。그러나 論文처럼 理論으로써 主張하고 남을 屈服시키려 하지 않았다。이것도 感想文으로는 參考할 點이다。

梅 花 屋

花草를 기르는 일도 저기 괴롭지 아님은 아니되 그 괴로움을 잊어야한다。괴로운 그곳이 도리어 합축하다。손수 심고 옮기고 물도 주고 거름도 주고 북도 돋우고 하는것이 실로 關心

에는 이만치 놀라운것들이、 이만치 새로운것들이 떠오른것이다。 그리고 情이 있으나 抒情文처럼 激하지 않은것도 感想文으로는 参考할 點이다。

미운 看護婦

어제 S病院 傳染病室에서 본 일이다。

A라는 少女、七八歲밖에 안된 귀여운 少女가 죽어 나갔다。 赤痢로 하로는 집에서 앓고 그 다음날 하로는 病院에서 앓고 그리고 그 다음날 午後에는 死亡室로 떠메워나갔다。

밤낮 사흘을 지키고 앉어있던 어머니는 아이가 운명하는것을 보고 죽은 애아버지를 부르러 집에 다녀왔다。 그동안에 죽은 애는 死亡室로 옮겨가 있었다。 父母는 看護婦더러 死亡室을 알으켜달라고 請하였다。

『死亡室은 쇠 다 채고 아모도 없으니까 가보실 必要가 없어요』

하고 看護婦는 톡 쏘아 말한다。 떡 실증나는듯한 목소리였다。

『아니 그 애를 혼자 두고 방에 쇠를 채와요?』

하고 묻는 어머니의 목소리는 떨리였다。

『죽은애 혼자 두면 어때요?』

하고 다시 또 톡 쏘는 看護婦의 말소리는 어름같이 싸늘하였다。

이야기는 간단히 이것이다。 그러나 나는 그때 몸서리처짐을 禁할수가 없었다。

『죽은 애는 혼자 둔들 어떠리!』

形容할수 없이 보드럽고 고혼 이 자는 얼굴을 드려다보라 그 서늘한 두눈을 가볍게 감고 이렇게 귀를 기우려야 들릴만치 가늘게 코를 골면서 편안히 잠자는 이 좋은 얼굴을 드려다보라。우리가 從來에 생각해오던 하느님의 얼굴을 여기서 發見하게된다。어느 구석에 몬지만큼이나 더러운 티가 있느냐。어느곳에 우리가 싫여할 한가지 반가지나 있느냐。罪 많은 세상에 나서 罪를 몰으고 부처보다도 야소보다도 하늘뜻 그대로의 산 하느님이 아니고 무엇이라。

아모 꾀도 갖지 않는다。아모 劃策도 몰은다。배 고프면 먹을것을 찾고 먹어서 부르면 웃고 즐긴다。싫으면 찡그리고 아프면 울고 거기에 무슨 꾸밈이 있느냐。시퍼런 칼을 들고 뛰박하여도 맞어서 아프기까지는 방글방글 웃으며 對하는 이다。이 넓은 세상에 오직 이이가 있을뿐이다。

오오 어린이는 지금 내 무릎 우에서 잠을 잔다。더할수 없는 참됨과 더할수 없는 착함과 더할수 없는 아름다움을 가추고 그우에 또 偉大한 創造의 힘까지 가추어 갖인 어린 하느님이 편안하게도 고요한 잠을 잔다。옆에서 보는 사람의 마음 속까지 생각이 다른 번루한것에 밋일 틈을 주지 않고 高潔하게 純化시켜 준다。사랑스럽고도 부드러운 위엄을 가지고 곱게 곱게 純化시켜준다。

나는 지금 聖堂에 들어간 以上의 敬虔한 마음으로 모든것을 잊어버리고 사랑스러운 하느님 ―위엄뿐만의 무서운 하느님이 아니고―의 자는 얼굴에 禮拜하고 있다。

(故方定煥氏의 「어린이 禮讚」의 一部)

퍽 고요한 觀察이다。아모나 다 보는 어린아이의 자는 얼굴이되, 靜觀하는 視野

하는、農夫의 말한마디도 훌룽이 感想이다。高低深淺의 差는 있을지언정、感想은
누구에게나 있다。누구에게나 있는것이니 글로 쓰기까지할 感想이면 平凡해서는 안
될것이다。奇拔하고、嶄新해서 읽는 사람이 무엇으로나 놀랍고、무엇으로나 새로
울수 있어야 한다。그러자면 어떤 對象이고 無心히 보거나 쉽사리 생각해선 안된
다。感覺과 思考가 銳敏해서 어떤 對象、어떤 事態에나 透視하는 힘이 있어야할것이
다。좋은 感想은 發見의 努力이 없이 誕生하지 않는다。肉眼以上으로 靜觀、凝視、
瞑想하지 않으면 않된다。

어린이가 잠을 잔다。내 무릎 앞에 편안히 누어서 낮잠을 달게 자고 있다。볕좋은 첫여름
조용한 午後이다。

고요하다는 고요한것을 모다 모아서 그중 고요한것만을 골라 갖인것이 어린이의 자는 얼
굴이다。平和라는 平和中에 그중 훌륭한 平和만을 골라 갖인것이 어린이의 자는 얼굴이다。
아니 그래도 나는 이 고요한 자는 얼굴을 잘 말하지 못하였다。이 세상의 고요하다는 고요
한것은 모다 이 얼굴에서 우러나는것 같고 이 세상의 平和라는 平和는 모다 이 얼굴에서 우
러나는듯 싶게 어린이의 잠자는 얼굴은 고요하고 평화롭다。

고흔 나비의 나래、비단결 같은 꽃닢、아니아니 이세상에 곱고 보드럽다는 아모것으로도

時日 五月十五日(土)午后七時半
場所 市內府民館 小集會室
發起人 (畧)
(故金裕貞、李箱 兩氏 追悼會의 請狀)

3 感想文

▲自然、人事、生活、一切事物에서 얻은 感想을 主로 쓰는 글이다。

感想은 情과 달러 自己自身에서보다 어떤 對象、自然이거나、人事거나 한事物을 客觀的으로 相對해가지고야 얻는수가 많다。山川에 對한 感想은 山川을 對해 가지고 얻을것이요 生死에 對한 感想은 生死라는 그事態를 對해가지고 얻을것이다。그런데 山川이나 生死를 누구나 볼수 있듯이、自然、人事의 모든 對象이 누구에게만 限한것이 아니라 어떤 사람의 眼前에나 다 가치 開展되여 있는것이다。

「개올물도 맑기도하다ㅡ 속이 다 시원하구나!」

하는、村婦의 말 한마디도 感想이요、

「그느므땅 결긴허이ㅡ! 흙내만 맡아두 속이 호뭇허네그려ㅡ!」

李逸州氏 長男 爲佩君
安汝伯氏 次女 秋蘭孃

어버이 가리신바이요、서로 백년을 함께 할 뜻이 서서、이제 어른과 벗을 모신 앞에 花燭을 밝히겠아오니 부대 오시여 兩家에 빛을 베프시옵소서。

時日 三月二十五日午后一時
處所 京城 府民館 中講堂

昭和十五年三月八日

主禮 金容華 再拜

禮畢后에 敦義町明月館에서 茶菓로 다시 모실가하와 나오시는 길로 車를 등대시키겠나이다。

(이면 結婚請牒)

人生의 無常함은 막을 길이 없읍니다。외로운 行人 故金裕貞、李箱兩君이 저같이 早逝함을 볼때 우리는 다시 한번 嗟嘆하였습니다。그러나 情과 사랑을 가진 우리는 그들에 對한 아깝고 그리운 생각을 禁할수가 없읍니다。同道의 前輩後輩가 吊燭아래 가치 모여서 혹은 이야기하고 혹은 默想하여 故人의 亡靈을 慰勞하고 冥福을 빌고저합니다。世事에 奔忙하신 몸일지라도 故人을 爲한 마지막 한時間이오니 부대 오서서 焚香의 盛儀에 자리를 가치해주시면 참으로 感謝하겠읍니다。

야한다。

편지는 누구나 가저보기 쉬운 自己表現의 한形式이다。實用的인 말만이 써여지는 것은 아니다。非實用的인 一面의 편지를 無視할수 없다。文化的으로 아모리 幼稚한 사람에게도 非實用的 感情、非實用的 時間은 있다。비록 幼稚한 文章으로라도 마음을 서로 주고 받히는 친구끼리는 人生을 論하고、自然을、運命을 論하는 文章을 곧잘 서로 주고 받는다。表現慾은 本能이여서 自己가 느낀바를 그냥 묻어두면 가깝하다。그래 누구에게나 편지는 文學的 表現의 初舞臺가 되는수가 많다。

그러나 人生을 말하고 自然을 말하고 運命을 말하는것은、벌서 편지가 아니요 感想文이나 抒情文일것이다。한사람을 相對로한 感想文이요 抒情文으로 보는것이 妥當할것이다。

이런類의 편지는 따로 感想文과 抒情文에서 叅考하라。

그外에 亦是 편지에 屬할 請牒이 있다。請牒은 편지로는 가장 儀式的인것이라 아모래도 俗語로만은 品을 잃기 쉽고、너머 套式化하여도 新鮮치 못하다。내가 받아본 請牒가운데 제일 品도 있고 新鮮키도하고 간곡하기도 했던것을 여기 紹介한다。

어가지고 뜻을 들것。

三、漢文式 文句를 無視하고 말하듯 쓸것。

四、禮儀를 가춯것。 말하듯 쓰랬다고 品이 없는 말을 쓴다던지、문안을 잊어버리고 제말부터 내세운다던지 해선 안된다。

五、感情을 傷하지 않게 쓸것。 마조 對해서 말로 할때는 얼굴의 表情이 있어 말은 비록 날카롭더라도 表情으로 中和시킬수가 있다。 그러나 글에는 表情이 따라가지 못한다。 그래 이쪽에선 심한 말이 아닐줄로 쓴것도 저편에선 誤解하는수가 있다。 그러기에 重大한 일에는 편지로 하지 않고 만나러 가는것이 그런 때문이다。

六、저편을 움직여 놓을것。 무슨 편지나 저편을 움직여놓아야 한다。 문안편지라도 저쪽에서 받고 무슨 刺戟이 있어야지、심상히 왔나보다 하고 접어놓게되면 헛한 편지다。 더구나 무슨 請이 있어 한 편지인데 저쪽이 움직이지 않는다면 그 편지는 完全히 失敗다。 써가지고 그 사연이 넉넉히 自己가 必要한만치 저쪽을 움직일 힘이 있나 없나 읽어보고、없으면 얼마든지 그런 힘이 생기도록 고쳐써

久阻하였읍니다。우리는 崇二洞으로 移舍했읍니다。안해는 쌀 씻고、나는 불 피우고……이게 마치 어린애들 속굽질 같읍니다。因山때 上京하십니까。上京하시거든 꼭 들러서서 우리가 지은 진지 좀 잡수시오。그러나 但 술과 안주는 持参해야 됩니다。하하하。너머 오래되어 數字로 問安합니다。

(故祖鶴松氏가 鄭圭源氏에게 보낸 葉書)

數日 못뵈였읍니다。가람先生께서 蘭草를 뵈여주시겠다고 二十二日(水) 午後五時에 그宅으로 兄을 오시게 알려드리라 하십니다。그날 그시에 모든일 제쳐놓고 오시오。清香馥郁한 忘年會가 될듯하니 질겁지 않으리까。

二十日　　지　용　弟

(鄭芝溶氏가 筆者에게 보낸 葉書)

이제 편지 쓰는 要領를 要約해 말하면

一、쓰는 目的을 分明히 따져볼것。우읫 結婚祝賀편지 같은데서도、저편을 질겁게 하여주기 爲함인가? 무슨 教訓이나 忠告를 주기 爲함인가? 똑똑히 그 경우와 自己의 분수에 마추어 目的을 鮮明히 가지고 쓸것이다。

二、편지 받을 사람을 잠간이라도 생각해서 그와 지금 마조 앉은듯한 氣分부터 얻

명이 참말 오래간만이지。

그래 그동안 잘있었구 또 심심하지는 않았어。 난 때 심심하구먼。 글세 단 석달 남짓한데 별서 이렇게 심심하니 큰일 났어。

요전번에 남숙이를 길에서 만났구먼。 아주 새색씨터가 나던데。 그렇니까 벌서 미세쓰가 셋이지。 그리고 영히도 약혼을 하였대。 남자는 明大 법학사라고。 아주 「게이끼」들이 좋은데 우리들만 납작꿍이야。

오는 목요일이 내 생일날야。 좀 와요。 모두 모혀서 저녁이나 가치 먹자구。 순경이헌테두 알려주고 옥순이 히영이 순남이헌테두 기별을했으니까 오래간만에 모다 모힐거야。 어머니께 특청을 말아서 이날은 아주 맘껏 놀기로 하였으니 떠들 준비를 맘껏 해가지고 꼭 와요。

그럼 그동안 싸두었던 이야기는 모두 그날 하기로하고 이만 총총。

七月初六日 길 순

(白鐵氏가 「女性」에 편지본으로 쓴것)

語感을 그대로 내인 짤막짤막한 말마디들은 電話로나 서로 주고 받는것처럼 實感이 난다。 거의 表情이 보힐듯하다。 편지도 表現이니 쓰는 사람이 더잘 드러날수록 좋은 편지임에 틀림 없다。

것이다。그 天國이 어서 實現되기를 너와 그이를 아는 모든 사람과 함께 나도 眞心으로 祝願한다。그리고 벤벤치 못한 물건이나 정표로 한가지 부치니 너이 아름다운 天國의 家具中에 하나로 끼일수 있다면 얼마나 榮光일지 모르겠다。

멀ㅣ리 너 있는 곳을 向해 合掌하며

× 月 × 日　　동무 × 順

어떤 女學生이 먼저 結婚하는 동무에게 보내는 편지다。眞情이 뚝뚝 흐른다。그의 新郎될 男子를 보지 못했으면서도 그가 平素에 옷감 한가지라도 選擇을 잘하던것을 비쳐 그男子가 훌륭한 사람일것을 믿는다는말、妙한 생각 妙한 말이다。시집가는 동무를 정말 즐겁게、希望에 차게 해주었다。흔히 보면 이런 편지에서 結婚은 人倫大事라는등、賢母良妻가 되라는등、社會에 模範이 되라는등、동무로서는 더구나 自己보다 먼저 어룬이 되는 사람에게 도리혀 結婚의 定義와 訓戒를 나리는 사람이 많다。그런것은 부질없은 知識의 羅列만 된다。저쪽은 當事者로 이쪽보다 그런程度의 생각은 覺悟한지가 벌서 오랜것으로 아는것이 禮儀요 또 自己의 賢明도 된다。

生日招待 편지

벌서 여름이야。

오늘 내 편지통에서 나온건 네 結婚請牒、암만 드려다봐도 네 이름이 틀리지 않는것을 알고、또 그옆에 찍힌 男子의 이름이 낯선걸 느낄때、나는 손이 떨리고 가슴이 울렁거려 그만 寄宿舍를 나와 山으로 올라갔다。멀―리 外國으로 떠나는 너를 바라보기나 하는것처럼 하눌가를 바라보고 한참이나 울었다。동무의 幸福을 울었다는것이 禮儀가 아닐지 모르나 나로는 率直한 告白이다。네가 날 떠나는것만 같고、널 한번도 보도 듣도 못한 男子에게 빼앗기는것만 같아서、울어도 시원치 않은안타까움을 누를수 없는것이다。決코 너의 幸福을 슬퍼하는 눈물이 아닌것은 너도 理解해 줄줄 안다。

네가 어떤 男子와 結婚을 한다! 지금 이 편지를 쓰면서도 이상스럽기만 하다。어떤 男子일가? 키는? 얼굴은? 學識은? 그리고 널 정말 나만침 사랑할가? 나만침 알가? 그이가 가까이만 있다면 끝 찾아가 이런걸 따지고 또 눈에 보이지 않는 네 훌륭한 여러가지를 더 說明해주고도싶다。아모런 옷감 한가지를 끊어도 누구보다도 選擇을 잘하던 너니까 一生을 가치할 그이의 選擇을 凡然히 하였을리 없을것이다。물론 어디 나서던 人望이 훌륭한 男子일줄 믿는다。

네가 新婦가 된다! 크리스마쓰때 네가 하아얀 비단에 쌓여 天使노리를 할때、네가 제일 곱던것이 생각난다。그 고흔 모양에 白合을 안고、제비같이 새까만 燕尾服 옆에 선 네 全體가 얼마나 더 아름다울가! 아모것도 도아주지 못하는 이 동무이나 婚禮寫眞이 되는대로 나헌테부터 한장 보내다오。그리고 結婚은 天國이 아니면 地獄이라한 어느 詩人의 말이 생각난다。어대까지 自由意志에서 神聖한 사랑으로 結合되는 너의 家庭이야말로 地上의 天國일

아버님 보옵소서

아버님께서와 어머님 안녕하옵시며 집안이 다 무고하옵십니까? 제가 入學 된것은 라디오로 드르셨을줄 아옵니다。 방이 붙을때까지는 入格이 됐으면 하는 욕망뿐이옵더니、 入格된 그순간부터는 벌서 집생각이 나 어떻게 견디나? 하는 걱정이 생겼읍니다。 그러하오나 우리 故鄕서 온 아이들이 모다 다섯이나 들었으니까 이제 자조 한자리에 모힐것 같읍니다。 올도록 외롭진 않을것이오며 故鄕學校와 달려 반동무들이 全朝鮮的으로 모힌때라 공부로나 무얼로나 남보다 한번 뛰여나고싶은 욕망이 더욱 불탑니다。 힘써 공부하겠읍니다。 學校는 建物도 훌륭하고 先生님들도 有名하신분이 많읍니다。 너무 좋아서 어제저녁엔 잠이 안와 혼났읍니다。 同封하옵는 入學手續書類에 아버님 도장을 찍어 곧 보내주옵소서。 오늘은 이만 끄치나이다。

四月 × 日

小子 × × 드림

어느、 專門學校에 처음온 學生의 편지다。 上白是、、、 一向萬康、、、、 餘不備上書따위가 없어도 얼마나 하고싶은 사연이 뚜렸히 드러났는가? 뜻도 잘 모르는 漢字術語로 쓴것보다 도리혀 얼마나 어울리고、 自信이 있이 쓴것으로 느껴지기도 하는가?

×淑에게 （結婚祝賀편지）

白是니、氣體候一向萬康이니、餘不備上書니 쓰면 무얼하는가? 정말 사연에 드러가선 꼼작 못하고 말한듯 쓰고 말지 않는가。漢文은 英語보다도 훨신 어려운 文字다。그것 한가지만 放學도 없이 공부하기를 二十年이나 해야 무슨 사연이던지 써낼수 있을지 말지한、功利的으로 보면 世界最惡性의 文字다。그런 漢文을 요즘 學校에서 배우는 程度로는 大學을 卒業한대도、漢文으로 葉書한장을 써내지 못할것이다。漢文體로 統一해 못쓸바에는「上白是」니「伏慕區區不任下誠之至」類의 文句를 외일 必要가 조혀 없다。

　　아버님 보옵소서
　　어머님께 올립니다

하면、圓滿하다。

　　안녕히 계옵신지 알고저합니다

하면、훌륭히 안부를 여쭙는것이 되고

　　오늘은 이만 끄치나이다

하면、끝맺음으로 나므랄것 없다。

편지만이 이렇게 쉬운것은 아니다。朝鮮의 편지도 外國文字인 漢文으로 쓴것이 어렵지 朝鮮文으로 쓴것은 얼마던지 쉬운것이 있었다。

그리 간후의 안부 몰라 하노라 어찌들 있는다 서울 자별한 기별 없고 도적은 물러가니 기꺼하노라 나도 무사히 있노라 다시곰 좋이 있거라

丁酉九月二十日

（宣祖大王의 親書 李秉岐氏所藏）

이것은 난리로 宮闕을 떠나 게시던 宣祖大王께서 亦是 다른 避難處에 있는 셋제 따님 貞淑翁主에게 보내신 편지다。얼마나 마조보고 말한듯 써여진 文章인가。말하듯 쉽게 써워졌다 해서 品이 없는가 하면 그렇지도 않다。어면 文字로 쓰던 이렇게 簡略하면서도 이만큼 品이 높기도 드믄것이다。

편지는、다른 글보다도 더욱、말하듯 쓰면 고만이다。아랫사람에게 아랫사람을 만나서 물을것은 묻고 일를것은 일르듯이 쓰면 되고、웃사람에게 웃사람을 뵈입고 여쭤볼것은 여쭤보고、아뢸것은 아뢰듯 쓰면 된다。첫머리와 끝에서만 上、書、니 上、

을 잘쓰는 사람은 어려운 文章으로 相對편을 은연히 壓迫하였고, 나아가서는 難解의 文章이 個人間에도 勿論, 나라와 나라 사이에도 一種 外交術이 된例도 얼마던지 있다。

편지는 于先 할말이 있어 쓰는것이다。 그사람이 곧 만날수 있다면 편지를 쓸것없이 만나가지고 말로 하면 고만이다。 空間的으로 멀리 떠러저 좀처럼 만날수가 없으니까 할말을 글로 대신 써보내는것이다。 그러면 편지란 어려운 性質의것이 아니다。 할말이란 그內容을 만나서 말로하듯, 쓰면 고만일것이다。 이쪽에서 먼저 알릴內容이니까 이쪽에서 먼저 써보낸다。 이쪽에서 알리고싶은대로, 될수 있는대로 쉽게 알려지는것이 成功이다。 文章이 어려워서 잘알아보지 못하게 되면 決局 損은 이쪽이다。 될수있는대로 쉽게 뜻을 傳하는것이 편지뿐 아니라 모든 文章의 正道다。

모스코바서 셀프—호프까지 오는데는 퍽 지리했다。 옆에 앉은 사람들이란 밀가루 시세밖에는 말할줄 모르는, 참 强한 實際的인 性格者들이였다。 열두시에 나는 구우르스에 다였다。

(체홒書簡集에서)

文豪 체홒이 旅行中에서 그의 누이에게 보낸 편지다。 얼마나 쉬운가? 西洋의

××社 친구들 한때、合처 여섯사람이나 만났다。 모다들 질거운 얼굴이다。 가치 놀러가자고 끄는것이였으나 머리가 무기워 구지 사양하고 혼자서 일직 돌아왔다。

생각해보니 오늘이 첫空日이였다。

憂鬱한 日曜日이다。

(鄕人澤氏의 日記)

2 書簡文

▲書簡은 편지다。 편지는 하고싶은 말을 만날수 없으니까 글로 써보내는것이다。

朝鮮에서처럼 편지를 어렵게 쓰고 무서워한데는 古今東西에 드물것이다。 自己말과 自己글이 있되、 自己말과 自己글로 쓰는것은 婦女子들이나 할것으로 돌리고 서로 體面을 볼만한데는 으례 漢文으로 썼다。 漢文은 朝鮮語化한 얼마의 單語外에는 全的으로 外國文字요 外國文字이다。 이 外國文章은 特殊한 專門이 없이는 읽을수 없고 쓸수도 없다。 그럼에 不拘하고 行勢하는 사람들이 다 이 外國文으로 쓰니까 그것을 읽을줄도、 쓸줄도 모르는 사람은 羞恥스러울수박에 없이 되였다。 그래 漢文

에 參考가 될뿐 아니라 읽을 재미도 난다。

二月×日

午後에 오래간만에 선희가 왔다。小說 쓰기에 奔走한 모양、머리속이 大端히 寂寞한 모양이나 내手法이 가난하여 동무를 달래지 못했다。무슨 찬란한 푸로그람이 우리世上에 있을理 있나?

（毛允淑氏 日記의 一節）

×月×日

해가 높다래서 잠이 깨였다。홈통으로 눈 녹아내리는 물소리가 주루룩 주루룩 장마때같이 구슬프다。

열한時에 尹君과 만나자는 約束이 번뜩 머리에 떠올랐다。

허둥지둥 얼굴에 물칠만하고、늦잠 자는 버릇 빨리 고쳐야겠다 생각하며 부산히 本町으로 나갔다。

三十分이나 기다렸다고 시무룩한 얼굴이다。하릴없이 껄껄 웃어치우고 그대신 내가 점심을 사기로 했다。××그릴에서 會談 한時間、結果는 좋지 못하다。來日저녁에 다시 만나기로하고 明治町 사거리에서 헤여졌다。

날이 따뜻한 탓인지 사람들이 들볶아친다。電車길까지 걸어오는 사이에 P、B、K그리고

一一二

陶器인데 蓮葉形으로 우묵하게 되고 안은 蓮葉빛 겉은 대추빛이고 한모르엔 게와 조개를 맨들어 붙혔다。 옛날 北京서 사온것이 지금은 高價를 가지고 北京을 가도 구할수 없다한다。

梅軒과 함게 二宮앞 淸人廛에 가서 漳州서 온 水仙을 여덟뿌리 샀다。 양쪽에 뎃뿌리가 달린 蟹形감으로 골랐다。 커도 푸석한 놈보다는 작어도 볼룩하고 단단한 놈이 꽃망울이 많이 들었다。 그中 두뿌리는 梅軒을 주었다。

十一月二十六日

蟹形水仙을 깎다。 그형상을 보아 한쪽을 가루 자르고 그속의 겹친 껍질을 차례차례 휘비어 내다。 손을 너무 가볍게 놀려도 안되고 무겁게 놀려도 안된다。 性急히 굴다가는 꽃잎도 상하고 손도 다치겠다。 몇껍질을 벗겨내고 본즉 잎아리끝이 누렇게 보이고 그끝짓머리는 좀 볼룩하다。 分明히 꽃망울이다。 자칫하면 터칠가하여 퍽 조심스러이 칼질을 하였다。 꽃망울이 다섯이 나왔다。 또 한뿌리를 깎다 이놈은 꽃망울이 셋인데 하나를 터쳤다。 몇뿌리를 더 깎으려다 말었다。 깎은 놈은 맑은 물을 떠다 당거두었다。 향긋한 香臭가 손끝에서도 움측인다。

(李秉岐氏의 日記)

日記와社交

누가 찾어온것、누구를 찾아간것, 편지를 보내고 받은것、누구와 무슨 約束한것 대강은 要件과 印象을 적어둘 必要가 있다。 當時엔 아모所用 없을것 같아도 뒷날 어느것이나 내젠다아 서글픈 소리였다。 중에도 「뻐구우욱」하는 마디없는 소리가 더 마음을 흔들었다。 뻐국이 세상에도 무슨 원통한 일이 있고 억울한 일이 있고 슬픈 일이 있는가바。 그렇지 않으면 어째서 저리 설게 울랴。

문을 열고 뻐국이 우는 방향을 찾어 보았다。 앞산 푸른숲 그윽이 서있는데서 우는듯。 그숲속엔 안개도 끼어있어서 바람이 숲을 지날 때면 안개가 푸른숲우에 물결같이 넘실거렸다。 그런데서 뻐꾹은 자꾸만 울고 있었다。 울어라。 울어라。

(崔貞熙氏의 日記體로 된 「靜寂記」의 一日分)

日記와觀察

日記는 私生活記라 觀察도 대개 自己身邊을 範圍로 한다。 身邊描寫가 많은것이 日記의 特徵일것이다。 一葉이 떠러짐을 보고 天下皆秋를 느끼는것도 身邊的인· 日記的인 觀察이다。 꽃씨 하나를 묻고 그것이 싹터 나오고 그것이 자라는것을 드려다보는것도 日記에서나 맛볼수 있는 觀察美일것이다。

十一月二十三日

梅軒이 水仙花盆 들을 갖다준다。 하나는 한뼘이나 되는 전북껍질에 세멘트를 익여 발을 달고 투술투술 붙은 잔조개껍질들을 그냥 두어 天然한 情趣를 저니고、 또 하나는 그보다 좀 작은

一一〇

오늘도 題目없는 詩를 여러번 생각해보았으나 종시 붓으로 옮기지 못했다。나는 冊을 한참 읽고나면 무엔지 쓰고싶어지는 충동을 꼭 받는다。그러나 오늘은 아무것도 못 썼다。요새는 파알·떡이 머리에 큰 자리를 占하고 있다。

(毛允淑氏 日記의 一節)

日記와抒情

거리에 나가 여러사람에게 소리쳐 자랑하고싶게 타오르는 情熱、그러나 자랑하쟈면 말은 할수 없는、秘密스러운 기쁨이 있는 反面에 또 그런 슬픔도 없지 않은것이다。더욱 日記는 누구에게 報告가 아니니까 喜悲間에 그 情緒의 動機를 적을 必要는 없다。그情緒에 가장 큰 쇼크를 주는 事態、物情을 描寫하면 그 事物의 陰影에는 自己의 情緒가 반듯이 깃드려지는것이다。

五月×日

방안에 햇빛이 짜며졌을때 떡국이 우는소리에 열은 잠이 깨였다。가슴이 후들 후들 떨렸다。「떼구우욱」「떼구우욱」하는 소리도 나고 「떡국」「떡국」마디마디를 똑똑 끊어서 우는소리도 들렸다。

누구에게 있어서나 生活처럼 切實한것은 없다。 切實한 生活이니까 生活에서 얻는 感想은 모다 切實하다。 공연히 구밀 必要가 없다。 돌을 다듬으면 오히려 돌의 무게가 없어 보히듯、 워낙 自體가 切實한것을 修飾하다가는 도리혀 切實味를 죽인다。 문뜩 깨닷고 느껴짐을 率直히만 적을것이다。

×月×日

오다가다 가다오는 途中에 創作에 對한 줄기가 생기나 局에를 가면 雜務에、 집에로 돌아오면 아이들 재롱에 그만 모도다 想들이 어디론지 씻은듯이 잃어지고마니、 딱한 일이다。 時間의 餘裕가 있었으면 하는 생각이 간절하다。

慾心이라면 慾心이겠지만、 읽고싶을때 읽으면서、 쓰고싶을때 쓸만한 餘裕가 있었으면 나는 그以上 더 滿足이 없겠다。 그러나 이것도 모도다 쓸데없는 생각이다。

(金岸曙 日記의 一節)

二月×日

방이 아늑하여、 책 읽기에 便하다。 그놈의 空想이란것이 瞬間瞬間마다 머리를 占하고 멍하니 밖을 내다보게 하는데는 딱 질색이다。 요새는 詩따곤 죽어도 못 쓸것같이 생각된다。 그러니까 그前에 썼던것은 詩가 아니라 그저 氣分에서 솟아나온 文句들인가 보다。

넌 일이라야 事件이다。날마다 있는 일이 아니니까 우리는 注意하고、注意하니까 價値를 붙혀 생각하는데 이른다。무슨 事件이든 批判意識이 없이 記錄하기만 하는것은 新聞記事처럼 「自己」라는것은 없는 報道文일 따름이다。日記에는 「自己」가 없으면 아모 意義도 없다。

一月十八日

頭痛이 나고 몸이 몹시 고단하였으나 열시반부터 「大地」試寫會에 出席。M座문깐에서 大學敎授를 만났다。「大地」를 보면서 나는 자꾸 朝鮮생각을 하지 않을수 없었다。朝鮮사람의 눈으로 보면「大地」가 갖고 있는 엑소티시슴에서 오는 興味는 半減되리라 생각하였다。어머니가 解産을하고 바로 일어나 바느질을 하는것쯤은 朝鮮서는 恒茶飯한 일인데 觀客의 몇사람은 너무나 不自然하다고 야지까지 하고 있었다。그러나 어쨋든 좋은 寫眞이다。「런든·마큐리」의 映畵評에는 昨年度의 最大傑作이라고 하였으나 그렇게까지 激稱할것은 못되어도 近來에 드믈게보는 좋은 映畵였다。너무나 通俗的興味에 堕하였다고 말할 사람이 있을는지도 모르나 通俗的이라해서 반듯이 排斥할것도 아닐것이다。

(兪鎭午氏 日記의一節)

二月×日

제법 날이 따뜻하다。봄이 주는 恐怖! 야릇한 變態心理다。

겨울이 아직도 물러가지 말기를 바라는 心理다。

(毛允淑氏 日記의 一節)

十二月二十五日

대단히 추운 날이다。하로 終日 책도 책다읍게 읽지 못하고 벌서 해가 젔다。陰曆으로 冬至가 지낸지 열흘이면、해가 노두꼬리만치 길어진다 하나、지금쯤은 아마 한時間도 너머 길엿겠지만、웬일인지 내겐 짧게 생각된다。

저녁밥을 먹고 홀로 册床 앞에 앉엇으나、마음의 靜寂을 한층더 깨닷게 된다。나는 무엇인지 모르게 생각의 갈피를 찾고 그 실끝을 잡어내려고 더듬엇다。어둠에 쌓인 밝은 바람소리가 지동치듯하여、더운 방에 드러앉은 나를、마음으로 限없이 춥게 하엿다。

(朴英熙氏 日記의 一節)

日記와事件

하로 세끼 밥을 먹듯、으레 있는일、學生이면 날마다 登校하는것、事務人이면 날마다 出勤하는것 같은 例事는 事件이 아니다。적든、크든 날마다는 있는 일이 아

一〇六

들、그리운 사람들、그들은 이미 무엇로나 나에게 고마웠던 사람들임에 틀림 없을것이다。
고마운 사람들을 잊어버리고 지내는 生活、그것은 그리 좋은 生活이였을리 없다。
어느 동무에게고、내自身도 그들이 외로운 때 생각나지는 사람이 되어있을가? 알고싶은
일이다。나도 무엇로나 남에게 고마운 사람이 되어야 한다。

(어느 學生의 日記)

第三者도 읽을 맛이 있다。맛만이 아니라 이日記의 主人과 함께 修養됨이 있다。內面生活의 記錄은 훌륭히 文學에 接近할뿐 아니라 內面生活이 豊富한 思想家나 藝術家들은 日記가 그들의 作品만 못하지 않게 藝術價値를 發揮하는것이다。

日記와氣象

누구에게나、그날하로 氣分에 날씨처럼 影響을 주는것은 없다。더구나 朝鮮처럼 春夏秋冬 네季節이 分明히 오고 가고 하는데서는 氣象의 變化가 우리生活에 直接間接으로 밋이는 影響은 決코 적은것이 아니다。그냥、晴、曇、小雨、이렇게 標만할것이 아니라 좀더 自己生活에 드러온 氣象을 印象的이게 써야겠다。

면 용돈이 빠듯하겠다。 집에 곧 돈 받었읍니다 하고 답장 써 부처다。

純全히 事務的인 內容이다。 무엇을 內面的으로 생각하고 어떤 感想을 體得한 記錄이 아니라 집에서 돈 온것을 處理한、또 處理할것과、편지 답장한것뿐이다。 生活의 外面的인 記錄뿐이여서 第三者가 읽을 맛은 조곰도 없다。 그러나 日記로는 亦是 事務的인것도 必要한것은 勿論이다。

×月×日

오늘도 나는 겨드랑에서 體溫器를 꺼낼때 조마조마하였다。 벌서 四五日을 내려무고 단一度의 微熱이 나를 안타깝게 구는것이다。 그러나 오늘은 다행히도 고一度의熱이 자취를 감초고 말았다。 나는 얼른 손을 씻고 마당으로 나왔다。 늦은봄、벌써 牡丹은 이울고、佛頭花가 싱그럽게 피기 시작한다。 나는 흙내 향그러운 훈훈한 空氣를 마음껏 드려마시고、아직 衰弱한 눈이라 현기가 나서 그만 방으로 들어오고 말았다。

이번、二十餘日을 앓는 동안、나는 잊어버렸던 여러 예전 동무들을 생각해냈다。 그들 속에는 내편에서 약속하다기보다 저편에서 나의 無信함을 약속케 생각할 동무가 더 많였다。 나는 좀더 健康해지면 于先 동무들에게 편지부터 쓰리라。

내가 바쁘고、내가 健康할 때는 잊었다가、내가 아프고、내가 외로울 때는 생각나는 사람울것이다。

日記는 훌륭한 人生自習이라 할수 있다。

七月×日 (金)

오늘부터 放學! 放學中엔 여름放學이 제일이다。어제 和信서 사온 밀집모자를 쓰고 捕蟲網을 메고 淸凉里로 나갔다。淸凉里는 電車에서부터 싱그러운 풀내가 풍겼다。동무가 없어 좀 심심했지만 호랑나비들 많이 만나 해가는줄 몰랐다。호랑나비 일곱마리、작은나비 힌것 노란것、알둑이 모두 스물네마리、청개고리 한마리、매아미도 벌서 났는데 두마리나 룽기기만 하고 모두 노쳤다。분했다。나비는 모다 展翅板에 꽂아 놓았다。나비는 昆虫인데 어떻게 저렇게 이쁠가!

어떤 中學生의 日記다。「나」라는 自稱代名詞가 하나도 없다。日記에는 없는 편이 오히려 生活感이 더 切實히 느껴진다。

十一月×日 (水)

집에서 書留가 왔다。時間이 늦어 돈을 찾지 못해서 小爲替채 主人에게 食費를 주고 거슬러 받았다。거슬러 받은것이 九圓、新聞값 一圓二十錢을 내면 七圓八十錢、속사쓰를 한벌 사

없는것이나 모조리 撮影한 生活全部의 앨범일것이다。

그러나 日記는 앨범과 같이 過去를 紀念하는데만 意味가 다하지 않는다。過去보다는 오히려 將來를 爲해 意義가 더욱 크다。

첫재는、修養이 된다。그날 自己의 한일을 價値를 붙혀 생각하게 될것이니 自己를 反省하는 날마다의 機會가 되고、事務的으로도 整理와 淸算을 얻는다。

둘재로는 文章공부가 된다。「오늘은 여러날만에 날이 들어 내 氣分이 다 淸快해졌다」한마디를 쓰러라도、이것은 于先 생각을 整理해 文字로 表現한것이다。생각이 되는대로는 얼른 얼른 文章化하는 習慣이 생기면「글을 쓴다」는데 새삼스럽거나 겁이 나거나 하지 않는다。더구나 日記는 남에게 보히려는것이 目的이 아니기 때문에 쓰는데 自由스럽고 自然스러울수 있다。글쓰는것이 어렵다는 壓迫을 받지 않고 글쓰는 공부가 된다。

셋재、觀察力과 思考力이 銳利해진다。見聞한바에서 重要한것을 取하자면 于先 輕微한 事物에도 緻密한 觀察과 思考가 必要하게 될것이다。觀察과 思考가 緻密하기만하면「萬物靜觀皆自得」格으로 千事萬物의 眞相、奧意를 모조리 밝혀 나갈수 있

1 日記

▲그날 하로의 重要한 見聞、處理事項、感想、思索等의 私生活記다。

누구나 「그날」이 있고 「그날」하로의 生活이 있다。「그날」은 自己一生의 하로요、「그날」하로의 生活은 自己全生命의 한토막이다。질겁거나、슬프거나、질겁지도 슬프지도 않거나、「그날」의 하로를 抹消하지는 못하는만큼 「그날」이란 언제 어느날이던 自己에게 意義가 있다。하믈며 질거워서 잊어버리기 아까운날、슬퍼서 百千의 人生感想을 새로 經驗하는 날이랴。우리는 이런 意義있는 날을 곧잘 寫眞을 찍어 紀念하는수가 있다。그러나 寫眞이란 結婚式이라든지 葬禮式같이 눈으로 볼수 있는 形態있는 事件이 아니고는 撮影할수가 없다。人生의 苦樂、重輕事가 반듯이 形態를 갖는것에만 있지 않으니、失戀한 사람의 아픈 마음이 렌쓰에 비처질리 없고、釋迦나 耶蘇가 大悟를 얻은것도 形態 없는 마음속에서였다。누구나 그날 그날의 잊어버리기 아까운、意義있는 生活을 記錄하는것이 日記이다。보고 드른것 가운데、또 생각하고 行動한것 가운데 重要한것을 적어두는것은、그것은 形態가 있는것이나 形態가

第四講 各種文章의 要領

1、日記文의 要領
2、書簡文의 要領
3、感想文의 要領
4、抒情文의 要領
5、記事文의 要領
6、紀行文의 要領
7、追悼文의 要領
8、式辭文의 要領
9、論說文의 要領
10、隨筆文의 要領

다。그는 두다리를 버티고 배를 내어놓고 버개를 목에다 걸고 눈을 반쯤 뜨고 그리고는 코로 골고、입으로 불고、이따금 꺽꺽 숨이 막히는 소리를 하고 그렇지 아니하면 백일해 기침과 같은 기침을 하고 차라리 그 잔소리를 듣는것이 나은것 같았다。그런때면 흔히 빈이、

『어떻게 생긴 자식인지 깨어서도 사람을 못 견디게 굴고 잠이 들어서도 사람을 못견디게 굴어』

하고 중얼거릴 때에는 나도 픽 웃지 아니 할수가 없었다。

(春園의 「無明」의 一節)

뜻을 傳하는것 以外에 어디 무엇이 있는기? 一念 뜻에만 忠實한 글들이다。뜻의 世界가 환—하게 보인다。이 환—하게 보이는 뜻、그것을 가리며 나설 다른것(音調)을 容許하지 않었기 때문이다。實證、實證、이것은 散文의 肉體요 精神이다。

三四調、혹은 四四調가 全文中 大部分이다。이런 文章은 散文이라기보다、또 韻文이기보다、朗讀文體라고할가、朗讀하기 爲해 다듬어진、意識的인 一種 律文이다。한사람이 목청을 돋우어 멋지게 군소리를 넣어가며 읽으면、여러사람이 듣고 질긴다。讀者가 아니라 演者요、聽衆이었다。讀書와는 距離가 먼 朗讀演技를 爲해 씨어진 臺本이다。

散文이 아니라 歌詞 그대로다。그런데 이런 글、「春香傳」이나 「沈淸傳」을 보면 筆寫거나 印刷거나 모두 줄글로 되었기 때문에 無意識中 散文이거니、散文을 이렇게 써도 좋거니、그보다、무슨 글이든 이렇게 于先 朗讀하기 좋아야 좋은 글이거니 여겨오게 되었다。이것은 朝鮮의 散文 發達을 더디게한 큰 病弊의 하나였다。

나는 윤때문에 도모지 맘이 편안하기가 어려웠다。윤의 말은 마디마디 이상하게 사람의 신경을 자극하였다。민에게 하는 악담이라든지、밥을 대할 때에 나오는 형무소에 대한 악담、의사、간병부、간수、자기공범、무릇 그의 입에 오르는 사람은 모조리 악담을 받는데 말을이 칼끝같이 바늘끝같이 나의 약한 신경을 찔렀다。내가 가장 원하는 것은 마음에 아무 생각도 없이 가만이 누어 있는것인데、윤은 내게 이러한 기회를 허락지 아니하였다。그가 재재거리는 말이 끝이 나서『인제 살어났다』하고 눈을 좀 감으면 윤은 코를 골기 시작하였는 意識을 가지지 않으면 어느틈엔지 音調에 關心이 되고 만다。글을 쓸때는 누구나 속으로 중얼거려 읽으며 쓴다。읽으며 쓰다가는 읽기 좋도록 音調를 다듬게 된다。音調를 다듬다가는 그만 「뜻에만 忠實」을 지키지 못하기가 쉽다。

春香이집 當到하니、月色은 方濃하고 松竹은 隱隱한데 翠屛은 欄干下에 白무무미 唐거위요、거울 같은 蓮못 속에 대접 같은 금붕어와 들죽 側栢、잣나무요 포도、다래 어름덩굴 휘휘친친 얼크러저 淸風이 불 때마다 흔들흔들 춤을 춘다。花階上 올라보니、冬栢、春栢、映山紅、牡丹、芍藥、月桂花、蘭草、芝草、芭蕉、梔子、冬梅、春梅、紅菊、白菊、柚子、柑子、능금 복숭아、砂果、黃實、靑實、櫻桃、온갖 花草 가즌 果木、層層이 심었는데……。

(春香傳「獄中花」의 一節)

뜻에 忠實하기를 잊고 音調에 盲從되고 말았다。韻文을 읽는것처럼 一種 興趣는 나되、뜻은 거짓이 많다。

三 四 三 四 三 四 四 四 四 四

月色은 | 方濃하고 | 松竹은 | 隱隱한데 | 翠屛은 | 欄干下에 | 거울같은 | 蓮못속에 | 대접같은 | 금붕어와

四 四 四 四 四 四

들죽側栢 | 잣나무요 | 포도다래 | 어름덩굴 | 휘휘친친 | 얼크러저……

3 散 文

散文은 쉽게 말하면 줄글이다。줄글이란 마디의 길고 짧음에 關心할 必要가 없이 뜻만을 내려쓰는 글이다。天下의 文章 大部分、科學、論文、史記、新聞記事、小說、隨筆、評論 모두가 散文이다。이 講話가 亦是 散文을 本位로 하는것이며、지금 이 講話를 쓰는 이 文章도 散文이다。내가 알리고싶은 뜻을、생각을、思想을、感情을 實相답게 써 나갈뿐이다。韻文은 노래하듯 쓰는것이라면 散文은 말하듯 쓰는 편이다。

「웃가지 꽃봉오리 아랫가지 落花로다」

하면 이것은 노래하듯 쓴것이요、

「웃가지는 아직도 봉오리채로 있는데、아랫가지는 벌서 피였다 떠러진다」

하면、이것은 말하듯 쓴 글、즉 散文이다。發表하려는 뜻에 忠實할뿐、決코 音調에 關心할 必要가 없다。關心할 必要가 없다는것보다、

「散文이란 오직 뜻에 忠實한다」

「그립다 말을 할가 하니 그리워」

「앞江물、뒷江물、흐르는 물은」

나、

같은 리듬은 山새 소리와 江물 소리에 자라난、素朴하면서도 처량한 鄕土情調의 歌曲調가 썩잘 풍기여진다。

이렇게 뜻이 아니라 모다 情緒가 主가 되였고 情緒는 說明으로 아니라 音調를 맞후어 直接 音樂的으로 드러내었다。自己가 表現하고싶은것이 뜻으로 알릴것인지 情으로 알릴것인지를 먼저 가려서 만일 뜻인것보다 情인것이면 徹底히 韻文에 立脚해 表現할것이다。다시 말하거니와 韻文은 極端의 例를 든다면、먼저 있는 曲調에 歌詞를 지어 맞후는것과 마찬가지다。아무리 唱歌처럼 부를것은 아니라도 읊을수는 있어야 할것이니 먼저 멜로듸ㅣ를 定하고 다음에 거기 맞는 말과 글자를 골라서 맞후는것이 韻文의 誕生過程인것이다。

가는 길

그립다
말을 할가
하니 그리워

그냥 갈가
그래도
다시 더 한번……。

저山에도 까마귀、들에 까마귀、
西山에는 해진다고
지저귑니다。

앞江물、뒷江물、
흐르는 물은
어서 따라 오라고 따라 가자고
흘러도 연다라 흐릅디다려。

(故金素月의 詩)

그 외「散文論」에서 散文은 徒步요 韻文은 舞蹈라 하였다。 徒步는 볼일이 있어야 걷는다。 實用的인 行動이다。 춤은 볼일이 있어 하는 行動은 아니다。 興에 겨워야 절로 추어지는것이다。 興이 먼저 있고서야 나타날수 있는 行動이다。

샘물이 혼자서

샘물이 혼자서
춤추며 간다
산골자기 돌틈으로。
샘물이 혼자서
웃으며 간다
험한산길 꽃사이로。
하늘은 맑은데
즐거운 그소리
산과 들에 울리운다。

(朱요한氏의 詩)

꽃보다도、 그 얼마나 아름다운、 가볍고、 맑고、 즐거운 情緖인가

저燭불 날과 갈하여 속타는줄 모르더라。 (李塏의 時調)

이 글은 韻文이다。文章에 뜻만 읽힐뿐 아니라 韻律이 일어나기 때문이다。

三	四	四	四
窓안에	혓는燭불	눌과離別	하였관대

에는 音數에 벌서 計劃的인데가 있다。「窓 안에 켠 燭불은 누구와 離別을 해서」란 뜻뿐이 담겨 있는것이 아니라、三四、四四調의 律格이 나온다。즉 뜻뿐이 아니요 音樂的인 一面까지 가지고 있다。이 音樂的인 一面이 나타나지 않게

> 窓안에 켠 燭불은 누구와 離別을 해서 결으로 눈물을 흘리며 속이 타는줄은 모르는것인가。저 燭불은 나처럼 속이 타는줄을 모르고 있다。

해보라 이 글의 맛은 半以上이 없어지고 만다。그러면 이 글의 맛의 半以上의것을 살리고 죽이고 하는것은、音樂的인 一面、리듬에 있다。韻文은 리듬이 主요 뜻이 從이다。먼저 즐겁거나 슬프거나 氣分부터를 주고 思想은 나중에 준다。아땅은

1 韻文과 散文은 다른것

文字는 눈으로 보기만 하는 符號가 아니라 입으로 읽을수 있는 音響을 가졌다。樂器와 같이 音響이 나는것을 利用하면 뜻、思想뿐 아니라 氣分、情緖를 音樂的이게 表現할수 있게 되였다。그래 文章은 大體로 音響을 主로 하는것과 뜻을 主로하는것으로 갈리게 된다。音響을 主로하는 글은「韻文」、또는「律文」이라 하고 뜻을 主로 하는 글은「散文」이라 일러오는데、이 韻文과 散文이 根本的으로 性格이 다름을 意識하지 않고、半韻文、半散文인 글、혹은 非韻文、非散文인 글을 써 表現效果를 徹底히 하지 못하는이가 흔히 있으므로 여기에 잠간 韻文과 散文이 다름을 簡略히나마 밝히려한다。

2 韻 文

窓안에 혓는 燭불、눌과 離別하엿관데
겉으로 눈물지고 속타는줄 모르는고

第三講 韻文과 散文

1、韻文과 散文은 다른것

2、韻　文

3、散　文

남이 쓰던 묵은 말들이 아니어서 얼마나 新鮮하기도 한가?

좋은 글을 쓰려는 努力은 좋은 말을 쓰려는 努力일것이다。生活은 자꾸 새로워지며 있다。말은 자꾸 낡어지며 있다。말은 永久히 「헌것、不足한것」으로 存在한다。글쓰는 사람은 傳來語든、新語든、外來語든、그、오늘 아침부터라도 이미 存在해진 모든 言語들에 滿足해서는 안될것이다。끊임 없는 새 言語의 探究者라야 한다。

普遍性만 있어 誰某에게나 便히 씨일수만 있는 말이면 누구의 發見이든、加工이든 創作이든、民衆은 딿는다。「느낌」이란 말도 近年에 누가 쓰기 始作해 퍼친 말이다。지금 一般的으로 쓰는 「하였다」도 「도다」나 「하니라」에 不滿을 가진 누구의 發見일것이다。「거니와」도 古語냄새가 나면서도 「였지만」에 單調하여 새로 많이 씨이는 새맛의 토다。過去의 朝鮮文章은 語彙는 豊富하면서도 토가 없는 漢文脈의 影響을 받아 토에 發達하지 못하였다。新文學이 일어나며 文章에 있어 첫번으로 苦悶한 것은 이 토였음에 틀리지 않을것이다。

아모튼 言語는 衣、食、住보다도 民衆全體가 平等하게 가지는 最大의 文化物이다。文筆人은 文章보다 먼저 言語에 責任이 큰것은 累言할 必要가 없다。

光陰이 살같이 지나……

眞理는 依然하되 얼마나 케케묵은 形容인가? 귀에 배고 젖어서 도리어 거짓말처럼 느껴진다。남이 이미 해놓은 말을 쓰는것은 임내다。歲月이 빠른것을「流水같다」한것은、처음 말한 그사람의 發見이다。程度問題지만 남의 發見을 써선 안된다。文章에 있어서야말로 特許權道德을 지켜야한다。될수 있는대로 나는 나로서 發見해 써야한다。

옥수수밭은 一大觀兵式입니다。바람이 불면 甲胄 부딪치는 소리가 우수수 납니다。

(故李箱의「成川紀行文」의 一節)

옥수수밭을 觀兵式으로 形容한것은 李箱의 發見이다。

마스트끝에 붉은 旗가 하늘보다 곱다。
甘藍 포기포기 솟아오르듯 茂盛한 물이랑이어!

(鄭芝溶氏의 詩「다시海峽」의 一節)

람스런 물결이 갈피갈피 솟는 바다를 포기포기 茂盛한 甘藍밭에다 形容하였다。

망토 깃에 솟은 귀는 소라ㅅ속 같이
소란한 無人島의 角笛를 불고——
海峽午前二時에 孤獨은 오롯한 圓光을 쓰다。
서러울리 없는 눈물을 少女처럼 짓자。
나의 靑春은 나의 祖國!
다음날 港口의 개인 날세여!
航海는 정히 戀愛처럼 沸騰하고
이제 어드메쯤 한밤의 太陽이 피여오른다。

(鄭芝溶氏의 詩)

함폭、큰악、홋、오롯、다 이詩人의 發見이요 加工이다。

歲月이 빠른것 같은것은 古今人이 다 같이 느끼는바다。古人과 今人이 共通的으로 느껴지는것에는 古人들의 말을 그대로 쓰게되는것이 많다。

歲月은 流水 같다。

이제금 저달이 서름인줄은
예전엔 미처 몰랐어요

(故金素月의 詩)

素月은 「사뭇차게」라 하였다。힘차기도 하거니와 훌륭히 新鮮한 말이다。「이제금 저달이 서름인줄」에 「이제금」도 좋은 發見이다。「이제는」한다던지 「지금엔」하면 「이제금」같은 鄉土的、民謠的인、自己的인 風情이 느껴지지 않을것이다。

海峽

砲彈으로 뚫은듯 동그란 船窓으로
눈섭까지 부풀어 오른 水平이 엿보고、
하늘이 함폭 나려 앉어
큰악한 암탉처럼 품고 있다。
透明한 魚族이 行列하는 位置에
홋하게 차지한 나의 자리여!

「퍽 그리워」

「몹시 그리워」

「못견디게 그리워」

퍽、몹시、못견디게、다 떠돌아다니는 副詞다。아무나 지꺼릴줄 아는 말이다。그리움에 타는 지금에 내속만을 처음으로 形容해보는 무슨 새로운 副詞가 없을가 내 그리움을 强調시킬 내 말을 찾아냄이 마땅하다。

예전엔 미처 몰랐어요

봄가을 없이 밤마다 돋는 달도
예전엔 미처 몰랐어요

이렇게 사뭇차게 그리울줄도
예전엔 미처 몰랐어요

달이 암만 밝아도 처다볼줄은
예전엔 미처 몰랐어요

저 말을 많이 알아야 할것이다。「밝다」와「밝단ㅣ」둘밖에 모른다면、이사람은 달이 아직 솟지는 않고 멀ㅣ리 山머리에 빛만 틔인것을 보고도「밝다」아니면「밝단ㅣ」으로 밖에 形容 못할것이 아닌가? 그러니까 저 아는 範圍內에서 하나를 擇하기만 했다고 唯一語의 價値가 發揮될것은 아니다。類似語는 있는대로 全部를 모아놓고 그中에서 하나를 擇하는데만 唯一語의 意義가 있는것이다。

먼저는 말 공부를 해야한다。말 공부라니까 무슨 學問語、術語만이 아니다。學問語、術語는 一定해 있다。日常 生活에서 씨이는 俗語一切에 通曉해야한다。말공부의 方法으로는、

1、듣는것으로

2、읽는것으로

3、만드는것으로

이 세길일것이다。듣는것과、읽는것에 卒業程度가 되어야 만들어 쓰는데 비로소 짐작이 날것이다。

三、自己의 發見과 加工으로

선뜻 나타난다。

수닭은 수닭、쪽저비면 쪽저비다운 第一 適合한 말을 골라 形容하였기 때문이다。만일 「쪽저비가 살랑 살랑 지나갈때」를 「쪽저비가 설렁 설렁 지나갈 때」라 고친다면 그 아래 「요망스럽다」는 말을 首肯할수 없을것이다。「요망스럽다」는것이 쪽저비의 성질에 알맞는 말이라면 그 「요망스러움」을 살리기 爲해서는 아모래도 「설렁 설렁」보다 「살랑 살랑」이 더 適合되는 形容이다。이런 경우에 「살랑 살랑」은 第一 適合되는 말、즉 唯一語다。

모파상의 말대로 唯一語를 찾는 努力을 避해 아모 말로나 비슷하게 꾸려버리는것은、自己가 정말 쓰려던 文章은 아니요 그에 비슷한 文章으로 滿足하고 마는것이나 마찬가지다。自己가 쓰려던 文章은 끝내 못쓰고 마는것이다。

二、말을 많이 알아야 할것

唯一語란 기중 골라진말、最后로 選擇된 말임에 틀림 없다。選擇이란 萬取一收를 意味한다。여럿에서 하나를 골라내는것이다。먼저 여럿이 없이는 고를수 없다。먼

토에 있어서도
한번 죽기로 각오하고서야
한번 죽길 각오했을진댄
이 다르다。뜻은 한뜻이나 悲壯한 程度에 差가 크다。

外貌로 사람을 取하지 말라 하였으나 대개는 속마음이 外貌에 나타나는 것이다。아무도 쥐를 보고 厚德스럽다고 생각은 아니할것이요 할미새를 보고 진중하다고는 생각지 아니할것이요 도야지를 소담한 친구라고는 아니할것이다。토끼를 보고 방정맞아는 보히지마는 고양이처럼 표독스럽게는 아무리해도 아니 보히고 수탉은 걸걸은 하지마는 지혜롭게는 아니 보히며 뱀은 그림만 보아도 간특하고 독살스러워 舊約作家의 咀呪를 받은것이 과연이다——해보히고 개는 얼른보기에 험상스럽지마는 간교한 모양은 조곰도 없다。그는 충직하게 생기었다。말은 깨끗하고 날래지마는 좀 믿음성이 적고 당나귀나 노새는 아무리 보아도 경망구레기다。쪽저비가 살랑 살랑 지나갈 때 아무라도 그 요망스러움을 느낄것이오 두꺼비가 입을 넙적넙적하고 쭈구리고 앉은것을 보면 아무가 보아도 능청스럽다。

(李光洙氏의「牛德頌」에서)

이 글을 보면 한마디의 형용마다 한가지 動物의 모양、성질이 눈에 보히듯 선뜻

비가 온다
비가 뿌린다
비가 나린다
비가 쏟아진다
비가 퍼붓는다

가 모다 程度가 다른것은 두말할 必要가 없거니와 달이 밝은 形容에도

달이 밝다
달이 밝단—하다
달이 훤—하다
달이 환—한다

가 모다 다르다。 달이 보히고 쨍쨍하게 밝은데서는 「밝다」나 「밝단—」인데 그중에도 「밝단—」이 더 쨍쨍한 맛이 날것이요、 달은 보히지 않고 빛만 보히는데서는 「훤—」이나 「환—」인데 그중에도 「훤—」이라 하면 멀—리 보는 맛이요 「환—」이라 하면 가까이 미다지나 벽같은데 어떤것을 가리키는 맛이다。

傳來語든、新語든、外來語든、文章은 一切의言語로 짜지는 織物이다。言語에 따라 비단이 되고、인조견이 되고、무명이 되고한다。言語에 對한 認識과 洗鍊이 없이 비단文章을 짜지 못할것이다。言語에 對한 認識으로는 무엇보다 먼저 唯一語의 存在를 意識해야 한다。

一、唯一語를 찾을것

「한가지 생각을 表現하는데는 오직 한가지 말밖에는 없다。」

한 끄로벨의 말은 너머나 有名하거니와 그에게서 배운 모파상도

> 우리가 말하려는것이 무엇이든 그것을 表現하는데는 한말밖에 없다。그것을 살리기 爲해선 한動詞밖에 없고 그것을 드러내기 爲해선 한形容詞밖에 없다。그러니까 그 한말、그 한動詞 그 한形容詞를 찾아내야한다。그 찾는 困難을 避하고 아모런 말이나 갖다 代用함으로 滿足하거나 비슷한 말로 마추어버린다든지、그런 말의 妖術을 부려서는 안된다。

하였다。名詞든 動詞든 形容詞든、오직 한가지말、唯一한말、다시 없는말、그말은 그 뜻에 가장 適合한 말을 가리킴이다。가령、비가 오는 動詞에도

『들어가서 어머님께 허락 맡고 온』

하십니다。참 그렇읍니다。나는 뛰처들어 가서 어머니께 허락을 맡았읍니다。어머니는 내 얼굴을 다시 세수시켜주고 머리도 다시 땋고 그리고 나를 아스타지도록 한번 몹시 껴안었다가 놓아 주었읍니다。

『너무 오래 있지 말고 온』

하고 어머니는 크게 소리치셨읍니다。아마 사랑아저씨도 그 소리를 들었을게야요。

(朱耀燮氏「사랑손님과어머니」에서)

나긋나긋 읽는 사람의 귀옆에 와 소근거려주는것 같다。내가 안 들어주면 들어줄 사람이 없을것 같다。퍽 私的인．個人的인 語感이다。그래서 敬語는 一人稱(나)으로 쓰는데 適當하고 內容이 讀者에게 委曲히 呼訴할 必要가 있는 回顧類、情恨類와 勸檄類에 適當하다。

그러나 이와 反對로、情으로써 나설 必要가 없는、一般記錄、敍述에 있어서는 敬語는 도리혀 巧言令色의 次이 될수 있는것은 注意할 點이다。

9 一切用語와 文章

行」이란 內容에 이 外來語들이 調和되여 旅行氣分을 돋우는것이다。新語도 마찬가지다。

8 平語、敬語와 文章

나는 세상을 비관하지 않을수 없다。

저는 세상을 비관하지 않을수 없읍니다。

「나는」이나 「없다」는 平凡히 나오는 말이다。「저는」과 「없읍니다」는 相對者를 尊稱하는 情的意識、相對意識이 들어있다。「나는」과 「없다」는 들띄워놓고 여러사람에게 하는 말 같고、「저는」과 「없읍니다」는 어떤 한사람에게만 하는 말 같다。平語는 公共然하고 敬語는 私的인 語感이다。그래서 「습니다文章」은 읽는 사람에게 더 個人的인 好意와 親切이 느껴진다。好意와 親切은 讀者를 훨신 빠르게 理解시키고 感動시킨다。

> 어떤 토요일 오후였읍니다。아저씨는 나더러 뒷동산에 올라가자고 하셨읍니다。나는 너무나 좋아서 끝 가자고 하니까

天氣豫報、旅行券、情報、放送、咆水線、異國、神經衰弱、市民、旅行案內等、漢字語라도 現代的인 뉴안스를 가진 新語들이 연달아 나왔다。

嶄新하고 輕快한 맛이 十二分 풍겼다。嶄新이나 輕快만이 最上의 美라는것은 아니다。사람따라 極端일수 있는것이니 그것은 問題가 다른것이요、아모튼 많은 文章의 材料라 材料따라 現代美가 나오고 古典美가 나오고 할것은 服裝이나 마찬가지 單純한 理致란것이다。그러나 新品과 外來品을 많이 쓴다고만 스마트한 몸태가 나는것은 아니다。몸에 調和를 얻지 못하면 雜俗을 免치 못한다。文章에서도 新語와 外來語만 쓴다고「스마트」가 나오는것은 아니다。

그러면 어떤 內容에라야 新語나 外來語를 써서 아름다워질가? 그것은 簡單하다 新語와 外來語가 自然스럽게 나와질、또는 新語와 外來語가 아니고는 表現할수 없는 內容에뿐이다。「旅行」하더라도、「튜렁크」를 들게되고、「호텔」에 들게 되고、車와 배에서 新聞을 볼것이니「푸랑코」도 나올법하고、배나 호텔에는「써너룸」이 있을것이요、車票를 미리 사기 爲해서나 旅行한것에 對한 調査를 爲해서는「뷰ー리스트•뷰로ー」에 찾아갈것이니 이 모든 外來語가 自然스럽게 읽히는것이다。 즉「旅

코」政權을 承認했다는 放送도 들은 일이 없다。그러나、나는 둥굴한 船窓에 기대서 吃水線으로 모여드는 어떤고기들의 淸楚와 活潑을 끝없이 사랑하리라。南쪽바닷가 생각지도 못하던『써니름』에서 씹는 수박맛은 얼마나 더 淸新하랴。만약에 제비같이 재잘거리기 좋아하는 異國의 小女를 만날지라도 나는 조곰도 두려워하지 않고 서투른 外國말로 大膽하게 對話를 하리라。그래서 그가 구경한 땅이 나보다 적으면 그 때 나는 얼마나 자랑스러우랴! 그렇지 않고 도리혀 나보다 훨신 많은 땅과 風俗을 보고 왔다고하면 나는 眞心으로 그를 驚嘆할것이다。허나 나는 決코 南道溫泉場에는 들르지 않겠다。北道溫泉場은 그다지 심하지 않은데 南道溫泉場이란 소란해서 위선 잠을 잘수가 없다。지난 봄엔가 나는 먼길에 지친끝에 허모밤 熟眠을 찾어서 東萊溫泉에 들린 일이 있다。처음에는 오래간만에 누어보는 溫突과 特히 屛風을 둘른 房안이 매우 아담하다고 생각했는데 웬걸 밤이 되니까 글세 旅館집인데 새로 한시두시까지 長鼓를 따려부시며 떠드는데는 실로 견델수 없어 未明을 기다려서 첫車로 도망친 일이 있다。우리는 일부러 神經衰弱을 찾어서 溫泉場으로 갈 必要는 없다。나는 돌아오면서 東萊溫泉場 市民諸君의 睡眠不足을 爲해서 두고두고 걱정했다。

（金起林氏의 隨筆「旅行」의 一節）

나는『뉴－리스트・뷰로－』로 달려간다。숱한 旅行案內를 받어가지고 뒤저본다。비록 職業일망정 事務員은 오늘조차 퍽 多情한 친구라고 진여본다。

뉴렁크、호텔、카인、무랑코、써니름、뉴－리스트・뷰로－等 外來語와 暖流、魚族

7 新語、外來語와 文章

言語는 美術品이 아니라 雜貨와 같은、日常生活品이란것、新語나 外來語를 쓰는 것은 쓰고싶어서기 前에 新語外來語의 生活부터가 생기니까 안 쓸수 없으리란것은 이미 우에서 말하였다。現代에 있어 男女를 勿論하고 傳來의 服裝만으로는 實際에 不便하다。洋裝을 하고싶어하는 사람도 많겠지만 大體로는、時代와 生活에 順應하는것으로 볼수 밖에 없다。그런데 洋服을 입고 裝身品을 新式것과 外國品으로 지닌다면 이른바 모던—해 보히고、스마트해 보히는것이 事實이다。文章에서도 新語가 많이 나오면 같은 理致로 모던—해 보히고 스마트해 보힌다。

나는 눈을 감고 잠시 그 幸福스러운 魚族들의 旅行을 머리속에 그려본다。暖流를 따라서 오늘은 眞珠의 村落、來日은 海草의 森林으로 흘러댕기는 그 奢侈한 魚族들。그들에게는 天氣豫報도 『추렁크』도 車票도 旅行券도 필요치 않다。때때로 사람의 그물에 걸려서 『호텔』食卓에 진열되는것은 물론 魚族의 旅行失敗譚이지만 그것도 決코 그들의 失手는 아니고 차라리 『카인』의 子孫의 惡德 때문이다。나는 그들이 海底에 國境을 만들었다는 情報도 『포랑

이것은 田園詩人 陶淵明의 名句로써 李益齋의 平生愛誦하던 바이다。
淸福이 있으면 近郊에 조그만 田園을 얻어서 감자와 一年감을 심으고 또 羊이나 한마리
처서 그젖을 짜 먹으며 살아볼것인데 그러나 이것도 分外過望일른지 모른다。

(故文一平氏의「永夏漫筆」中에서)

漢字語는 術語、즉 敎養語가 많다。敎養人의 思考나 感情을 表現하려면 도저히 俗語만으로는 滿足할수 없는것이다。이「田園의樂」에서도 漢字語를 모조리 俗語로 돌려놓는다 처보라。얼마나 品과 風致가 減殺될것인가 極히 概念的인、生氣 없는 過去의 漢字文體는 排擊해 마땅할것이나 漢字語가 나온다 해서 必要範圍內의 漢字語까지를 排斥할 理由는 없다 생각한다。

俗語만의 文章과、漢字語가 主로 씨인 文章이 性格으로、表現効果로 各異한 長短點을 가진것은 이미 說明한바와 같다。그러기에 自己가 表現하려는 內容이 俗語만의 文章이어야 効果的일지、漢字語가 主로 씨어야 効果的일지、또는 俗語와 漢字語를 半分半分 섞어야 効果的일지 한번 計劃할 必要가 있다。

이른바 雲水로써 鄕을 삼고 鳥獸로써 群을 삼는 逃世者流는 좋은것이 아니나 躬耕의 餘暇에 혹은 林間에서 採藥도 하고 혹은 川邊에서 垂釣도 하야 太平世의 一逸民으로써 淸淨하게 生活함은 누가 願하지 않으랴。

有水有山處 無榮無辱身。

이것은 高麗때 어느 士人이 벼슬을 내어놓고 田園으로 돌아가면서 自己의 所懷를 읊은 詩句이어니와 世間에 어느곳에 山水가 없으리오마는 榮辱의 係累만은 벗어나기 어렵다。첫재 心身의 自由를 얻어야만 하는데 心身의 自由는 恬淡寡慾과 그보다도 生活安定을 반드시 前提要件으로 삼는다。

그렇지 않으면 山水사이에 가 있어도 無榮無辱의 몸이 되지 못할것이다。그러나 이 詩句를 읊은 그로 말하면 아마도 그만쯤한 修養과 餘饒는 있던 模樣이다。아모리 簞食瓢飮의 淸貧哲學을 高調하는 분이라도 安貧樂道할 生活上基礎가 없고서는 絶對 不可能할것이 아닌가。人生이 工夫는 고요한 곳에서 하고 實行은 분주한 곳에서 하는것이 좋으나 그러나 倦怠해지면 다시 고요한 곳으로 가는것이 常例이니 田園生活은 倦怠者의 慰安所이다。

倦怠者뿐이 아니라 病弱者에 있어어도 都市生活보다 田園生活이 有益함은 말할것도 없다。맑은 空氣와 日光과 달콤한 泉水는 確實히 自然의 藥石이며, 좋은 山菜와 野蔬며 싱싱한 果實은 참말로 膏粱以上의 珍味이니 이것은 田園生活에서 받는 惠澤중의 몇가지로서 病弱者에게도 크게 必要한바이다。

欣然酌春酒 摘我園中蔬。

가진것은 글자 그自體의 含蓄이다。含蓄이란・語句、文章 그自體의 秘密이요 餘裕다。人物이나 事件을 描寫하는 文章에서는 具體的으로 人物과 事件을 보혀주니까 讀者가 視覺的으로 滿足하지만、人物도、아모事件도 보히지 않는 文章에서는 語句나 文章 그自體까지 아모 맛볼것이 없다면 읽는데 너머나 興味없는 努力밖이 負擔될 것이다。

그리기에 文藝文章에서드 아모 視覺的 興味가 없는 隨筆類의 文章은 漢字가 석인 편이 훨신 읽기 좋고 風致가 난다。

田園의 樂

耕山釣水는 田園生活의 逸趣이다。

都市文明이 發展될수록 都市人은 한편으로 田園의 情趣를 그리워하야 園藝를 가꾸며 別莊을 둔다。아마도 오늘날 農村人이 都市의 娛樂에 끌리는 以上으로 都市人이 田園의 誘惑을 받고 있는것이 事實이다。

人類는 본래 自然의 따수한 품속에 안겨 土香을 맡으면서 손소 여름지이를 하던것이니 이것이 神聖한 生活이오 또 生活의 大本일는지 모른다。

自體를 嚴密히 調査檢討하여 그속에 깊이 沉潜游泳한 뒤에、그것을 다시 嚴正한 科學的體系로써 새로운 方法論으로써 研究、整理、規定하는것이다。無論 後者 없는 前者의 知識만은 죽은 機械的、骨董的 素材知識에 不過하고 도로혀 종종 그素材조차 歪曲、曲解할 虞가 있으나 또 한편으로 前者의 豫備한 知識이 먼저 蓄積되지 않은 後者의 判斷은 一種冒險、無謀에 가깝다。텍스트와 體系、考證學과 方法論은 今後 嚴密한 統一을 要求한다。

(梁柱東氏의「漢文學의再吟味」의 一部)

花潭의 學은 窮理盡性 思索體驗을 主로삼아 言語文字로써 發表하기를 좋아 아니하여 그著述이 매우 적고 上記數篇의 論文이란것도 極히 簡單하야 說이 未盡한 憾이 없지 아니하나 그래도 그의 高遠한 哲學的 思想은 이에 依하야 잘 窺知되고 그意味로 보아 이들 論文을 收集한 花潭集一冊은 吾人이 貴重히 녁이는바의하나이다。花潭의 思想의 大體는 李栗谷(珥)의 說破함과 같이 宋의 張橫渠(載)流의 思想에 屬하되 間或 獨創의 見과 自得의 妙가 없지 아니하며 그 宇宙의 根抵를 드려다보려함이 比較的 深刻하였다。지금 花潭의 宇宙本體觀에 就하여보면 그는 橫渠와 같이 宇宙의 本體를 太虛에 不過한양으로 생각하고、太虛의 淡然無形한것은 先天의氣로서、이는 時間空間의 制約에서 全혀 獨立한 無制限・無始終・恒久不滅의 實在라고 認하였다。

(李丙燾氏의「徐花潭及李蓮坊에對한小考」中의 一節)

이런 文章들에서 漢字語들의 正當한 勢力을 無視할수는 없다。音 뒤에 뜻을 따로 없다。

그러나 文章이란 모도가 描寫를 爲해 써지는것은 아니다。文學의 大部分은 描寫이나 學問과 論說은 描寫가 아니라 理論이다。

나는 한편으로 덮어놓고 漢文學을 排斥하기만하는 人士에게 할말이 있다。漢文學은 數千年의 傳統을 가지어온 世界에 가장 悠久한 淵源과 豊富한 內容을 가진 人類文化의 重要한 遺産이오、더구나 우리의 文化와는 一千年來 深甚한 關係를 맺어온것이다。文學自體로 보드래도 그것이 當然히 英米文學보다 못지않게(或은 그以上) 우리의 知識의 一斷層을 形成하여야 할것은 저西人이 希臘의 古典修養을 必要로 하는것 以上이려니와 더구나 우리文化의 底流에는 우리의 思惟와 感情에는 아직도 漢文學의 暖流와 血脈이 通하여 있느니만치 우리文化의 過去와 現在를 洞察함에 있어서 우리는 到底히 漢文學을 否認할수 없다。우리는 自文化의 樹立宣揚을 爲하는 나마지 性急하게 漢文學을 拒否함이 無謀한 態度임을 안다。하물며 이 傳統的인 底流를 모르고 極히 皮相的인 西文學에만 心醉하야 漢文學을 輕視하는 態度는 性急과 淺膚以外의 아모것도 아니다。

卑近한 一例를 든다면 遺事나 史記나 退溪나 花潭이나 乃至 星湖、茶山、阮堂의 學을 일즉이 了解한것도 없이 朝鮮文學을 하노라하면 그것은 全혀 妄發이다。그런때 그것들은 모다 漢文學의 素養을 必要로 한다。우리의 要求하는 새로운 知識은 先人의 文化遺産을 먼저 그로 거울을 드려다보며」니、「네모 반듯한 나무갑 우에 나란히 얹힌 백통빛 새종 두개는 젊은 내외의 말다툼에 놀란 고양이눈 같이 커다랗게 빤짝」이니 그 얼마나 表現에 具體力이 强한가。

七〇

「나는 벌서 處女가 아니다」라는 굳센 意識은 아직 굳지 않은 二十前後의 어린마음에 君臨합니다。그것은 마치 宗敎信者의 破戒라는것이、決코 容易하지 않으나、單한번의 失足이 反動的으로 墮落의毒杯를 最後의一滴까지 말리지 않으면 滿足할수 없는것과 다를게 없읍니다。性的甘露에 한번 입을 대인 젊은 피의 躍動과 饑渴은 節制의 意志를 삼키어버렸읍니다。

(廉想涉氏의 短篇「除夜」의 一部)

君臨、破戒、容易、失足、反動的、墮落、毒杯、最後、一滴、滿足、性的甘露、躍動、饑渴、節制、意志等 漢字가 많이 섞이었다。

句節마다 소리以外에 딴 觀念을 이르킨다。內容이 보혀지는 情景이 아니라 마음으로 認識되는것이다。눈으로 어떤 情景을 보며 읽는것이 아니라 마음으로 생각하며 읽게된다。描寫이기보다도 論理인 편이다。同一作家의 文章이되、用語에 따라 이렇게 다르다。描寫本位라야 할데서는 아모래도 漢字語는 具體力이 적다 아니할수 앉어서 열심으로 가름자를 타고 있는 모양이다。

「오늘은 언제 드러오시랴우? 회사시간이 늦어도 좀 들려오시지」

돌려다도 보지 않고 연해 바가지를 긁다가 남편이 안방문을 열랴는것을 거울 속으로 보고 입을 잽싸게 놀린다。

「그 비러먹을 전화、내 이따 떼여버려야。기생년하고 새벽부터 이야기하라구 옷을 잽혀가며 매였드람? 참 기가 막혀!……그럴헤면 마루에 매지말구 아주 저방에 매지」

하며 구석방을 돌려다보다가 남편과 눈이 마조 치자 외면을 하며니 빤드를한 머리밑에 빩안 자름당기를 감아서 뾰얀 오른편 불을 잘록 눌러 입에 물고 결눈으로 거울을 드려다보며 머리를 땋기 시작한다。주인은 한참 바라보다가

「느느니 말솜씨로군!」

하고 방밖으로 휙 나오다가 좌우북창 사이에 달린 전화통을 건너다 보았다。네모반듯한 나무잡 우에 나란히 얹힌 백통빛 새종 무개는 젊은 내외의 말다툼에 놀란 고양이 눈 같이 커다랗게 빤짝한다。

(廉想涉氏의 短篇「電話」의 一部)

소리가 모다 그대로들이여서、새겨야할 말이나 구절이 없다。生活語 그대로기 때문에 現實光景이 露骨的이게 드러난다。「주섬주섬」이니 「뾰루퉁」이니、「빤드를한 머리밑에 빩안 자름당기를 감아서 뾰얀 오른 편 불을 잘록 눌러 입에 물고 결눈으

響만으로라도「서리서리」「구비구비」의 말맛을 도저히 따르지 못하는것이다。

6 漢字語와文章

「푸른하늘」하면「푸른」은 푸른뜻、「하늘」은 하늘이라는뜻 外에는 다른뜻이 없다。音그대로가 뜻이요 뜻그대로가 音이다。

「靑」이나「天」은 漢字다。「靑天」이라 하면 漢字語다。「청천」이란 音은 곧 뜻이 아니다。「청천」이란 音의 뜻은「푸른하늘」이다。音은「청천」뜻은「푸른하늘」이렇게 音과 뜻이 따로 있다。

소리가 곧 뜻인、「푸른하늘」의 文章은 읽혀지는 소리가 곧 뜻인、聲意一元的인 文章이다。

소리와 뜻을 따로 가진 漢字語로 된 文章은 읽혀지는 소리가 곧 뜻이 아닌、聲意二元的인 文章이다。

양복을 혼자 주섭주섭 떼여 입고 안방으로 나오라니까 아씨는 그저 뽀르퉁하여 경대 앞에 괄괄、주루루룩、살살、으르렁、팔팔等의 擬音과 주춤、우줄우줄、찰찰 돌돌、회동그란等의 擬態가 얼마나 능란하게 文意의 具體性을 돕는것인가?

韻文인 경우엔 더욱 勿論이지만、散文에 있어서도 特히 描寫인 경우엔 이豐富한 擬音、擬態語를 되도록 많이 利用할 必要가 있다。表現効果를 爲해서뿐 아니라 우리文章의 獨特한 聲響美를 살리는것도 된다。黃眞伊의 노래

冬至달 기나긴 밤을 한허리를 둘에 내여
春風이불 아래 서리서리 넣었다가
어룬님 오신날 밤이여드란 구비구비 펴리라。

를 申紫霞가

截取冬之夜半强
春風被裏屈蟠藏
燈明酒煖郎來夕
曲曲鋪成折折長

이라 飜譯한것이 能譯이라 하나 「曲曲」「折折」로는 原詩의 具體性은 第二하고 聲

푸른 도마뱀떼 같이
재재발렀다。
꼬리가 이루
잡히지 않었다。
흰 발톱에 찢긴
珊瑚보다 붉고 슬픈 생채기!
가까스루 몰아다 부치고
변죽을 둘러 손질하여 물기를 시쳤다。
이 앨쓴 海圖에
손을 싯고 떼었다。
찰찰 넘치도록
돌돌 굴르도록
회동그란히 받혀 들었다!
地球는 蓮잎인양 오므라들고……펴고……。

(鄭芝溶詩集에서)

살랑살랑 지나가는 쪽제비의 거름과 아실랑아실랑거리는 아낙네의 거름을 살랑살랑、아실랑아실랑으로 區別하지 못한다면 그것은 優秀한 表現일수 없다。風聲狗吠 무슨소리든 소리를 그대로 따라내는 擬音語와 風水走禽 무슨 動態이든 動態 그대로를 模擬하는 말이 많은것은 言語로서 豊富는 勿論、곧 文章으로서、表現으로서 豊富일수 있는것이다。

……遠山은 疊疊 泰山은 주춤하야 奇巖은 層層 長松은 落落 에이구브러저 狂風에 興을 겨워 우줄우줄 춤을 춘다。層巖絶壁上에 瀑布水는 콸콸、水晶簾 드리운듯、이골 물이 주루루룩 저골 물이 솰솰、열에 열골물이 한데 合水하여 천방저 지방저 소쿠라지고 펑퍼져 넌출지고 방울저、저건너 屛風石으로 으르렁 콸콸 흐르는 물결이 銀玉같이 흩어지니、巢父許由 問答하던 箕山潁水가 이 아니냐。

(「遊山歌」의 一節)

바 다

바다는 팔팔이
달어 날랴고 했다。

바람이

솔ㅣ솔、살ㅣ살、쌩ㅣ쌩、솨ㅣ솨、쏴ㅣ쏴、앵ㅣ앵、웅ㅣ웅、윙ㅣ윙、산들산들、살랑살랑、
선들선들、휙、홱……。

味覺에서도 甘味만해도、달다만이 아니요、

달다、달콤하다、달콤、달크므레、달착지근……

층하가 있고

嗅覺에서도、

고소하다 와 꼬소하다가 距離가 있고 고소와 구수、꾸수가 또 딴판이다。

觸覺에 있어서도 껄껄하지 않은 하나만이라도

매끈매끈、반들반들、번들번들、반드르르、번드르르、반질반질、반지르르、번지르르、빤지르르、으리으리、알른알른、알신알신等、

얼마나 繽紛한가? 音樂이나 繪畫에서처럼 얼마든지 感覺되는 그대로 具體的이게 말해낼수 있다。

正確한 表現이란 가장 具體的인 表現이다。빽ㅣ하는 汽車소리와 뚜ㅣ하는 汽船소리를 빽ㅣ과 뚜ㅣ로 區別하지 못한다면 그것은 正確한 表現일수 없다。

술을 올랑졸랑이、
평을 꺼ㅣ꺼푸드데기、

라고 形容하는것도 있다。이런데서도 우리는 感覺語가 얼마나 豊富한 事實을 느끼지 않을수 없다。感覺은 五官을 通해 얻는 意識이다。視覺、聽覺、味覺、嗅覺、觸覺、이 다섯神經에 刺戟되는 現象을 形容하는 말이 實로 놀랄만치 豊富한것이다。

몇가지 例를 들면

視覺에 있어 赤色 한가지에도

붉다、빨겋다、빨갛다、벌겋다、벌ㅣ겋다、새빨갛다、시뻘겋다、붉으스럼、빩으스럼、불그레、빨그레、불그레、불그스럼、보리끼레、발그레等、

細密한 視神經性能을 말이 거이 남김 없이 表現해낸다。

動物이 뛰는것을 보고도

깡충깡충、껑충껑충、까불까불、꺼불꺼불、깝신깝신、껍신껍신、껍실렁껍실렁、호닥닥、후닥닥、화닥닥等、

擬態用語에 꼭 自由스럽다。

聽覺에서도 그야말로 風聲鶴淚鷄鳴狗吠、모든 소리에 擬音 못 할것이 없다。

話一節은 유대치나 김옥균의 말로만 制限되는 表現은 아니다。이 作品全體의 點睛이 되기 때문에 作者自身의 말로도 볼수 있다。유대치의 말일수도 있고、김옥균의 말일수도 있고、作者의 말일수도 있는것은、이말이 이 세사람의 하고싶은 뜻을 다 包含하고 있는 표다。이 含蓄 있는 말 한마디로 말미암아 全作品이 千斤重量을 얻는듯 하다。暗示와 含蓄과 餘韻力을 가진 談話의 善利用이라 할수 있다。

5 擬音語、擬態語와 文章

수수께끼에

「따끔이 속에 빤빤이、빤빤이 속에 털털이、털털이 속에 오드득이가 뭐냐?」

하는것이 있다。그것은 밤(栗)을 가리킨것인데 모다 재미있게 感覺語들로 象徵되였다。

또 옛날 이야기에

이차떡을 늘어옴치래기、
힌떡을 헤야반대기、

이라 感歎하였다。

김옥균은 금능위와 함께 난간을 붙들고 서서 인제는 벌서 윤곽조차 보이지 아니하는 고국의 육지가 놓여있던 방위로 시선을 주었다。

조선이 인저는 보히지 않는구나! 자기들이 실력을 양성해가지고 재거해 올때까지 저 땅의 백성들이 기다리고 있을가? 혹은 어쩌면 흘러가는 물결에 쌓여서 눈 깜짝하는 동안에 왔다가 다시 눈 깜짝하는 동안에 가 버리는 물거픔 모양으로 자기들은 지나가버리고마는 인물이 되고 말지 아니할가? 그리고 조선은、 저 땅의 백성들은 까마득하게 모르는 장래로 자기들을 떼여버리고 다름질 처서 목적한 대해로 흘러들어가지 아니할가? 혹은 중간에까지 흘러가다가 물거픔이 저절로 사라지듯이 형적조차 남기지 아니하고 없어지지나 아니할가 이렇듯 지향없는 생각에 헤매이다가 그는 문득 조곰 전 꿈속에서 드른 유대치선생의 마지막 말을 생각하고서 자기 자신에게 이같이 말했다。

「요원한 내 뒤엣일을 뉘 알랴? 다음 일은 다음에 오는 사람에게 맡기고 지금 우리가 해야 할 일만 해보는것이다。」

(金基鎭氏의 「靑年金玉均」의 끝)

긴 小說의 끝을 主人公의 혼자 지꺼리는 말 한구절로 막았다。 이런 境遇에 이談

第二十三回分에 潘金蓮이란 女子가 나오는데 男便 武大는 못나니요 시아재 武松은 人物 밝고 힘세여 호랑이를 때려 잡아 賞까지 탄 軒軒丈夫다。金蓮이 딴마음이 움직여 武松을 조용히 만나 술을 勸하는데 「慾心似火」에 이르기까지는 武松을 부르되 부르기를 三十九次를 하되 모다 「叔叔(아즈브님)」이라 하다가、

……那婦人慾心似火不看武松焦燥便放了火筯却篩一盞酒來自呷了一口剩了大半盞看看武松道

에 이르러서는 「叔叔」으로 부르지 않고 突然히 「㑋(여보)」라 불러

㑋若有心喫我這半盞兒殘酒

라 하였다。부저까락을 집어 내던지며 술을 따라 제가 먼저 한입을 마시고 勸하는 그 態度만으로도 情慾心理가 나타나지 않은바는 아니나 여탯것 「아즈브니」라 부르던 형수가 갑재기 「여보」라 터놓는것은、「여보」 그 하나 單語에 潘金蓮의 心理가 그만 全的으로、決定的으로、들어나고 말았다。「여보」한마디 속에 澎湃된 情慾의 덩어리 潘金蓮이가 홀륭히 뭉쳐졌다。그러기에 名文章批評家 金聖嘆은 그 文句 밑에 註를 달되

已上凡叫過三十九箇叔叔至此忽然換做一個字妙心妙筆

하면、西洋式의 直譯이거니와 흐들갑스럽기만 해서 너두리 잘하는 사람의 우름처
럼 眞情이 傷하고 만다。美人의 表情을 말하는데「半含嬌態半含羞」란 文句가 많이
돌아다니거니와 骨露的인 表情보다도 裏面에 含蓄된 情炎에 더 魅力을 느낄줄 아는
東洋人이라 感情表現이건 마찬가진 모든 藝術의 表現도 露骨的이기보다 暗示와 含
蓄에 더 尊重해 왔다。이것은 우리 文化全般에 있어 아름다운 傳統의 하나려니와
요즘 와 너머나 많이 읽고 너머나 많이 보는 西洋藝術을 덮어놓고 본뜨게 되어 甚
至於는、葉書 한장에 쓰는 사연에다가도、遺書나 쓰는것처럼.

「오! 나의 사랑하는 어머니!」

니、

「당신의 사랑하는 ××로부터」

너 하고 허덕대고 흐들갑을 떠는 사람이 하나 둘이 아니다。

한字의 文字、한마디의 말로 足할수 있으면 그것은 最上의 表現이다。「足할수」
란 그 一文字、一單語의 表面만이 아니라 背後의 實力、즉 暗示와 含蓄을 말함이
다。中國古代小說「水滸誌」에 이런 妙한 한字의 文字、한마디의 말이 있었다。그

하고 率直한 말을 해 비린다。그러나 言語表現에 老鍊한 어룬들은 좀 餘裕를 가지고 間接的인 말을 쓰는 수가 많다。

「좀 시장한데」

「좀 출출한데」

이 말들은「배가 고픈데」보다는 훨신 덜 절박하게 들린다고 할수 있다。

「나는 당신을 사랑합니다」

「나는 밥이 먹고싶습니다」

똑 같은 말들이다。「나는 당신을 사랑합니다」는 워낙 ("I Love You")를 直譯한 말로 東洋式인 感情의 말은 아니다。東洋人의 感情에는 이런 말을 마조대고 하기가 뻔뻔스럽고 억지로 하면 新派演劇 같아서 오히려 眞情을 傷한다。

「어머니!」

「엄마!」

하면 우리 感情으로는 어머니를 찾는、子息의 眞情이 아모리 深刻한것이라도 그속에 다 含蓄되고 만다。

「오오 사랑하는 어머님이시여!」

오라버니—오빠 형님—언니

이 아빠·엄마等의 말들은 아이들이 많이 使用하는 말인데, 아이들이 쓰는만큼 그 말들을 들어서 말할수 없이 親愛味를 느끼게 됩니다。

以上은 結局 言語의 品位를 決定하는것이 됩니다。

말의 品位와 리듬이 잘 調和 一致될 때에 그 말은 한個의 單語로서 生動潑剌한 힘을 가지고 나타나게 됩니다。

이 위에서 말슴한것은 個個의 單語에 對한 問題입니다마는, 語句라든지 文章 全體로서는 어떠하냐 하면 여러個의 單語가 綜合될 때에 또한 그 各個 單語의 發音이나 意味와 잘 調和되도록 全體로서의 抑揚(인토네슌)과 緩急이 이루어져야 할 것입니다。그리하여 意味와 音響의 훌륭한 旋律(멜로디)과 律動이 創造될 것입니다。言語가 이와 같이 表現될 때에 그것은 듣는이에게 好感을 줄뿐 아니라, 思想을 가장 完全히 傳達할수있으며 言語 그것 만으로도 훌륭한 藝術이 될것입니다。

(李熙昇氏의 「言語表現과 語感」의 一部)

四、暗示와 含蓄이 있게

아이들은 배가 고프면 곳

「배가 고파」

格이 各種의 感覺을 通하여 結局 그 말의 意味에까지 影響을 주어서 變動이 생기게 됩니다。이런 種類의 問題는 여러가지로 實驗的 研究가 行하여지고 있읍니다。호른뽀스테르(Hornboster)氏의 研究發表한것이 있읍니다。

② 그리고 內容 即 意味가 語感을 規定하는 條件은 다음과 같으리라 생각합니다。

(가) 階級性。말의 階級性이란것은 그 말이 敬語인가 卑語인가 普通平等되는 사람새에 쓰는 말인가를 가리키는 것입니다。잡숫는다—먹는다—처먹는다—처든지른다

이를테면

주무신다—잔다 계시다—있다 돌아가셨다—죽었다—거꾸러졌다

편ㅎ지않으시다—앓는다

수라—메—진지—밥 간자—수깔

경—국 齒牙—이—잇발

이점—이질 等

이 위에 例 든 말들은 그 意味는 똑 같으면서도 相對者에 주는 印象은 다 다릅니다。그리하여 相對者의 尊卑 親疎에 따라서 다 달리 써야 합니다。참으로 이條件이 語感으로는 다른 어느 條件보다도 重大性을 가졌읍니다。

(나) 親密性。말의 親密性이란것은 相對者의 階級에는 아무 關係가 없고 다만 親愛程度를 나타낼뿐입니다。即

아버지—아빠 어머니—엄마

(名詞)……주구렁이—쭈구렁이 족집개—쪽집개 고치—꼬치

(動詞)……먼다—먼다。 반다—빤다。

(形容詞)…검다—껌다。 발강다—빨강다。 뜬뜬하다—튼튼하다。 감감하다—깜깜하다—캄캄하다。

(副詞)……반작반작—빤짝빤짝 기웃기웃—끼웃끼웃 곰실곰실—꼼실꼼실 부시시—뿌시시—푸시시 멀렁멀렁—멀렁멀렁—펄렁펄렁 번번히—뻔뻔히—펀펀히 바싹—바짝 재깔재깔—재잘재잘。

以上은 그 말속에 包含된 子音의 날카롭고 鈍함으로 因하여 語感이 사뭇 다른것 들입이다。

(바) 接尾音 或은 接頭音을 가진 말。

(接尾音을 가진 말)……빰—빰따귀 코—코빼기 눈—눈깔 배—배때기 등—등덜미 말—말때기。

(接頭音을 가진 말)……밟는다—짓밟는다 주무른다—짓주므른다 자빠진다—나자빠진다 추긴다—부추긴다 질기다—검질기다。

以上에 든 여섯가지 條件은 主로 그 말의『액센트』와 리듬 即 韻律을 規定하여가지고 各各 그말이 獨特한 語感을 나타내게 됩니다。 대개 言語의 音聲은 各各 獨特한 聽覺的 性質을 띠고 있어서 여러가지 形態를 表現합니다。 그리하여 視覺이나 觸覺이나 嗅覺이나 味覺等 다른 感覺과도 서로 通하는 性質을 가지고 作用한다고 볼수있읍니다。 이 音聲이 가지고 있는 性

한 語感을 크게 左右합니다。

(라) 發音 속에 섞인 母音의 明暗 입니다。 明朗한 母音이 包含되고 陰暗(컴컴)한 母音이 包含됨을 따라 그 말의 語感은 엄청나게 달라집니다。 그리하여 그 意味까지 달라지다 싶이 합니다。 朝鮮말에는 이와 같은 例가 퍽 많습니다。 名詞로도 『가짓말』과『거짓말』이라든지、『모가지』와 『며가지』、『뱅충이』와 『빙충이』等의 『가』『모』『뱅』이란 發音은 퍽 明朗하고 가벼운 소리요、『거』『며』『빙』이란 發音은 매우 어둡고 무거운 소립니다。

그러나、形容詞나 副詞에 이런 例가 가장 많습니다。

(動詞)……빌어먹다—배라먹다 잘린다—졸린다

(形容詞)…보얗다—부옇다 까맣다—꺼멓다 하얗다—허옇다 까칠하다—꺼칠하다 복실복실하다—북술북술하다 배뚜름하다—비뚜름하다 쌉쌀하다—씁쓸하다 짭짤하다—쩝찔하다等의 例만 들겠읍니다。

(副詞)……팔랑팔랑—펄렁펄렁 달랑달랑—덜렁덜렁 모락모락—무럭무럭 바실바실—부실부실 발긋발긋—불긋불긋 복작복작—북적북적 等 이루 셀수 없을댐금 많습니다。 그 語感의 差가 어찌나 甚한지 明朗한 母音을 包含한 말들을 얄잡아하는 말이라고 하기까지에 이르렀읍니다。

(마) 發音 속에 섞인 子音의 銳鈍입니다。 그 子音의 날카랍고 鈍한데 따라 亦是 語感은 큰 差異가 납니다。 몇個의 例를 말슴한다면

發音이 合하여 成立되어 가지고 『人』(사람)이란 槪念 即 意味를 나타내게 됩니다。그러므로 發音은 말의 形式이요、意味는 말의 內容입니다。그리하여 語感이란것이 이 形式과 內容에다 關係를 가지고 있읍니다。

① 形式 即 發音이 語感을 規定하는데는 다음과 같은條件이 있읍니다。

(가) 發音의 强弱입니다。『바람』『구름』『달』『꽃』等과 같은 名詞라든지 『얼른』『천천히』와 같은 副詞라 든지 『아름답다』『탐스럽다』等의 形容詞와 같은 同一한 語彙라도 그 發音의 强弱은 無數히 變化시킬수 있읍니다。그 强弱이 이와 같이 變化됨을 따라 그 말에 따르는 語感도 實로 無數히 다를수 있읍니다。그리하여 그 發音을 調節함으로써 그 말의 表現 效果를 크게도 할수 있고 적게도 할수 있읍니다。

(나) 發音의 持續 即 長短입니다。發音의 長短은 名詞의 語感에도 크게 關係가 있겠지마는、形容詞 副詞 感歎詞 같은것에 더욱 效果的이리라 생각 합니다。『바람이 솔솔 분다』는 말과 『바람이 소ㅡㄹ소ㅡㄹ 분다』는 말이라든지 『걸음을 느릿느릿 걷는다』는 말과 『걸음을 느리ㅡㅅ느리ㅡㅅ 걷는다』는 말의 語感의 差는 지금 저의發音을 들으시는 여러분이 容易히 判斷하실줄 압니다。

(다) 發音의 高低입니다。이 發音의 高低는 發音의 强弱과는 다른 것입니다。發音의 强弱은 音波의 振幅의 大小에 달렸읍니다마는 그 高低는 音波의 振動數에 달렸읍니다。그리고 强音과 高音、弱音과 低音은 恒常 一致되는것은 아닙니다。男聲은 低音인 同時에强音이요、모기 소리(蚊聲)는 弱하면서도 높은 소립니다。그리하여 이 高低가 또

의 洗鍊은 너머나 意義가 汎博하기 때문으로 誤解를 무릅쓰고 美化라는 말을 썼을뿐이다。그러나 現在의 朝鮮語를 더 한層 美化 시키는것도 오직 文壇人을 기다리어서 可能하겠지만은 朝鮮語가 目下가지고 있는 美 그것도 그들의 힘을 빌어서 發揮할수 밖에 없는 形便이다。아직도 文學的으로 發達되지 못한 朝鮮語에 무슨 美가 있겠느냐고는 무를지도 모르되 한글語는 그獨特한 文體를 가지듯이 반듯이 獨特한 美를 가지고 있다는것을 잊어서는 안 된다。假令『발강게、벌겅게、불고레하게、불구레하게』나『파랗게、퍼렇게、포로소롬하게、푸루수름하게』等의 말을 살피어보라。朝鮮語가 아닌 다른말에 어디 그렇게 纖細한 色彩感覺이 나타나 있는가? 또『이、그、저』나、『요、고、조』等의 指示詞를 살피어 보라。거기도 朝鮮語 獨特한 맛이 있지 않은가?

(洪起文氏의「文壇人에게向한提議」의 一部)

語感이란것은 言語의 生活感 다시 말하면 言語의 生命力입니다。語感 없이는 모든 말이 槪念的으로 取扱되어 버립니다。即 語感 없는 말은 言語의 屍體거나 그렇지 않으면 精神喪失者입니다。이와 같이 語感은 言語活動에 있어서 生動하는 힘을 가지고 있읍니다。그리하여 思想을 傳達하는 言語活動은 感情을 移入하므로써 表出者의 表現 效果를 훨씬 增大시킬수 있읍니다。

그러면、語感의 正體는 무엇인가。그것을 다시한번 생각하여보려 합니다。대개 言語에는 意味 即 뜻과 音聲 即 소리 두 方面이 있읍니다。『사람』이란 말은『사』란 發音과『람』이란

性格이다。

③과 ④는 單語들의 位置가 다르기보다、토가 있고 없는것과 「단연」이란 單語가 있고 없는것과、하나는 「찬성할수 없」이라 했는데 하나는 「불찬성」이라고 한것이 다르다。첫재、토가 있고 없는것인데、토가 제대로 달려면 말이 느린만치 順하고 토가 없으면 急하다。둘재 「단연」이란、肯定과 否定을 强調하는 副詞다。聲調까지도 「단연」은 ㄴ이 포개놓인 말이라 語意、語勢가 여간 强해지지 않는다。셋재로、「찬성할수 없」에는、說明인 「찬성할수」가 먼저 나왔으니 順하고、「불찬성」에는 說明보다 「불」이란 意慾부터、먼저 나왔으니 훨신 意志的이다。④는 ③보다 몇배 意志的인 性格이라 하겠다。

더욱 다음의 論說들을 叅考하라。

言語의美。한 言語를 美化시키는 그것이야말로 文壇人의 特殊한 業務요 또 職責이 아니랄수 없다。그 言語의 美化程度를 가져서 그言語에 所屬된 文學의 기리와 깊이를 함께 占칠수 있다고 하여도 過言이 아니다。그런데 萬一 美化라는 말이 軟文學의 巧句麗辭 即 明治年代 所謂星菫派類의 吟咏으로 誤解될 憂慮가 있다면 言語의 洗錬이라고 고치어도 無妨하다。言語

가 훨신 또렷해진다。 말하는 사람의 明朗한 눈이 보인다。

우에서 보거니와 바침의 농간은 여간 중요하지 않다。 될수있는대로 바침이 없는 말만 시키면 말이 가벼워질것이요 바침이 있는 말만 시커면 무게와 彈力이 생기되 ㄱ이나 ㄷ이 많이 나오면 거셀것이요 ㄴ ㅁ ㅂ ㄹ이 많이 나오면 연싹싹하고 매끄러워 大體로 明朗할것이다。 뜻에 닷는 限에서는 聲響까지도 性格的인것에 統一되여야 할것이다。

① 그런데 가기 나는 싫여

② 싫여 나는 그런데 가기

③ 나는 찬성할수 없네 그런데 가는것

④ 난 단연 불찬성 그런데 가는건

얼마든지 다르게 말할수 있으려니와

①과 ②는 單語들의 位置만 다르다。 ①은「그런데 가기」란 說明부터 나왔고 ②는「싫여 나는」하고 意慾과 自己、즉 主觀부터 나와졌다。 아모래도 ②는 主觀에 强한

진지——잡수셨어요?

진지——잡쉈어요?

진지——잡수셨에요?

진지——잡쉈에요?

진지——잡수셨나요?

진지——잡쉈나요?

진지——잡수셨우?

진지——잡쉈우?

진지?

진진?

다 밥 먹었느냐 묻는 말이다。그러나 다 말이 가지고 있는 神經이 다르다。「잡수셨읍니까?」하면 「까」가 몹시 차고 딱딱하고 경우밝고 도드라진다。「잡쉈수」는 너머 텁텁해서 四十以上 마나님의 숭허물없는 맛이 난다。「잡수셨에요」나 「잡수셨나요」는 회웃둥하는 리듬이 생긴다。날신한 젊은女子의 몸태까지 보힌다。그냥 「진지」하는 單語만에는 은근한 맛이 나고 그 「진지」에 ㄴ을 붙여 「진진」하면 악센트

하고 벽에 걸린 활을 벗거든 일까지 있었다。

(李光洙氏의 「端宗哀史」의 一部)

아우님 안평대군이 형님 수양대군에게 하는 말로는 좀 誇張되였다고 할수가 없지도 않다。 그러나 談話를 내세우는것은、 그人物과 그事態의 性格的인데를 端的이게 印象을 주기 爲해서니까 調和를 잃지 않는 範圍內에서는 語意語勢를 强調시키지 않으면 안된다。 談話를 「性格的이게」란 말은 調和를 잃지 않는 程度의 强調를 意味한다 할수도 있다。 그人物、 그事態에서、 可能한 程度로는、 頂點的인、 焦點的인 談話라야 할것이다。

性格的인것이란 個人과 個人이 다르다고 널리 보아버릴것이 아니라 좀더 具體的에게 性別로 男女가 다르고、 또 같은 男性、 같은 女性끼리도 身分과 敎養따라 다르고、 또 同一人이라도 年齡따라 다른 點에 着眼할 必要가 있다。

진지――잡수셨읍니까?

진지――잡셨읍니까?

오는 말을 하는것은, 무엇이나 前慈後考할새 없이, 突發的이게 마음 솟는대로 지꺼리는, 아직도 少女性이 가시지 않은, 젊은 女人의 性格이 훌륭히 보히는 말들이요. 「으떡허진 그런사람들은 그럭허구 댕기다 기차 속에서두 낳구, 전차 속에서두 낳구, 그래 신문에 나구 법석이지......」의 이축거리는 품이나 「......낳구......낳구 그래......」하는 투와 「그것두 준 말이야」「허지만」이너의 느러진 품은, 말 自體로만 그의 안해와 對立的이 아니라 엿보히는 性格까지도 훌륭히 對立되여 드러난다。

> 형님 되시는 왕의 문약(文弱)을 불만히 여기는 수양대군은 자연히 문학과 풍류를 좋아하는 아우님 안평대군이 미웠다。 더구나 안평대군이 근래에 와서 명망이 크게 떨치며 그의 한강 정자인 담담정(淡淡亭)과 자하문(紫霞門)밖 무이정사(武夷精舍)에는 날마다 풍류 호걸들이 모여들어 질탕히 놀므로 세상에서 안평대군이 있는줄은 알고 수양대군이 있는줄은 모르는 것이 분하였고 더구나 형제분이 혹시 서로 대할 때면 안평이 형님되시는 수양을 가볍게 보는 빛이 있을 때에 분하였다。 한번은 무슨 말끝에
>
> 「형님이 무얼 아신다고 그러시오? 형님은 산에 가 로끼나 잡으슈」
>
> 하고 수양대군이 활 쏘는것 밖에 능이 없는것을 빈정거릴 때에 수양은 분노하여
>
> 「요 주둥이만 깐것이」

남편이 그러니까 젊은 안해도 참말 소녀와 같이 마음이 들떠

「돈 뭐 그렇게 많인 안 들죠?」

「돈이야 몇푼 드나?……허지만 여행을 해두 괜찮을가?」

「웨?……」

「이거 말야」

그의 약간 나올가 말가 한 배를 손구락질 하는것이 웃으워

「아이 참 당신두……달차구두 도라댕기는 사람은 으떡허우?」

「으떡허긴 그런사람들은 그럭허구 댕기다 기차 속에서두 낳구 전차 속에서두 낳구 그래 신문에 나구 법석이지」

「어이 참 당신두……」

「책에두 삼사개월 됐을때 조심허라지 않어?」

「글세 괜찮어요。어디 먼데 가는것두 아니구…기차를 탄대야 그저 한시간밖에 안되는걸…」

그래 두사람은 어디 요앞에 물건이라도 살듯이 가든하게 차리고 경성역으로 나갔다。

（朴泰遠氏의「川邊風景」中 한약국집 젊은 內外의 對話）

「참」이니 「아이 참」이니 하고、非思考的인 感歎感情에서 나오는 말을 많이 쓰고、또 「인천」「돼?」 이런 한個單語만을 쓰기도하고、「돈 뭐 그렇게 많이 안 들죠」니 「참、어더 좀 갔으면……」하고、目的에 急해 토가 나올새 없이 單語만 연달아 나

三、性格的이게

談話를 그대로 끄러오는것은、人物의 意志와 感情과 性格의 實面貌를 드러내기 爲해서라 하였다。談話는 內容이 表示하는 뜻만이 아니라 人物의 風貌까지 間接으로 나타내는 陰影이 있는 것이니、第二義的效果까지를 거두기 爲해서는 뜻에 맞는 말이되、되도록은 意志的이게、感情的이게、통틀어 性格的이게 시킬 必要가 있다。

제법 가을다웁게 하눌이 맑고 또 높다。더구나 오늘은 시월 들어서 첫공일—— 그야 봄철같이 마음이 들뜰력은 없어도 그냥 이 하루를 집속에서 보내기는 참말 아까워 그렇길래 삼복더위에도 딴말 없이 지낸 한약국집 며누리가 조반을 칠으고 나서

「참 어디 좀 갔으면……」

옆에 앉은 남편이 들으라고 한 말이다。

「어디?」

물어주는것을 기화로 그러나 원래 어디라 꼭 작정은 없던것이라 되는대로

「인천——」

한것을 의외에도 남편은 앞으로 나앉으며

「인천?……그것두 준 말이야。인천 가본지두 참 오랜데……」

「아 영감께서나 붙여주시기 전에야 제가 갈데가 어딧세요?」
「았다 고것……」
「근데 참 웨 그렇게 뵐수 없에요?」
「응 좀 바뻐서……」
「참 저어 춘향전 보셋에요?」
「춘향전이라니?」
「요새 단성사에서 놀리죠」
「거 재민나?」
「좋다구들 그래요 오늘 동무 몇이서 구경 가자구 마쳤는데……영감 같이 안 가시렵쇼?」
「가두 좋지만 글세 좀 바뻐서……」

(朴泰遠氏의 「川邊風景」中、민주사와 취옥의 談話)

「근데」「놀리죠」「재민나?」「가시렵쇼」等을 보면 作者가 「어떻게 말하나?」에 얼마나 날카롭게 注意하였나를 넉넉히 엿볼수 있다。 그리기에 常時에 여러가지 人物이 여러가지 境遇에 無心코 지끼리는 語態를 寫生蒐集할 必要가 있다。 寫生한 語錄을 그대로 쓸 境遇도 없지 않을것이요、 또 쓰려는 內容에 맞도록 고친다 하드라도 結局、 그고치는 語感에의 實力이란 寫生과 蒐集에서처럼 쌓을 길이 없을것이다。

나라 귀에니까 읽혀질 소리로 쓸것이 아니라 들려질 소리로 써야 한다。 정말 말로 들리자면 語感이 나와야 한다。

「나 좀 봐요」

「나를 좀 보아요」

는、 뜻은 조곰도 다를것이 없다。 그러나 形式에 있어 前者는 談話요 後者는 文章이다。 談話感이 나게 하고 文章感이 나게 하는것은、 오직 語感 때문이다。 우에서 이미 文例를 들어 說明하였거니와 여기서 한가지 더 밝히려는것은、 그때、 그人物의 呼吸에 더 關心해서、

무엇을 말하나?

가 아니라

어떻게 말하나?

에 注意하라는것이다。

「오늘 아무데두 안 갔구나」

아만 드러간다면 究竟엔 한가지 말 밖에는 없을것이다。 전에 이런 이야기가 있다。 갯가 뱃사람 하나가 서울구경을 오는데、 서울 가서나 뱃사람 티를 내지 않으리라 하였으나 멀ㅣ리 南大門의 門열린 구멍을 바라보고 한다는 소리가

「똑 킷동구멍 같구나」

해서 그예 뱃사람 티를 내고 말았다는것이다。 이 사람이 만일 요즘 鐵路工夫라면 궁금스럽게 木船의 키를 꽂는 구멍을 생각해내기 前에 鐵路의 턴넬부터 먼저 생각했을것이다。 그 사람으로서 無心中 나와질 말、 말에 그 사람의 體臭、 性味의 냄새 身分의 냄새、 그 사람의 때(垢)가 묻은 말을 찾아야 하는데 그런 말이란 얼마든지 있을것이 아니라 結局은 하나일것이다。 뱃사공이 南大門구멍을 形容하는데는 「똑 킷동구멍 같구나」가 最適의 하나밖에 없는 말일것이요、 鐵路工夫가 南大門구멍을 形容하는데는 「똑 돈네루구멍 같구나」가 最適의、 하나밖에 없는 말일것이다。 이 하나밖에 없는 말을 찾아야 할것이요。

二、 語感이 있게 써야 할것이다

文章은 視覺에 보히는것이요 「談話」는 聽覺에 들려주는것이다。 談話는 눈에 아

면줄로 끄러내다、語感대로 描寫하기를 避한것이다。여기에 이르러는 當然히 文體論이 나와야 한다。文體에 關하야는 아래에 題를 달리해 말하겠으므로 여기서는 다만、이런 表現들은 談話를 意識的으로 地文에 섞고 섞더라도 談話만 두드러지지 않게 地文까지도 談話體로 쓴것이란것、또는、自己의 文體를 談話風에게 쓰려니까 談話가 地文과 그다지 對立感이 나지 않으니까 意識的으로 한데 섞어 쓴것이란것을 밝히는데 끄치려한다。

라、談 話 術

말은 한個人의것이 아니라 民衆全體의것이다。文章인것에는 鈍感한 讀者라도 談話인데서는「그人物에 울러느니 안 울러느니」하는 評을 곳잘 한다。글쓰는 사람이 文章은 제 文體대로 쓸수 있으나 말은 自己것이 아니라、그 人物의것을 찾아놓는데 忠實하지 않을수 없다。「그人物의 말」을 찾는데는 몇가지 思考할 點이 있다。

一、하나밖에 없는 말을 찾을것

여러가지 사람의、여러가지 경우의 말이란 無限히 많을것이다。그러나 唐荒할 必要는 없다。無限히 많은것은 찾기 以前이요、그사람이 그 境遇에 꼭 쓸 말이란 찾왔다。

바로 그저껜가두 전화가 왔는데 낮잠을 자다 머리도 쓰다듬지 않고 달려온 옥히는 수화기를 떼여들기가 무섭게 요새는 대체 게서 무슨 재미를 보구 있기에 내게는 발그림자두 안하느냐고 내일이라도 곧 좀 올라오라고、 제일에 돈이 없어 사람이 죽을 지경이라고、 그래 내일 못 오더라도 돈은 전보환으로 부처주어야만 된다고、 그럼 꼭 믿고 있겠다고 한바탕 재꺼리고나서 응 그럼 꼭 믿구 있겠우 하고 전화를 끊기에 잊어서야 생각난듯이 참 몸이 편찮다더니 요새는 좀 어떻수 하고 그런말을 하였다고、 그는 그 계집의 음성까지를 교묘하게 흉내내어 내게 여실히 이야기하였다。

(朴泰遠氏의 短篇「距離」의 一節)

어떤 女子가 電話로 한 談話、 그라는 사람이 다시 그것을 이야기해준 談話、 모도를 談話대로 描寫하는대신 作者自身이 지꺼리는투로 써나려가고 「그는 그계집의 음성까지를 교묘하게 흉내내어 내게 여실히 이야기 하였다」하였다。 그런데 이 두글은 自己가 쓰는 「文章」인지、 人物의 「談話」인지、 그 取扱이나 表現에나 意識이 없이 써진것은 하나도 아니다。 取扱엔 무론、 表現에 있어서도 意識的計劃에서 談話를

다、談話와文章이一如視되는境遇

우에서「自己가 쓰는 文章인가? 나오는 人物의 지꺼리는 談話인가」分明히 意識하고 가려 써야 할것이라 하였다。그런데 그것을 가려 쓰지 않은것 같은 表現들이 여기 있다。

이튿날 내가 눈을 떳을때 안해는 내 머리맡에 앉아서 제법 근심스러운 얼굴이다。나는 감기가 들었다。여전히 으시시 춥고、또 골치가 아프고 입에 군침이 도는것이 씁쓸하면서 다리팔이 척 늘어져서 노곤하다。

안해는 내 머리를 쓱 짚어보더니 약을 먹어야지 한다。안해 손이 이마에 선뜩한것을 보면 신열이 어지간한 모양인데 약을 먹는다면 해열제를 먹어야지 하고 속생각을 하자니까 안해는 따뜻한 물에 하얀 정제약 네개를 준다。이것을 먹고 한잠 푹 자고나면 괜찮다는것이다。나는 널름 받아 먹었다。

(故李箱의 短篇「날개」의 一節)

이글에서 안해라는 人物의 말로「약을 먹어야지」와「이것을 먹고 한잠 푹 자고 나면 괜찮다」가 있는데 딴줄로 끄러내지도 않었고 語勢도 地文勢에 묻혀버리고 말

즐기고、읽는 남도 즐기게 할수만 있다면、그것은 훌륭히 談話自體의 美德일수 있는것이다。

이렇게 人物描寫가 많은 小說에서만 談話引用이 必要한것은 아니다。談話로 始終하는 劇은 워낙이 別個問題려니와 普通 一般記錄에 있어서도 談話를 引用할 境遇가 全無한것은 아니다。우리가 누구를 形容할 때、그의 行動擧止만을 입내내지 않고 말투까지도 입내내는 때가 얼마든지 있다。아모리 小說은 아닌 記錄에서라도 한人物이나、人物의 어떤 情狀이나、心理나、環境을 보혀줄 必要가 있다면 그런때、그 人物의 端的인 말을 그대로 옮겨놓음이 千言萬語의 區區한 說明보다 오히려 鮮明한 印象을 줄수 있는것이다。

그리고、談話는 그냥 文章보다 두드러지는것이다。말을 하면 받는 사람이 있으니 對立感이 나오고 文章은 平面인데 語感은 立體的인것이니 全文의 文態가 彫刻的이요 動的일수 있다。反對로 談話가 적거나 없는 글이면 全體가 平面的이요 靜的일수 있다。動的이여할 內容과 靜的이여할 內容을 미리 가려서 談話를 計劃的으로 넣고 안 넣고、적게 넣고 많이 넣고 해서 表現을 보다더 効果的이게 할것이다。

다。무슨 힘으로 그렇게 달려가 샀든지 사가지고 돌아설 때 양식 살 돈 없어진것을 생각하고 이마를 쨍기는 동시에 홍ㅣ 하고 냉소도 하였다。

(故崔鶴松氏의 短篇「담뇨」의 一部)

담뇨이야기를 發展시키는데 談話들이 얼마나 事件記錄을 經濟시키고 行動을 飛躍시키는가。

그런 객적은 생각을 仇甫가 하고 있을때、문득、또 한名의 계집이 생각난듯이 물었다。
『그럼 이世上에서 精神病者 아닌 사람은 先生님 한분이겠군요?』
仇甫는 웃고、
『웨 나두……나는、내 病은、多辯症이라는거라우』
『무어요 다변증……』
『옹、多辯症 쓸데없이 잔소리 많은것두 다아 精神病이라우』
『그게 다변증이에요오』
다른 두계집도 입안말로 「다변증」하고 중얼거려보았다。

(朴泰遠氏의 短篇「小說家仇甫氏의 一日」에서)

談話 그것에 興味가 있다。그글 全體에 군혹이 되지 않는 程度로는 쓰는 自身도

어련것이 서너살 나도록 포대기 하나 변변히 못 지어주는것을 생각하면 너무도 못 생긴 느낌도 없지 않었다。그리고 그 어련것이 말은 할줄 모르고 그 담뇨를 손가락질하면서 우는 양은 차마 눈으로 볼수 없었다。

그 며칠 뒤에 나는 일삯전을 받아 가지고 집으로 가니 안해가 수건으로 머리를 싼 딸년을 안고 앉어서 쪽쪽 울고 있다。어머니는 그 옆에서 아무 말 없이 담배만 피우시고……。나는 웬 일이냐고 눈이 둥그래서 물었다。

『××(딸년 이름)가 머리 터졌다』

어머니는 겨우 목구녕으로 울어나오는 소리로 말슴하시었다。

『네? 머리가 터지단요?』

『K의 아들 애가 담뇨를 만졌다고 인두로 때려……』

이번은 안해가 울면서 말하였다。

『응— 인두로……』

나는 나로도 알수 없는 힘에 문밖으로 나아갔다。어머니가 쫓아나오시면서

『애, 철없는 어련것들 싸움인데 그걸 타가지고 어른쌈 될라……』

하고 나를 붙잡았다。나는 그만 오도 가도 못하고 가만이 서 있었다。그때 나는 분한지 슬픈지 그저 멍한것이 얼빠진 사람 같았다。모든 감정이 점점 갈앉고 비로소 내 의식에 돌아왔을제 나는 눈물에 흐리고 가슴이 무여지는것 같았다。

나는 그길로 거리에 달려가서 붉은 줄 누른 줄 푸른 줄 진 담뇨를 사원오십전이나 주고 샀

시킬수가 있다。

처음 어린것들이 담뇨를 밀고 당기게 되면 어른들은 서로 마주 보고 웃게 된다。 그러나 어머니、안해、나—— 이 세 사람의 웃음 속에는 알수 없는 어색한 빛이 흘러서 극히 부자연스런 웃음이였다。 K의 안해만이 상글상글 재미있게 웃였다。

담뇨를 서로 잡아다릴 때에 내 딸년이 골리게 되면 얼굴이 발개서 어른들을 보면서 비죽비죽 울려 울려하는것은 후원을 청하는것이였다。 이것은 K의 아들도 골리게 되면 하는 표정이였다。

그러다가 서로들 어울어저서 싸우게 되면 어른들 낯에 웃음이 슬어진다。

『이 게집애、남의 애를 웨 때리느냐』

K의 안해는 낯빛이 파래서 아들과 담뇨를 끄집어다가 싸 업는다。 그러면 내 안해도 낯빛이 푸르러서

『우지 마라 우지마。 이담에 아버지가 담뇨 사다준다』

하고 내 딸년을 끄집어다가 젖을 물린다。 울음은 좀처럼 그치지 않었다。

『아니! 응 흥!』

하고 발버둥을 치면서 K의 안해가 어린것을 싸 업은 담뇨를 가리치면서 설게설게 눈물을 흘린다。 이렇게 되면 나는 차마 그것을 볼수 없었다。 같은 처지에 있건마는 K의 안해나 아들의 낯에는 우월감이 흐르는것 같고 「우리는 그 가운대 접질리는것 같은것도 불쾌하지만

그런데 談話는 누구에게 있어서나 가장 普遍的이요 가장 全的인 表現이다。 그 普遍的이요 全的인 表現을 그대로 引用하는것처럼 그人物의 印象을 普遍的이게 全的이게 傳해줄것은 없다。

「쓸랴구 할때 마개 막힌것처럼 답답한 일이 세상에 어딧세요」

한마디로 그食母의 성미 괄괄한것을 區區히 說明할 必要가 없게 되였고、

「인제 내살림이문 나두 잘허구싶답니다」

한마디로 그 食母의 뻔뻔스러운것、

「나두 인제 살림헙 저런거 사와야지……화신상회랬죠?」

한마디로 그 食母의 부러워 잘하는것、「제살림」을 어서 가져보고싶어하는 生活慾에 타는것들이、또 이런 談話들의 總和에서는 그食母의 유들유들한 外貌까지도 진說明이 없이 드러나는 妙理가 있다。

談話는 人物의 性格과 心理를 讀者에게 斷定시키는 貴重한 證據品이다。

人物들의 心理는 곧 人物들의 行動이 될수 있다。 그러니까 心理를 斷定시키는 談話는 곧 行動까지를 斷定시킬수 있어 談話의 한두마디로、行動、事件을 緊縮、飛躍

「쓰려고 할때에 마개가 막힌것처럼 답답한 일이 세상에 어디 있어요」

라、해보라、아모리 딴줄로 끌어내어 쓴다 하드라도 語感이 나지 않을것이다。呼吸이 느껴지지 않으니까 산 人物의 面貌가 비추어지지 않는것이다。그러니까、이것이 自己가 쓰는 文章인가? 나오는 人物의 지꺼리는 談話인가를 分明히 意識하고 가려 써야 할것이다。이것은 다만 小說에서만 必要한 方法은 아니다。

나、談話의 表現効果

글에서 談話를 引用할 必要가 어디 있느냐 하면

一、人物의 意志、感情、性格의 實面貌를 드러내기 爲해서요

二、事件을 쉽게 發展시키기 爲해서요

三、談話 그自體에 興味가 있는 때문이라 할수 있다。

談話는 그글을 쓰는 사람의것이 아니라 그 글 속에 나오는 人物의것이다。글에서 人物의 다른 所有物은 보혀줄수 없되、談話만은 그대로 記錄해 보힐수 있다。즉 그人物의것을 그대로 가져다 보힐수 있는것은 談話뿐이다。

하고 킬킬거리었고、

「그전 그런 힘든일을 메누리헌테 시키는 집이니까 그렇지 인제 가지게 사는 집으루 가두」

하면

「인제 내살림이문 나두 잘허구싶답니다」

하는 뱃심이였다。

그는 별로 죽은 남편에 대해서는 말도 없었고 조용히 앉기만 하면 다시 시집갈 궁리였다。 월급이라고 몇원 받으면 그날 저녁엔 해도 지기 전에 저녁을 해치우고 문안으로 드러가서 분이니 크림이니 하는 화장품에 쓸데없이 여러가지를 사드리었고、 우리가 무슨 접시나 찻잔 같은것을 사오면 이건 얼만가요、 저건 얼만가요 하고 가운데 나서 덤비다가 으레

「나두 인제 살림헐 저런거 사와야지……화신상회랬죠」

하고 벨르는것이다。

(拙作 短篇「색시」의 一節)

이글에서 만일、

「뭬 힘들어 그걸 못 막우?」를

「무엇이 힘이 들어 그것을 못 막우?」 한다든지、

「쓸랴구 할때 마개 막힌것처럼 답답한 일이 세상에 어딧세요」를

다지오」로 많이 쓴다。이것이 쓰는 사람에게나 읽는 사람에게나 다 慣例가 되어 토가 完全히 다 달련것은 談話보다 文章인 맛을 더 받고、토가 畧해진것은 文章보다 談話인 맛을 더 받는다。이렇게 받아지는 맛이 달른것을 글 쓰는 사람들은 利用할 必要가 있다。즉 文章으로 쓰는 말은 토를 完全하게 달아 文章感을 살리고、談話로 쓰는 말은 토를 呼吸感이 나게 농간을 부려 談話風을 살릴수 있는것이다。

내가 알기에도 기름이 떠러졌느니、초가 떠러졌느니 하고 안해가 사다달라는 부탁이 다른식모때보다 갑절이나 잦었다。안해가 아모리 잔소리를 해도 기름병이나 초병을 막아놓고 쓰는 일이 없다 한다。

「웨 힘들어 그걸 못 막우?」

하면

「쌀라구 할때 빠개 막힌것처럼 답답한 일이 세상에 어딧세요」

하고 남이 막아놓은것까지 화를 내는 성미였다。하 어면때는 성이 가시어 안해가

「그러구 어떻게 시집사릴 했우?」

하면

「그래두 시아범작잔 힘든일 잘해낸다구 칭찬만했는데요」

4 談話와 文章

가、談話와 文章을 區別할것

말을 文字로 記錄하면 文章인데 于先 그 말이란것이 글 쓰기 좋게만 지꺼려지는 것은 아니다。같은 사람이 같은 뜻을 말하드라도、境遇 따라、氣分 따라 말의 組織이 달라진다。

「그사람이 비행기를 타고 왔다지오?」를、

「비행길 타고 왔다죠 그사람?」

하기도 한다。즉 누구에게나 말 그것의 組織을 注意해하는 境遇와 말에는 關心할 餘裕가 없이 目的에만 急해서 呼吸에 편한대로 지꺼려 버리는 境遇가 있다。그런데 누구나 日常談話에서는 語體를 생각치 않는다。「그사람이 비행기를 타고 왔다지오」보다 「그사람 비행길 타고 왔다죠」하는 편이 더 많다。그러나 글을 쓸때에는 生活속에서 누구를 만나 말할때처럼 目的에 切迫하지 않다。천천히 單語와 토를 골라 組織에 關心할 餘裕가 있다。그래 글로 쓸 때에는 「그사람이 비행기를 타고 왔

「이년、월」

이러한 싸움이 그치지 않다가、마침내 그집에서도 쫓겨나왔다。이전 어디로 가나? 그들은 할일없이 칠성문밖 빈민굴로 밀리어 나오게 되였다。

(金東仁氏의 短篇「감자」의 一節)

여기서 만일 복녀夫妻의 對話를 標準語로 써보라 七星門이 나오고、箕子墓가 나오는 平壤背景의 人物들로 얼마나 現實感이 없어질것인가?

作者自身이 쓰는 말、즉 地文은 絕對로 標準語일것이나 表現하는 方法으로 引用하는것은 어느 地方의 사투리든 상관할바 아니다。물소리의「졸졸」이나 새소리의「삐국삐국」이나를 그대로 擬音해 效果를 내듯、方言 그것을 살리기 爲해가 아니요 그사람이 어디사람이란것、그곳이 어디란것、또 그사람의 레알리티—를、여러說明이 없이 效果的이게 表現하기 爲해 그들의 發音을 그대로 擬音하는것으로 보아 마땅할것이다。

그러니까 어느 地方에나 方言이 存在하는限、또 그地方 人物이나 風情을 記錄하는限、擬音의 效果로서 文章은 方言을 描寫하지 않을수 없을것이다。

以下、所謂「아래대말」은 方言과 마찬가지로 處理한것이다。

그런데 文章에서 方言을 쓸것인가 標準語를 쓸것인가는、길게 생각할것도 없이

첫재、널리 읽히쟈니 어느道사람에게나 쉬운 말인 標準語로 써야겠고、

둘재、같은 값이면 品있는 文章을 써야겠으니 品있는 말인、標準語로 써야겠고、

셋재、言文의 統一이란 큰 文化的意義에서 標準語로 써야할 義務가 文筆人에게 있다 생각한다。

그러나 方言이 文章에서 全혀 問題가 안되는것은 아니다。方言이 存在하는날까지는 方言이 方言그대로 文章에 나올 必要가 있기도하다。

만날 복녀는 눈에 칼을 세워가지고 남편을 재근하였지만 그의 게으른 버릇은 개를 줄수는 없었다。

「벳섬 좀 치워달라우요」

「남 조름오는데 남자 치우시관」

「내가 치우나요?」

「이십년이나 밥먹구 그걸 못 치워」

「에이구、각 죽구나맏디」

이렇게 모다 다르다。 모다 다른中에 어느道사람이나 다 比較的 쉽게 알아들을수 있는것은 아모래도 京城地方말「할머니 계십니까」다。京城은 文化의 中心地일뿐 아니라 地理로도 中央地帶다。東西南北사람이 다 여기에 모히기도하고 흩어지기도한다。그러니까 京城말은 東西南北말의 影響을 혼자 받기도 하고 또 혼자 東西南北말에 影響을 주기도 한다。

그래 어느편 사람 귀에도 가장 가까운 因緣을 가진것이 京城말이다。京城말의 長點은 이것뿐도 아니다。人口가 한곧에 가장 많기가 京城이니까 말이 가장 많이 지꺼려지는데가 京城이다。그러니까 말이 어데보다 洗鍊되는 處所다。또 諸般文物의 發源地며 集散地기 때문에 語彙가 豊富하다。또 階級의 層下가 많고 有閑한 사람들의 社交가 많은데라 말의 品이 있기도 하다。그러니까 어느 편 사람이나 다 함께 標準해야 할 말은 무엇으로 보나 京城말이다。

京城말이라고 다 좋은것은 아니다。「돈」을 「둔」이라、「몰라」를 「물라」라 精肉店은 「관」이라、「사시오」를 「드령」이라는것 같은것은、決코 普遍性도、品位도 없는 말이다。그러기에 朝鮮語學會에서 標準語를 查定할때 京城말을 本位로 하되、中流

있다。言語 文化만이 暗黑面을 그대로 가지고 나갈수는 없다。훌륭한 文章家란 모다 말의 採集者、말의 改造製造者들임을 記憶할것이다。

3 方言과 標準語와 文章

어느 말에든지 方言과 標準語가 있다。方言이란、言語學上으로는 얼마든지 複雜한 說明이 있겠지만 쉽게 말하면 사투리다。그 한地方에만 쓰는 特色있는 (말소리로나 말투로나) 말이다。

「아매 게심둥)「咸鏡北道地方)
「할메미 기시는기요」(慶尙南道地方)
「클마니 게십네께」(平安北道地方)
「할매 게시유」(全羅南道地方)
「할머니 게십니까」(京城地方)

는것이다。어느 言語가 아직 이 表現不可能의 暗黑面을 더 廣大한채 가지고 있나 하는것은 至難한 研究材料의 하나려니와 于先、어느 言語든 表現可能性의 一面과 아울러 表現不可能性의 一面도 가지고 있는것、그리고 이 表現不可能性은 言語마다 不一해서 完全한 飜譯이란 永遠히 不可能한 事實쯤은 알아야 하겠다。이것을 意識하기 前엔 무엇을 飜譯하다가 自己가 必要한 飜譯語가 없다고 해서 이言語는 저言語보다 表現力이 不足하니、저言語는 이 言語보다 優秀하니 하고 不當한 斷定을 하기가 쉬운것이다。飜譯을 받는 原文은 이미 그 言語의 表現可能面엣 말로만 表現된 文章이다。그런데 表現의 可能、不可能面은 言語마다 不一하다。나중의 言語로는 表現이 不可能한것도 있을것은 오히려 至當한 理致다。이 優劣感은、하나는 拘束이 없이 마음대로 表現한것이요、하나는 原文에 拘束을 받고 再表現해야 되는 飜譯、被飜譯의 位置關係이지 決코 어느 한 言語와言語의 本質的 差異는 아니다。

그런데、言語에는 못表現하는 面이 으레 있다 해서 自己의 表現欲을 쉽사리 斷念할바는 아니다。散文이든、韻文이든 文章家들의 言語에 對한 義務는 實로 이 못表現하는 暗黑面 打開에 있을것이다。눈매、입모、어깨짓 하나라도 表現은 發達하며 말은 사람이 意思를 表現하려는 必要에서 생긴것이다。 그러나 사람의 意識 속에 있는것을 무엇이나 다 表現해내는 全能力은 없는것이다。 말도 亦是 神이 아닌 사람이 만든 한낱 生活道具다。

完美全能한 神品이 아니다。 뜻은 있는데、發表하고 싶은 意識은 있는데 말이 없는 境遇가 얼마든지 있다。 그래 옛날부터「이루 칙량할수 없다」느니、「不可名狀」이니、「言語絶」이니 하는 말이 따로 發達되여 오는것이다。 이것이 어느 한言語에만 있는 缺點이냐 하면 決코 그렇지 않다。 거이 世界語인 英語에도 "inexpressible"이니 "beyond expression"이니 하는 類의 말이 얼마든지 씨이고 있는것을 보면 世界 어느言語에나 表現不可能性의、暗黑의 一面은 다 가지고 있는것으로 짐작할수가 있다。

그런데 이 表現可能의 面과 表現不可能의 面이 言語마다 不一하다。 甲言語엔「그런 境遇의 말」이 있는데 乙言語엔 그런말이 없기도 하고、乙言語에「그런 境遇의 말」이 있는것이 甲言語엔 없기도하다。 英語 'wild eye'에 꼭맞는 조선말이 없고 또 조선말의「뿔뿔이」에 꼭 맞는 英語가 없다。 꼭 "wild eye"를 써야할데서는 조선말은 表現을 못하고 마는것이요、꼭「뿔뿔이」를 써야할데서는 英語는 벙어리가 되고 마새말을 만들고、새말을 쓰는것은 流行이 아니라 流行以上 嚴肅하게、生活에 必要하니까 나타나는 事實임을 理解해야 할것이다。커피ㅣ를 먹는 生活부터가 생기고、퍼미넨트式으로 머리를 지지는 生活부터가 생기니까 거기에 適應한 말、즉「커피ㅣ」、「퍼머넨트」가 생기는것이다。交通이 發達되여 文化의 交流가 密接하면 密接할수록 新語가 많이 생길것은 定한 理致로 어듯말이 와서든지 音과 意義가 그대로 借用되게 될 境遇에는 그말은 벌서 外國語가 아닌것이다。漢字語든 英字語든 掛念할 必要가 없다。그 單語가 들지 않고는 自然스럽고 適確한 表現이 不可能한 境遇엔 그말들은 이미 여깃말로 여겨 安心하고 쓸것이다。

그러나 한가지 注意할것은、新語의 濫用으로、넉넉히 表現할수 있는 말에까지 버릇처럼 外國語를 꺼낼 必要는 없다。新語를 濫用함은 文章에 있어선 勿論、談話에 있어서도 語調의 天然스럽지 못한것으로 보나 衒學이 되는것으로 보나 다 品位 있는 表現이라 할수 없을것이다。

2 言語의 表現可能性과 不可能性

扇風機의 動作에 關한 操出空氣量、發生壓力、廻轉度、所要馬力及 効率等의 相互關係로 일어나는 變化狀況을 表示하는것을 扇風機의 性能이라 한다。

이런 內容을 「씁씨」「짓골억」式 用語法으로 어떻게 第三者에게 선뜻 認識되게 써낼수 있을것이며、더욱

그는 클락에서 캡을 찾아 들고 트라비아타를 휘파람으로 날리면서 호텔를 나섰다。비개인 가을 아침、길에는 샘물같이 서늘한 바람이 풍긴다。이재 食堂에서 마신 짙은 커피ー香氣를 다시 하번 입술에 느끼며 그는 언제든지 혼자 걷는 南山코ー쓰를 向해 전차길을 걷는다。

이 文章에서 클락、캡、트라비아타、호텔、커피ー、코ー쓰等의 外來語를 구지 안쓴다고 해보라 이外에 무슨 말로 「그」라는 現代人의 生活을 描寫해낼것인가? 만일 春香이라도 그가 現代의 女性이라면 그도 머리를 퍼머넨트로 지질것이요 코티ー를 바르고 파라솔을 받고 쵸콜렡、아이스크림 같은것을 먹을것이다。「黑雲같은 검은 머리、반달같은 臥龍梳로 솰솰 빗겨 전반같이 넓게 땋아……」나 「초록갑사 결막이」「초록우단 繡雲鞋」이런 말들로는 도저히 形容할수 없을것이다。

意思를 發表할수 없는것인가? 한번 疑問을 가져볼수 있다。

길이 없기어든 가지야 못하리요마는 그 말미암을 땅이 어대며 본이 없기어든 말이야 못하리요마는、그 말미암을 바가 무엇이뇨。이러므로 감에는 반듯이 길이 있고、말에는 반듯이 본이 있게 되는것이로다。

(金科奉 箸「말본」의 머리말의 一節)

外來語나 漢字語가 하나도 없다。그러나 自然스럽지 못한 文章인것은 어쩔수가 없다。試驗해보노라고 만든것 같다。더구나 그「말본」의 本文에 드려가

쓰임 { ㅏ、몸온 다른씨 우에 씨일 때가 있어도 뜻은 반듯이 그앞에 어느 씀씨에만 매임
ㅓ、짓꼴억과 빛갈억은 혼이 풀이로도 쓰임 }

이런 文章이 나오는데 아모리 읽어봐도 무슨 暗號로 쓴것 같이 普通常識으로는 理解할수가 없다。거이 著者 個人의 專用語란 느낌이 없지 않다。個人專用語의 느낌을 주며라도 무슨 內容이든 다 써낼수나 있을가가 의문이다。

1 한 言語의 範圍

言語는 어떤 言語나 고요한 자리에 놓고 위하기만 하는 美術品은 아니다。日用雜貨와 마찬가지의 生活品으로 存在한다。눈만 뜨면 붓을 쓰듯、물이나 비누를 쓰듯、아니 그보다 더 切迫하게 먼저 使用되는 것이 言語라 하겠다。言語는 徹頭徹尾 生活品이다。그러므로 雜貨나 마찬가지로 生活에 必要한대로 言語는 생기고 變하고 없어지고 한다。

「爽快! 록색에 가을을 지고
山川도리하는 좋은 씨ー즌
現代的週末休養을 爲한 土曜特輯」

이것은 昭和十二年 가을 어느 土曜日、朝鮮日報의 散策地特輯記事의 題目이다。「록색」과 「씨ー즌」은 外來語다。「週末休養」이니 「土曜特輯」이니도 漢字語이긴하나 前時代에 없든 새 말들이다。여기서 우리는 이런 外來語나 漢字語를 쓰지 않고는

第二講 文章과 言語의 諸問題

1、한 言語의 範圍
2、言語의 表現可能性과 不可能性
3、方言과 標準語와 文章
4、談話와 文章
5、擬音語、擬態語와 文章
6、漢字語와 文章
7、新語、外來語와 文章
8、平語、敬語와 文章
9、一切用語와 文章

一八

勿論 나도 完全한、傳統的인、그리고 古典的인 佛蘭西語로 무엇이고 쓰고싶기는 하다。그러나 무엇이고 그런것을 쓰기 前에 먼저 나에겐 나로서 말하고싶은것이 따로 있는것이다。더욱 그 나로서 말하고싶은 그런것은 유감이지만 在來의 傳統的인、그리고 古典的인 佛蘭西語로는 도저히 表現해낼수가 없는 種類의ㅅ것들이기 때문이다。

이 傳統的인、그리고 古典的인 말만으로는 도저히 表現해낼수가 없는 種類의것이란 폴・모ㅣ란 一人에게만 限해 있을리가 없다 생각한다。

가는것이기 때문에 비록 意識的은 아니라 하더라도 누구나 精神的으로、物質的으로 작고「새것」에 부드처 나감을 어쩌는 수가 없을것이다。아모리 保守的인 머리를 가진 사람이라도 生活自體가 無限한 새날을 通過해나가는、그軌道에서 逆行하지는 못한다。어떤 平凡한 生活者이든 不可不 새것의 表現이 나날이 必要해지고 만다。그러나 흔히는 새것을 새것답게 表現하지 못하고 새것을 依然히 舊式으로 非効果的이게 表現해버리고마는 사람이 大部分이다。

言語는 이미 存在한것이다。旣成의 單語들이요 旣成의 토들이다。그러기 때문에 생전 처음으로 부드처보는 생각이나 感情을、이미 經驗한 單語나 토로는 滿足할수 없다는것이 成立될수 있는 理論이다。繪畵에서처럼 제感情대로 線이나 色彩를 絕對의 境地에서 그어버릴수는 없지만 第三者에게 通해질수 있는 限에서는 새로운 用語와 새로운 文體에의 意圖는 必然的으로 要求되며 있다。

現代 佛文壇에서 가장 非傳統的 文章으로 非難을 받는 폴·모-랑은 自己가 非傳統的 文章을 쓰지 않을수 없는 答辯을 다음과 같이 하였는데 그 答辯은 어느곳 文章界에서나 傾聽할 價値가 있다고 생각한다。

的인것을 他人에게 傳하기는 不可能하다는、悲觀的인 結論을 가진 學者도 없지 않은바다。

아모튼 現代는 文化萬般에 있어서 個人的인것을 强烈히 要求하며 있다。個人的인 感情、個人的인 思想의 交換을 現代人처럼 切實히 要求하는 時代는 일직이 없었을것이다。그런데 感情과 思想의 交換、그 手段으로 文章처럼 便宜한것이 없을것이니 個人的인것을 表現하기에 可能하기까지 方法을 探究해야할것은 現代文章硏究의 重要한 目標의 하나라 생각한다。

電話로 말소리를 그대로 드를뿐 아니라 텔레비죤으로 저쪽의 表情까지를 마조보는 時代가 되였다。어찌 文章에서만 依然히 尺牘大方式、萬人的인 套式文章에다가 現代의 複雜多端한 自己의 表現을 依賴할수 있을것인가。

셋재、새로운 文章을 爲한 作法이어야 할것이다。

산사람은 生活 그自體가 언제든지 새로운것이다。古典과 傳統을 無視해서가 아니라「오늘」이란「어제」보다 새것이요「내일」은 다시「오늘」보다 새로울것이기 때문에、또 生活은「오늘」에서「어제」로 가는것이 아니라「오늘」에서「내일」로 나아

어떻게 되든、말이 닿든 안 닿든、그것은 문제가 아니었다。오직 글을 지으면 된다。自己神經은 따 封해두고 作文 그대로 文章의 造作이었다。

여기서 새로 있을 文章作法이란 글을 짛는다는 거기 對立해서

칫재、말을 짛기로 해야 할것이다。

글짛기가 아니라 말짛기라는데 더욱 鮮明한 認識을 가져야 할것이다。글이 아니라 말이다。우리가 表現하려는것은 마음이요 생각이요 感情이다。마음과 생각과 感情에 가까운것은 글보다 말이다。「글 곳 말」이라는 글에 立脚한 文章觀은 舊式이다。「말 곳 마음」이라는 말에 立脚해 最短距離에서 表現을 計劃해야 할것이다。過去의 文章作法은 글을 어떻게 다듬을가에 主力해 왔다。그래 文字로 살되 感情으로 죽이는 수가 많었다。이제부터의 文章作法은 글을 죽이더라도 먼저 말을 살려、感情을 살려놓는데 主力해야 할것이다。

둘재、個人本位의 文章作法이어야 할것이다。

말은 社會에 屬한다。個人의것이 아니요 社會의 所有인 單語는 個人的인것을 表現하기에 原則的으로 不適當한것이다。그러기에、言語에 依해서 個人意識의 個人

句體로 많이 넣어 노래調가 나오든、演說調가 나오든、아모튼 朗讀子의 목청에 興이 나도록 하기에 注意하였을것이다。 더구나 過去의 修辭法이란 文章을 爲해보다 辭說을 爲한것이였던만큼 文章을 朗讀調로 修飾하기에는 가장 合理的인 方法인데다가 客觀的 情勢까지 그러하였으니 더욱 反省할 餘地는 없이 典故와 誇張과 對句같은데 沒頭하지 않을수 없었을것이다。

3 새로 있을 文章作法

「쌀은 곡식의 하나다。 밥을 지어 먹는다。」

先生이 이런 文例를 주면

「무는 채소의 하나다。 김치를 담어 먹는다。」

이런 文章을 써놓아야 글을 잘짓는 學生이였다。 自己의 感覺이란 使用될데가 없었다。 楊子江以南에서 「霜葉紅於二月花」라 한것을 二月달에 꽃이라고는 냉이 꽃이나 볼지 말지한 朝鮮에 앉아서도 허턱 「滿山紅樹가猶勝二月花辰」이라하였다。 뜻이

七、古人을 模倣하지 말것。

八、俗語·俗字를 쓰지 말것。

이 八個項目中에 一、二、三、四、五、七의 여섯은 直接間接으로 舊修辭理論에 對한 抗議라 볼수 있는것이다。

그런데 여기서 한가지 理解하고 나려갈 事實은 그처럼 弊端이 많은 在來의 修辭法이 過去에 있어선 무엇으로써 그렇듯 適應性을 가져온것인가 하는 點이다。

活版術이 幼稚하던 時代에 있어서는、오늘처럼 冊을 求하기가 쉽지 않었을것이다。따라서 한卷冊을 가지고 여러사람이 보는수밖에 없었고、또는 文盲人이 많었기 때문에 자연이 한 사람이 읽되 소리를 내어 읽어 여러사람을 들리는 경우가 많었을 것이다。소리를 내어 읽자니 文章이 먼저 朗讀調로 써지어야할 必要가 생긴다。「文章 곳 말」만이 아니라 音樂的인 一面이 더한가지 必要하게 되였던것이다。內容은 아모리 眞實한 文章이라도 소리내어 읽기에 거북하거나 멋이 없는 文章은 널리 읽히지 못하였을것이니、쓰는 사람은 內容보다 먼저 文章에 爛調套語를 對

一二

대로 傳承할수 있는、完全한 小說이요、完全한 戱曲이였으라!

東洋에 있어 修辭理論의 發祥地인 中國에서도 胡適은 그의「文學改良芻議」에서 다음과 같은 여덟가지 條目을 들은것이다。

一、言語만 있고 事物이 없는 글을 짛지 말것。
(즉 空疎한 觀念만으로 꾸미지 말라는것)
二、病없이 呻吟하는 글을 짛지 말것。
(空然히 오! 아! 類의 哀傷에 쏠리지 말라는것)
三、典故를 일삼지 말것。
(우에서 例든 丹楓子경 가자는 편지처럼)
四、爛調套語를 쓰지 말것。
(허황한 美詞麗句를 쓰지 말라는것)
五、對句를 重要視하지 말것。
六、文法에 맞지 않는 글을 쓰지 말것。

넘고 눈은 퉁방울 같고 코는 질병 같고 입은 미여기 같고 머리털은 돗태솔 같고 키는 장승만하고 소리는 시랑의 소리 같고 허리는 두아름 되고 그 중에 곰배팔이며 수중다리에 쌍언챙이를 겸하였고 그 주둥이는 써을면 열사발이나 되고 얽기는 멍석 같으니 그 형용을 참아견대여 보기 어려운중, 그 용심이 더욱 불측하여……

(「薔花紅蓮傳」의 一節)

薔花와 紅蓮의 繼母되는 許氏의 描寫다。이런 人物이 事實로 있었다 하드라도 自然性을 살리기 爲해는 그中에도 가장 特徵될만한것만 한두가지를 指摘하는데 끄쳐야 할것이다。春香傳에、李道令이 春香의 집에 갔을때、果實을 내오는 場面 같은데도 보면、그 季節에 있고 없고、그 地方에 나든 안 나든 생각해볼새 없이 天下의 果實 이름은 모조리 주서섬기는데、그런 誇張이 亦是 過去 修辭法이 끼친 重大한 弊害의 하나이다。

過去 우리文學에 좋은 作品이 없었든것은 먼저 좋은 文章이 없었기 때문이다。春香傳 같은것도 그 文章 마저 典故 誇張、對句等에 억매지 않었어 보라 얼마나 그

았다。

金風이 蕭颯하고 玉露凋傷한데, 滿山紅樹가 猶勝二月花辰이라 遠上白雲石逕하야 共詠停車坐愛楓林晩之句가 如何오

(어느 尺牘大方에서)

一〇

친구에게 丹楓구경을 가자고 請하는 편지다。 그런데 한마디도 自己네 말이나 感情은 없다。 玉露凋傷은 杜詩 「玉露凋傷楓樹林」에서、 猶勝二月花辰이란 唐詩 「霜葉紅於二月花」에서、 遠上白雲石逕이란「遠上寒山石逕斜 白雲深處有人家」에서、 停車坐愛楓林晩이란 唐詩「停車坐愛楓林晩」에서 그대로、 모다 古典에서 따다 넣어 連絡만 시킨것뿐이다。 제 글보다 典故에서 널리 남의 글을 잘 따다 채우는것이 過去 文章作法의 重要한 一門이었다。

얼마나 自己를、 個性을 沒覺한 그릇된 文章精神인가。

이때、 좌수 비록 망처의 유언을 생각하나 후사를 아니 돌아볼수 없는지라 이에 두루 혼처를 구하되 원하는 자 없으매 부득이하여 허씨를 취하매 그 용모를 의논할진대 양협은 한자이

2 이미 있어온 文章作法

文章作法은 이미 있었다。

東洋의 修辭나 西洋의 레토릭(Rhetoric)은 애초부터 文章作法은 아니요 辯論法이였다。文章보다는 言語가 먼저 있었고 出版術以前에 辯論術이 먼저 發達되여 修辭法이니 레토릭이니는 다 말하는 技術로서의 起源을 가졌던 것이다。그리다가 한번 印刷機가 發明되여 文章이 大量으로 出版되고 말보다는 文章이 時間的으로、空間的으로 長壽할수 있어 文章은 演說보다 絕大한 勢力으로 人類의 文化를 指導하게 된것이다。

따라 近代에 와 修辭學은 말보다 글의 修飾法으로서 完全히 轉用되는 運命에 이르렀다。

그런데 朝鮮서는 散文에서는 이修辭를 理論한바가 極히 적었다。적으면서도 過去의 文章을 읽어보면 修辭觀念에 억매지 않은 文章이 별로 없다。批判이 없이 이盲目的으로 漢文體를 模倣하여、修辭로 因해 發達이 아니라 도리여 中毒에 빠지고말

八

의 日常生活에서 지꺼리는 말을 아모리 몇十年치를 記錄해 놓는대야 그것이 글 되기엔 너머 쓸데없는 말이 많고, 너머 連絡이 없고 散漫한 語錄의 羅列일것이다

그러니까 글은 아모리 小品이든, 大作이든, 마치 개아미면 개아미, 호랑이면 호랑이처럼, 머리가 있고 몸이 있고 꼬리가 있는, 一種 生命體이기를 要求하는것이다. 한句節, 한部分이 아니라 全體的인, 生命體的인 글에 있어서는, 全體的이요 生命體的인것이 되기 爲해 말에서보다 더 設計와 더 選擇과 더 組織, 發展, 統制等의 공부와 技術이 必要치 않을수 없는것이다. 이 必要되는 공부와 技術을 곳 文章作法이라 代名할수 있을것이다.

글 짓는데 무슨 別法이 있나? 그저 수굿하고 多讀多作多商量하면 고만이라고하든 時代도 있었다. 지금도 生而知之하는 天才라면 오히려 三多의 方法까지도 必要치 않다. 그러나 배워야 아는 一般에게 있어서는, 더욱 心理나 行動이나 모―든 表現이 技術化하는 現代人에게 있어서는, 어느程度의 科學的인 見解와 理論·作法이 天才에 接近하는 唯一한 方途가 아닐수 없을것이다.

名筆 阮堂 金正喜는「寫蘭有法不可無法亦不可」라 하였다. 文章에도 마찬가지다.

푸른 하늘이 어슴프레 엷히였다。아래로 보이는 스타가마스에는 벽돌담이 日光에 反射하여 粉紅色으로 빛나고 다시 그 우로는 碧空이 마조 이어 보이는 色彩의 좋은 對照는 무어라고 形容키 어려운 안타까운 情緖를 자아낸다。

동안 뜬 담우로는 아지랑이가 껴서 陽炎에 아물거린다。그 우에 앉은 참새 두세마리、이따금 짹、짹、울어 周圍의 寂寞을 깨트릴뿐、고요한 빈 房안에 홀로 부처같이 正坐하여 前景을 바라볼때、아— 그때의 心境! 그것은 淸淨、憧憬、祈禱、情熱等 複雜한 感情이 바다속의 潮流같이 흘렀다。

初春! 昨今의 氣候는 어느듯 지난 時節의 그때를 문득 追憶케 한다。

(李箕永氏의 小品)

小品이나 이만한 組織體를 이룬 뒤에 비로소 한題의、한篇의 글로 떳떳한것이다。

루나—르는「배암」이란 題에

「너머 길었다」

란 두마디밖에는 쓰지 않은것도 있으나、그것은「博物誌」라는 큰作品의 一部分으로서였다。

그러면 글이 되려면 먼저 量으로 길어야 하느냐 하면 그런것도 아니다。한사람

六

「요즘 한이를챈 패 따뜻해、아지랑이가 다 끼구……벌서 봄이야」

이렇게만 써놓을것인가 이렇게만 써놓아도 文章은 文章이다。그러나 한句節、혹은 몇句節의 文章이지 實際로 發表할수 있는 一題 一篇의 글은 아니다。혼자 보는 日記나、備忘錄이나、「금일상경」式의 電報畧文이나、「일없는 사람 드러오지 마시오」類의 標識이기 前에는、글은、公衆에 내어놓기 爲해서는 무론、個人間에 주고받는 편지 한장이라도、적든 크든 一篇의 글로서 體裁를 가추어야 하는 性質읫것이다。

「요즘 한이를챈 패 따뜻해、아즈랑이가 다 끼구……벌서 봄이야」

이것은 말이요 몇토막의 文章일뿐이다。한편의 글은 아직 아니다。

「요즘 한이를챈 패 따뜻해、아지랑이가 다 끼구……벌서 봄이야」

이런 材料가 한篇、한題의 글이 되기엔 적어도 얼마만한 計劃과 選擇과 組織이 必要한가는 다음 文例에서 볼수 있을것이다

早 春

아침 해빛이 유리창밖으로 내다보히는 붉은 벽돌담 앞에 어리었다。그우로는 쪽빛 같은

지지만、글은 空間的으로 널리、時間的으로 얼마든지 오래 남을수 있는것도 다르다。그러나 여기서 더 緊切한 指摘으로는、

먼저、글은 말처럼 절로 배워지는 것이 아니라 일부러 배워야 單字도 알고、記寫法도 알게되는 點이다。말은 外國語가 아닌 以上엔 長成함을 따라 거이 意識的努力이 없이 배워지고 意識的으로 練習하지 않어도 날마다 지꺼리는것이 절로 練習이 된다。그래 말만은 누구나 自己生活만치는 無慮히 表現하고 있다。그러나 글은 배워야 알고、練習해야 잘 쓸수 있다。

또、말은 머리도 꼬리도 없이 불숙 나오는 대로、한마디、혹은 한두마디로 씨이는 境遇가 거이 全部다。말은 한두마디만 불숙 나오되 第三者에게 理解될 環境과 表情이 있이 지꺼려지기 때문이다。演說이나 무슨 式辭外에는 앞에 할말、뒤에 할말을 꼭 꾸며가지고 할 必要가 없다。

「요즘 한이틀챈 꽤 따뜻해、아지랑이가 다 끼구……벌써 봄이야」

이렇게 느껴지는대로、생각나는대로 지꺼려버리면、말로는 完全히 使用되는것이다。그러나 글로야 누가 前後에 補充되는 다른 아모말이 없이 하는것이다。글은 곳 말이다。

四

「벌서 진달레가 피였구나!」를 지꺼리면 말이요 써 놓으면 글이다。본대로 생각나는대로 말을 하듯이、본대로 생각나는대로 文字로 쓰면 곳 글이다。아직 봄이 멀었거나 하다가 뜻 밖에 진달레 꽃을 보고、「벌서 진달레가 피였구나!」란 말쯤은 누구나 할수가 있다。이 누구나 할수 있는 말은、또 文字만 알면 누구나 써놓을수도 있다。그럼 말을 알아 누구나 할수 있듯이 글도 文字만 알면 누구나 쓸수 있는것이 아닌가?

勿論、누구나 文字만 알면 쓸수 있는것이 글이다。

그러면 왜 一般으로 말은 쉽사리 하는 사람이 많되、글은 쉽사리 써내는 사람이 적은가?

거기에 말과 글이 같으면서 다른點이 存在하는것이다。

이 말과 글이 같으면서 다른點은 여러角度에서 發見할수 있다。말은 聽覺에 理解시키는것 글은 視覺에 理解시키는것도 다르다、말은 그 자리、그 時間에서 사라

詩歌의 發生은 어느 나라、어느 民族을 勿論하고 아득한 옛적 일이다。이를 極端으로 말하면 人間이 發生하는 同時에 詩歌가 發生하였다고 볼수 있을것이다。

(趙潤濟氏의「朝鮮詩歌史綱」第一章第一節中)

고요히 그싯는 손씨로
방안 하나 차는 불빛!

벼란간 꽃다발에 안긴듯이
올뺌이처럼 일어나 큰눈을 뜨다!

(鄭芝溶氏의詩「촉불과손」의一節)

하나는 小說、하나는 隨筆、하나는 論文、하나는 詩이되、모다 말을 文字로 적은것들이다。漢字語가 적기도하고 많기도할뿐 聲響이 고흔 말을 모으기도 하고 안 모으기도 했을뿐、結局 말 以上의것이나 말 以下의것을 적은것은 하나도 없다。

文章은 어떤것이든 言語의 記錄이다。그러기에 말하듯 쓰면 된다。

글이란 文字로 지꺼리는 말이다。

1 文章作法이란것

文章이란 言語의 記錄이다。言語를 文字로 表現한것이다。言語、즉 말을 빼여놓고 글을 쓸수 없다。文字가 繪畵로 轉化하지 않는限、發音할수 있는 文字인限、文章은 言語의 記錄임을 벗어나지 못할것이다。

혜련은、저는 마음에 깊이 괴로움이 있어서 하는 말이였만은 그것이 문임에게는 통지 못하는것이 불만하여서 입을 다물고 좀 새쭉하였다。

(李光洙氏의 小說「愛慾의 彼岸」의 一節)

風雨 寒雪에 對하여 우리가 이를 避할수 있는 집이라는 安全地帶를 갖는다는것은 고마운 일이지만 이 安全地帶인 우리들의 집 窓門에 우리가 서로 기대어 거리와 거리의 모든 生活이 霖霖히 내리는 細雨에 가벼이 덮히어 巨大한 몸을 沈湎시키고 있는 情景을 볼 때 누가 果然 그 마음이 기쁘지 않다 할수 있으랴。

(金晉燮氏의 隨筆「雨讚」의 一節)

第一講

文章作法의 재 意義

1、文章作法이란 것

2、이미 있어온 文章作法

3、새로 있을 文章作法

目次

李泰俊 著

文章講話

文章社

■ **김경남**

건국대학교를 졸업하고 동 대학원에서 문학박사학위를 받았다. 현재 대학에서 글쓰기 강의를 하고 있으며, 글쓰기 이론에 관심이 많다.
「일제강점기의 작문론과 기행문 쓰기의 발달 과정」, 「1910년대 기행 담론과 기행문의 성격」, 「근대적 기행 담론 형성과 기행문 연구」 등 다수의 논문을 통해 글쓰기 이론의 체계화를 모색하고 있으며, 아울러 근대(近代)와 기행 담론의 천착에 몰두하고 있는 중이다.

일제강점기 글쓰기론 자료 2

(이태준 著) 문장강화

1판 1쇄 인쇄_2015년 08월 20일
1판 1쇄 발행_2015년 08월 30일

엮은이_김경남
펴낸이_양정섭
펴낸곳_도서출판 경진
등록_제2010-000004호
블로그_http://kyungjinmunhwa.tistory.com
이메일_mykorea01@naver.com

공급처_(주)글로벌콘텐츠출판그룹
대표_홍정표
편집_김현열 송은주 **디자인**_김미미 **기획·마케팅**_노경민 **경영지원**_안선영
주소_서울특별시 강동구 천중로 196 정일빌딩 401호
전화_02-488-3280 **팩스**_02-488-3281
홈페이지_http://www.gcbook.co.kr

값 37,000원
ISBN 978-89-5996-477-2 93710

※ 이 도서의 국립중앙도서관 출판예정도서목록(CIP)은 서지정보유통지원시스템 홈페이지(http://seoji.nl.go.kr)와 국가자료공동목록시스템(http://www.nl.go.kr/kolisnet)에서 이용하실 수 있습니다. (CIP제어번호: CIP2015020912)